Niño Rico
Niño Listo

Cómo dar a sus hijos una educación financiera sólida

Robert T. Kiyosaki
con Sharon L. Lechter C. P. A.

Niño Rico
Niño Listo

*Cómo dar a sus hijos una
educación financiera sólida*

AGUILAR

Título original: *Rich Kid, Smart Kid*

Traducción: Fernando Álvarez del Castillo

Publicado originalmente por Warner Books en asociación con CASHFLOW Technologies, Inc.

Copyright © 2001 Robert T. Kiyosaki y Sharon L. Lechter

Monopoly es una marca registrada de Hasbro, Inc.

CASHFLOW es una marca registrada de CASHFLOW Technologies, Inc.

De esta edición:
D. R. © Santillana Ediciones Generales S.A. de C.V., 2004.
Av. Universidad 767, Col. del Valle
México, 03100, D.F. Teléfono (55) 54207530
www.**aguilar**.com.mx

Distribuidora y Editora Aguilar, Altea, Taurus, Alfaguara, S. A.
Calle 80 Núm. 10-23, Santafé de Bogotá, Colombia.
Santillana Ediciones Generales S.L.
Torrelaguna 60-28043, Madrid, España.
Santillana S. A.
Av. San Felipe 731, Lima, Perú.
Editorial Santillana S. A.
Av. Rómulo Gallegos, Edif. Zulia 1er. piso
Boleita Nte., 1071, Caracas, Venezuela.
Editorial Santillana Inc.
P.O. Box 19-5462 Hato Rey, 00919, San Juan, Puerto Rico.
Santillana Publishing Company Inc.
2043 N. W. 87th Avenue, 33172. Miami, Fl., E. U. A.
Ediciones Santillana S. A. (ROU)
Constitución 1889, 11800, Montevideo, Uruguay.
Aguilar, Altea, Taurus, Alfaguara, S. A.
Beazley 3860, 1437, Buenos Aires, Argentina.
Aguilar Chilena de Ediciones Ltda.
Dr. Aníbal Ariztía 1444, Providencia, Santiago de Chile.
Santillana de Costa Rica, S. A.
La Uruca, 100 mts.Oeste de Migración y Extranjería, San José, Costa Rica.

Primera edición: mayo de 2004
Tercera reimpresión: octubre de 2004
ISBN: 968-19-1494-5
Adaptación de cubierta: Antonio Ruano Gómez
Diseño de interiores: BroCas Consultores (www.**brocas**.com)
Impreso en México.

Advertencia

A pesar de que están basados en una historia verdadera, algunos acontecimientos narrados en este libro han sido dramatizados con propósitos educativos y de impacto.

Dedicatoria

Este libro está dedicado a todos los maestros y padres de familia: ¡Ustedes tienen el trabajo más importante del mundo porque nuestros niños son nuestro futuro!

Índice

Por qué su banquero no le pide su boleta de calificaciones

La educación es más importante hoy en día que en cualquier otra época de la historia. Conforme dejamos atrás la era industrial y entramos a la era de la información, el valor de la educación continúa incrementándose. La pregunta en la actualidad es la siguiente: ¿Es adecuada la educación que usted o su hijo reciben en la escuela para enfrentar los desafíos de este nuevo mundo al que estamos ingresando?

En la era industrial usted podía asistir a la escuela, graduarse y comenzar su carrera. Generalmente usted no necesitaba educación adicional para tener éxito, simplemente porque las cosas no cambiaban tan rápidamente. En otras palabras, la educación que usted aprendía en la escuela era todo lo que necesitaba a lo largo de su vida.

Hoy en día, mientras millones de personas que nacieron después de la Segunda Guerra Mundial se preparan para el retiro, muchos se dan cuenta de que no han sido educados adecuadamente para el nuevo mundo que enfrentan. Por primera vez en la historia, muchas personas bien educadas están encarando las mismas dificultades económicas que enfrentan personas con menor educación. Esas personas tienen frecuentemente que obtener educación y capacitación adicionales con el fin de satisfacer los requisitos de trabajo actuales.

¿Cuándo mide usted el éxito de su educación?

¿Cuándo mide usted el éxito de su educación? ¿Se trata de la última boleta de calificaciones del día en que usted se graduó de la escuela, digamos a los veinticinco años de edad, o se mide la eficacia de su educación cuando se retira, digamos a los sesenta y cinco años de edad?

En la edición del domingo 16 de julio del año 2000 de mi periódico local, el *Arizona Republic*, un artículo incluyó la siguiente estadística: "Cerca de 700 000 ancianos serán eliminados de las organizaciones para la conservación de la salud (HMO, por sus siglas en inglés) de los servicios públicos de salud Medicare, de acuerdo con un estudio dado a conocer a principios de este mes por la Asociación Americana de Planes de Salud".

El artículo señalaba que proporcionar servicios de salud para ciudadanos de edad avanzada era demasiado caro y no redituable para las compañías de seguros, por lo que los ancianos estaban siendo privados de la protección suplementaria de cuidados de la salud. El problema de los servicios de salud para los ancianos sólo empeorará en el futuro, cuando 75 millones de personas nacidas después de la Segunda Guerra Mundial alcancen ese rango de edad en los próximos 10 años.

Estadísticas de salud, educación y bienestar

Con base en un estudio realizado por el Departamento de Salud, Educación y Bienestar, una de cada 100 personas de 65 años de edad es rica, cuatro viven cómodamente, cinco todavía trabajan, 56 necesitan apoyo de sus familias o del gobierno, y el resto han muerto.

Este libro no trata sobre la manera de convertirse en esa persona rica. Los otros 56 que todavía necesitan que alguien más los mantenga son quienes me preocupan. No quiero que usted o su hijo terminen formando parte de esa gran estadística.

La gente me dice frecuentemente: "Yo no necesitaré mucho dinero cuando me retire, porque mis gastos se reducirán." Aunque es verdad que sus gastos pueden reducirse después de que usted se retire, hay uno que con frecuencia se incrementa de manera dramática, y ese es el de la salud. Y esa es la razón por la que las organizaciones para la conservación de la salud (HMO) mencionadas en el artículo citado previamente están eliminando a los ancianos de la cobertura médica suplementaria. La cobertura de los ciudadanos de edad avanzada es demasiado cara. En los próximos años quedará claro que la atención de la salud será literalmente un asunto de vida o muerte para millones de personas de edad avanzada. Para decirlo de manera franca, si tiene dinero, usted podría vivir; y si no tiene dinero, usted podría morir.

La pregunta es: ¿la educación que recibieron esos ciudadanos de edad avanzada los preparó para enfrentar este desafío financiero al final de sus vidas?

La siguiente pregunta es: ¿qué tienen que ver los problemas de estos ancianos con la educación de su hijo?

Existen dos respuestas para esas dos preguntas.

La primera es que su hijo será quien en última instancia tendrá que pagar los servicios de salud de esos millones de ancianos que no pueden pagar por sí mismos.

La segunda respuesta es otra pregunta: ¿la educación que reciben sus hijos los preparará para tener la suficiente seguridad financiera con el fin de no necesitar de apoyo financiero y médico del gobierno al final de su vida laboral?

Las reglas han cambiado

En la era industrial las reglas consistían en asistir a la escuela, obtener buenas calificaciones, encontrar un empleo seguro con beneficios y permanecer en él durante el resto de su vida. Después de aproximadamente veinte años usted se retiraba, y la compañía y el gobierno se encargaban de usted por el resto de su vida.

En la era de la información las reglas han cambiado. Las reglas ahora consisten en ir a la escuela, obtener buenas calificaciones, encontrar un empleo y luego volver a capacitarse usted mismo para ese trabajo. Encontrar una nueva compañía y un nuevo empleo y volver a capacitarse. Encontrar una nueva compañía y un nuevo empleo y volver a capacitarse, y esperar y rezar para que tenga suficiente dinero ahorrado que dure mucho después de que usted cumpla 65 años de edad, porque usted vivirá mucho más allá de los 65 años.

En la era industrial, la teoría que definía esa etapa fue la enunciada por Einstein: $E=mc^2$. En la era de la información, la teoría que define esta etapa es la ley de Moore, que difundió la ideología en boga de que la cantidad de información se duplica cada dieciocho meses. En otras palabras, para mantener el paso del cambio usted necesita prácticamente volver a aprenderlo todo cada dieciocho meses.

En la era industrial el cambio era más lento. Aquello que usted aprendió en la escuela era valioso por un período más largo. En la era de la información, lo que usted aprende se vuelve obsoleto muy rápidamente. Lo que usted aprendió es importante, pero no tanto la rapidez con la que puede usted aprender, cambiar y adaptarse a la nueva información.

Mis dos padres crecieron durante la Gran Depresión. Para ellos la seguridad en el empleo lo era todo, y esa es la razón por la que siempre había un poco de pánico en su voz cuando decían: "Debes ir a la escuela para que puedas obtener un trabajo seguro." En caso de que no lo haya notado, hoy en día hay abundancia de empleos. El reto consiste en no quedarse rezagado debido a que usted se vuelve obsoleto al trabajar en su empleo actual.

Otros cambios sutiles, pero significativos, entre las eras, son los siguientes:

En la era industrial el empleador era responsable del plan de retiro del empleado.

En la era de la información, el empleado es responsable. Si a usted se le agota el dinero después de cumplir 65 años, es su problema, no un problema de la compañía.

En la era industrial usted era más valioso conforme se hacía más viejo.

En la era de la información, usted es menos valioso conforme se hace más viejo.

En la era industrial, las personas eran empleados de por vida.

En la era de la información, más personas son actualmente agentes libres.

En la era industrial, los chicos inteligentes se convertían en doctores y abogados. Ganaban mucho dinero.

En la era de la información, la gente que gana mucho dinero son los atletas, los actores y los músicos. Muchos de los doctores y otros profesionistas ganan en realidad menos dinero de lo que ganaban en la era industrial.

En la era industrial, podía contar con que el gobierno lo rescataría si usted y su familia se metían en problemas financieros.

Conforme comienza la era de la información, escuchamos a cada vez más políticos que prometen salvar la seguridad social y otros programas de red de protección del gobierno. Usted y yo somos lo suficientemente inteligentes para saber que cuando los políticos comienzan a hacer promesas de salvar algo, lo más probable es que aquello que proponen salvar se ha perdido de antemano.

Cuando tienen lugar los cambios suele haber generalmente resistencia. En los últimos años hay muchos ejemplos de personas que reconocen las oportunidades que se presentan durante un período de cambio.

1. Bill Gates se convirtió en el hombre más rico del mundo porque los más viejos de la empresa IBM no advirtieron que el mercado y las reglas estaban cambiando. Debido a la incapacidad de esos viejos ejecutivos para advertir los cambios, los inversionistas de IBM perdieron literalmente miles de millones de dólares.

2. Actualmente tenemos compañías de la era de la información, fundadas por veinteañeros, que adquieren corporaciones de la era industrial dirigidas por personas de 45 años de edad (AOL y Time Warner son dos ejemplos).

3. Hoy en día existen veinteañeros que se convierten en multimillonarios porque los ejecutivos de 45 años de edad no advierten las oportunidades que aquellos ven.

4. Actualmente tenemos veinteañeros multimillonarios que se han formado a sí mismos, quienes nunca han tenido un empleo, y al mismo tiempo tenemos personas de 45 años de edad que están volviendo a empezar, capacitándose nuevamente para obtener un nuevo empleo.

5. Se dice que en el futuro próximo los individuos acudirán a la internet y pujarán por los empleos, en vez de presentar solicitudes para obtenerlos. Se dice que las personas que deseen obtener empleos por más de un año (mayor seguridad) tendrán que aceptar menos dinero a cambio de esa seguridad.

6. En vez de esperar conseguir un buen empleo con una gran compañía, cada vez más estudiantes están comenzando sus

propios negocios en sus residencias estudiantiles. La Universidad de Harvard cuenta incluso con una oficina especial que apoya a los estudiantes a desarrollar sus negocios "en la incubadora", que ha sido presentado como una manera de ayudarlos a crear su empresa, pero que en realidad tiene la intención de servir como incentivo para mantenerlos en la escuela.

7. Y al mismo tiempo, la mitad de los empleados de una de las compañías más grandes de Estados Unidos ganan tan poco dinero que califican para obtener cupones de alimentos. ¿Qué ocurrirá a esos empleados cuando sean demasiado viejos para trabajar? ¿Fue su educación la adecuada?

8. La educación en el hogar ya no es una forma marginal de educación alternativa. Hoy en día el número de chicos educados en casa se incrementa en 15 por ciento al año.

9. Cada vez más padres de familia están procurando otros sistemas educativos, como el sistema católico, el Waldorf o el Montessori, tan sólo para retirar a sus hijos de un anticuado sistema educativo dirigido por el gobierno que no satisface las necesidades de sus hijos. Cada vez más madres de familia se dan cuenta de que la educación temprana de sus hijos es tan importante para el desarrollo de los mismos como lo es la educación universitaria. El denominado "Super Camp" es un ambiente de aprendizaje intensivo de corto plazo que utiliza las técnicas docentes más recientes para mejorar los resultados en las pruebas e incrementar la confianza del adolescente en sí mismo. Es patrocinado por el Foro de Aprendizaje *(Learning Forum)* y puede consultarse en la dirección electrónica: www.supercamp.com.

10. Para decirlo de manera sencilla, la era de la información traerá cambios económicos que incrementarán de forma dramática la brecha entre quienes tienen y quienes no tie-

nen. Para algunas personas, esos cambios serán una bendición, para otras, los cambios por venir serán una maldición, y para algunos más, esos cambios no representarán diferencia alguna. Como decía mi padre rico: "Hay personas que hacen que las cosas sucedan; hay personas que observan mientras las cosas suceden; y hay personas que preguntan: *¿Qué sucede?*".

La educación es más importante que nunca

La educación es más importante que nunca porque las cosas están cambiando más rápidamente de lo que jamás habíamos visto. Por primera vez en la historia, aquellos que tienen buen desempeño escolar podrían encarar los mismos desafíos económicos que quienes no lo tienen. Todos necesitamos prestar atención cuando nuestros banqueros nos piden nuestros estados financieros en vez de nuestras boletas de calificaciones. Su banquero está tratando de decirle algo. Este libro trata de aquello que sus hijos necesitan aprender para obtener éxito personal y financiero en el mundo real.

La educación que reciben sus hijos, ¿los está preparando adecuadamente para el futuro que enfrentan?

¿Está satisfaciendo el sistema escolarizado las necesidades especiales de su hijo?

¿Qué hacen los padres si a su hijo no le gusta la escuela o tiene un mal desempeño escolar?

¿Aseguran las buenas calificaciones el éxito financiero y profesional de toda la vida?

¿Necesita su hijo acudir incluso a una escuela tradicional para recibir la educación que él o ella necesita?

¿Para quién es este libro?

Este libro fue escrito para los padres que se dan cuenta de que el mundo ha cambiado y sospechan que nuestro sistema de educación actual puede no estar satisfaciendo las necesidades especiales de sus hijos. Este libro ha sido escrito para los padres que están dispuestos a asumir un papel más activo en la educación de su hijo, en vez de dejar esa responsabilidad al sistema escolarizado.

Está escrito para ayudar a los padres de familia a preparar a sus hijos para el mundo real… el mundo que enfrentan al terminar la escuela. Está escrito específicamente para los padres que:

- Desean dar a sus hijos un buen inicio financiero en la vida sin que les cueste una fortuna.
- Desean asegurar que el talento natural de su hijo y su estilo de aprendizaje estén protegidos y de que su hijo abandonará la escuela con el entusiasmo por seguir aprendiendo a lo largo de su vida.
- Quizá tengan un hijo a quien no le gusta la escuela, o un hijo que está teniendo dificultades de aprendizaje en la escuela.
- Estén en todos los casos mencionados.

Cómo está organizado este libro

Este libro se divide en tres partes.

La primera parte es una visión general de la educación, tanto académica como financiera. Aquellos que hayan leído mis otros libros saben ya que yo tuve dos figuras paternas en mi vida. Un hombre a quien llamo mi padre rico, quien era el papá de mi mejor amigo, Mike; y otro a quien llamo mi padre pobre, que era mi verdadero padre. Yo tuve el beneficio de que ambos eran genios por derecho propio. El hombre a quien llamo mi padre pobre era, en mi opinión, un genio académico y un educador. Al cumplir los nueve años de edad yo comencé a tener graves problemas en la escuela. No me gustaba lo que estaba aprendiendo ni cómo me estaban enseñando. No veía la pertinencia entre aquello que me obligaban a aprender y la manera en que podría aplicarlo en el mundo real.

La primera parte de este libro trata sobre la forma en que mi padre pobre pero inteligente continuó guiándome a lo largo de esa difícil parte de mi vida. Si no hubiera sido por mi padre inteligente, yo hubiera abandonado la escuela o hubiera reprobado y nunca hubiera obtenido mi título universitario.

La primera parte de este libro también trata del proceso educativo al que me sometió mi otro padre, mi padre rico. Yo diría que mi padre rico era un genio financiero y también un gran maestro. En la primera parte de este libro explico cómo mi padre rico comenzó a preparar mi mente joven para pensar como una persona rica. Entre los nueve y doce años de edad y gracias a la guía de mi padre rico, yo tenía la certeza absoluta de que obtendría una gran riqueza, sin importar si tenía buenas calificaciones escolares o un empleo bien pagado. A los doce años de edad yo sabía que volverse rico tiene poco que ver con lo que yo estaba aprendiendo en la escuela. Saber que yo iba a ser rico, sin importar mi desempeño escolar, provocó algunos problemas de actitud únicos cuando todavía estaba en la escuela. La segunda parte de este libro trata sobre la manera en que mis dos padres trabajaron para controlar mi problema de actitud y me guiaron para completar mi educación universitaria.

La segunda parte de este libro incluye algunos pasos sencillos de acción, en materia académica y financiera, que los padres pueden dar para preparar a su hijo para el mundo real. Comienzo la segunda parte con una historia de cómo casi fracasé en la preparatoria debido a los cambios en mi actitud acerca de la escuela. En la segunda parte usted comenzará a comprender cómo mi padre inteligente y mi padre rico me mantuvieron en la escuela, y cómo mi padre rico utilizó mis fracasos académicos para prepararme para convertirme en rico.

En la segunda parte mi padre rico me explica por qué su banquero nunca le pidió su boleta de calificaciones. Mi padre rico continúa diciendo: "Mi banquero nunca me preguntó si obtuve buenas calificaciones. Todo lo que mi banquero quería ver eran mis estados financieros. El problema es que la mayoría de la gente abandona la escuela sin saber qué cosa son los estados financieros." Mi padre rico también decía: "Comprender cómo funcionan los estados financieros es fundamental para cualquiera que desee construir una vida de seguridad financiera." Y en el mundo de hoy, con cada vez menos seguridad laboral, es esencial que su hijo tenga las aptitudes para asegurarle una vida de seguridad financiera.

Cuando usted obtiene una visión general del actual sistema educativo, es obvio que éste se enfoca en dos áreas principales de educación:

La *educación escolar:* la capacidad de leer, escribir y hacer cuentas aritméticas.

La *educación profesional:* la educación para convertirse en doctor, abogado, plomero, secretaria, o cualquier cosa que usted quiera hacer para ganar dinero una vez que abandona la escuela.

Los Estados Unidos y muchas naciones occidentales han hecho un excelente trabajo en lo que se refiere a lograr que ambos tipos fundamentales de educación estén a disposición de sus ciudadanos. Esta educación ha contribuido en gran medida a la ventaja que Occidente tiene en el mundo actual. El problema es, como afirmé anteriormente, que las reglas han cambiado. En la era de la información necesitamos más educación novedosa, no más de la misma educación. Cada estudiante necesita ahora algo de la educación básica que mi padre rico me proporcionó:

La *educación financiera*: la educación requerida para convertir el dinero que usted gana de su profesión en una riqueza que dure toda la vida y le dé seguridad financiera. La educación financiera que esos 700 000 ciudadanos de edad avanzada no tuvieron. La educación financiera que le ayudará a asegurarse que su hijo no terminará con un fracaso financiero en una etapa avanzada de su vida, o en la pobreza y la soledad luego de una vida de trabajar duro y criar una familia.

La razón por la que su banquero no quiere ver su boleta de calificaciones de la escuela es porque desea ver qué tan inteligente ha sido usted desde que abandonó la escuela. Él o ella desean ver una medida de su inteligencia financiera, no de su inteligencia académica. Sus estados financieros son una medida mucho mejor de su inteligencia financiera que su boleta de calificaciones.

La segunda parte contiene algunos ejemplos sencillos y concretos de cosas que los padres pueden hacer para proporcionar a sus hijos un buen inicio financiero en el mundo real de los empleos y el dinero.

La tercera parte trata sobre los últimos adelantos tecnológicos en la educación que ampliarán la capacidad de los padres para descubrir las aptitudes naturales de aprendizaje de sus hijos y su talento natural. La tercera parte trata de la manera de darle a su hijo un buen inicio académico.

Hace muchos años uno de los maestros de Albert Einstein se burló de él y dijo: "Él nunca logrará nada." Muchos maestros pensaban que Einstien era tonto debido a que no podía aprender por medio de la memorización.

Años después, cuando Einstein escuchó que un inventor destacado había dicho que el conocimiento de los hechos tenía una importancia fundamental, estuvo en desacuerdo. Einstein dijo: "Una persona no necesita ir a la universidad para aprender los hechos. Puede aprenderlos en los libros. El valor de la educación universitaria de las artes liberales es que entrena a la mente para pensar." Einstein también afirmó: "La imaginación es más importante que el conocimiento."

Cuando le interrogaba un grupo de reporteros, uno de ellos preguntó "cuál es la velocidad del sonido" Einstein respondió: "No lo sé. No llevo información en mi mente que esté disponible en los libros."

Casi todos los padres de familia que he conocido están seguros de que su hijo es inteligente y de que es un genio. Sin embargo, cuando el niño ingresa a la escuela, su talento natural es dejado a un lado o adopta un papel subordinado al talento y estilo de aprendizaje en que hace énfasis el sistema escolarizado como la manera correcta de aprender. Mi padre inteligente y muchos otros educadores se dieron cuenta de que el actual sistema escolarizado no es el adecuado para los distintos tipos de talento con que nacen los niños.

Desafortunadamente nuestro sistema educativo actual está empantanado en la controversia y las ideas anticuadas. Mientras nuestro sistema actual puede estar consciente de muchos de esos adelantos educativos, los políticos y la burocracia que rodean la profesión de la educación impiden que muchas de esas maneras innovadoras de evaluar el talento de su hijo se conviertan en parte del sistema.

Mi padre inteligente era el encargado del sistema educativo de Hawai. Él hizo su mejor esfuerzo por cambiar el sistema, pero en vez de ello fue aplastado por el sistema. Más tarde me dijo: "Existen tres tipos diferentes de maestros y administradores en el sistema. Hay un grupo que trabaja diligentemente para cambiar el sistema. Existe otro grupo que trabaja diligentemente contra cualquier clase de cambio. Y al tercer grupo no le importa si el sistema cambia o no, todo lo que este grupo desea es su seguridad laboral y su sueldo. Y esa es la razón por la que el sistema ha permanecido igual durante años."

En conclusión

Fue mi padre inteligente quien a menudo decía: "Los maestros más importantes de un niño son sus padres. Muchos padres dicen a sus hijos: 'Ve a la escuela y estudia mucho. Una buena educación es importante.' El problema es que una gran cantidad padres de familia que dicen esas palabras no continúan su propia educación o sus estudios." Mi padre inteligente también dijo: "Los padres son los maestros más importantes de sus hijos... pero los estudiantes aprenden más al observar que al escuchar. Los niños advierten las discrepancias entre las palabras y las acciones." A los niños les gusta sorprender a los padres cuando estos dicen una cosa y hacen otra. Mi padre rico solía decir: "Tus acciones dicen más que tus palabras." También dijo: "Si deseas ser un buen padre de familia, necesitas hacer lo que dices."

Si usted tiene hijos, le agradezco que se interese por un libro sobre educación, y en la educación de sus hijos. La mayoría de los padres dicen que la educación de sus hijos es importante, pero pocos de ellos leen libros sobre cómo educar a sus hijos.

GRATIS

Descarga de audio

En cada uno de nuestros libros nos gusta proporcionar el audio de una entrevista como un elemento agregado con observaciones adicionales. Como una manera de agradecerle la lectura de este libro, puede usted acudir al sitio *web* en la dirección electrónica www.richdad.com/richkid y descargar un audio sobre mi conversación con Kathy Kolbe titulada "Find Out How Your Child Learns Best... Because All Children Learn Differently" *(Descubra cómo aprende mejor su hijo... porque todos los niños aprenden de manera diferente.)*

Gracias por su interés en la educación financiera de su hijo.

"El dinero es una idea"

Cuando yo era un niño pequeño, mi padre rico decía a menudo: "El dinero es una idea." A continuación decía: "El dinero puede ser cualquier cosa que tú desees que sea. Si dices 'Nunca seré rico', entonces existen muchas posibilidades de que nunca seas rico. Si dices 'No puedo comprarlo', existen muchas posibilidades de que no puedas hacerlo."

Mi padre inteligente decía lo mismo acerca de la educación.

¿Es posible que cada niño nazca con el potencial de ser rico e inteligente? Existen personas que piensan que es posible... y otras que piensan que no. La primera parte de este libro está dedicada a proteger esa posibilidad para su hijo.

CAPÍTULO **1**

Todos los niños
nacen ricos
e inteligentes

Mis dos padres fueron grandes maestros. Ambos eran hombres inteligentes. Sin embargo, no eran inteligentes en lo que se refiere a lo mismos temas, y ellos no me enseñaron las mismas cosas. Sin embargo, tan diferentes como eran, ambos padres consideraban en las mismas cosas acerca de los niños. Ambos creían que todos los niños nacen inteligentes y ricos. Ambos creían que un niño aprende a ser pobre y aprende a creer que él es menos inteligente que otros niños. Ambos padres fueron grandes maestros porque tenían fe en sacar a la luz el talento con que nace cada niño. En otras palabras, ellos no creían en introducir conocimiento en el niño, sino en sacar a la luz su talento.

La palabra *educación* viene de la palabra latina *educare*, que significa "sacar". Desafortunadamente para muchos de nosotros, nuestros recuerdos sobre la educación consisten en sesiones largas y dolorosas en que apretujaban pequeños fragmentos de información en nuestras cabezas, que teníamos que memorizar, presentar el examen y luego olvidar lo que habíamos aprendido recientemente. Mis dos padres fueron grandes maestros porque rara vez trataron de introducir por la fuerza las ideas en mi cabeza. A menudo decían pocas cosas, y esperaban a que yo preguntara cuando deseaba saber algo. O bien eran *ellos quienes me hacían preguntas,* tratando de averiguar lo que yo sabía, en vez de simplemente *decirme* lo que ellos sabían. Mis dos padres fueron grandes maestros, y yo los considero como dos de las bendiciones más importantes que he recibido en mi vida.

No debo olvidar a las madres. Mi madre era una gran maestra y también un modelo de conducta. Ella fue quien me enseñó el amor incondicional, la amabilidad y la importancia de cuidar de otras personas. Desafortunadamente mi madre murió joven, a los 48 años de edad. Ella había estado enferma la mayor parte de su vida, batallando con un corazón debilitado por la fiebre reumática que padeció en su infancia. Fue su capacidad de ser amable y amorosa con los demás, a pesar de su dolor personal, lo que me enseñó una lección vital. Muchas veces, cuando estoy lastimado y deseo herir a los demás, pienso en mi madre y recuerdo que debo ser más amable… y menos iracundo. En mi caso, esa es una lección importante que necesito recordar diariamente.

Alguna vez escuché que los jóvenes se casan con chicas que se parecen a sus madres, yo diría que eso es verdadero en mi caso. Mi esposa Kim también es una persona extremadamente amable y amorosa. Lamento que Kim y mi madre nunca llegaran a conocerse. Yo quería tener una esposa que también fuera mi socia en los negocios, porque los días más felices del matrimonio de mis padres fueron los días en que trabajaron juntos en los Cuerpos de Paz. Recuerdo cuando el presidente Kennedy anunció la creación de los Cuerpos de Paz. Tanto mi madre como mi padre estaban emocionados con la idea y no podían esperar a formar parte de la organización. Cuando le ofrecieron a mi padre la posición de director de capacitación para el Sureste de Asia, la aceptó y le pidió a mi madre que se convirtiera en la enfermera del equipo. Creo que aquellos fueron los dos años más felices de su matrimonio.

Yo no conocí bien a la mamá de Mike, mi mejor amigo. Yo la veía cuando me invitaban a cenar, lo que ocurría frecuentemente, pero no podría decir que realmente la conocí. Ella pasó mucho tiempo con sus otros hijos, mientras que Mike y yo pasamos la mayor parte de nuestro tiempo trabajando con su padre. Sin embargo, en las ocasiones en que estuve en su casa, la madre de Mike también fue muy amable e interesada en lo que estábamos haciendo. Yo podía afirmar que ella era una gran compañera en la vida del padre de Mike. Eran cariñosos, amables e interesados en lo que le ocurría al otro. A pesar de ser una persona muy discreta, siempre estaba interesada en lo que Mike y yo aprendíamos en la escuela y en los negocios. Así que a pesar de que no la conocí muy bien, aprendí de ella la importancia de escuchar a los demás, de permitirles hablar y de ser respetuoso de las ideas de los demás, incluso si son contradictorias a las de uno. Ella era una gran comunicadora, de una manera muy discreta.

Las lecciones de mamá y papá

Me preocupa el número de familias encabezadas por un sólo padre. Tener tanto a mi madre como a mi padre como mis maestros fue muy importante para mi desarrollo. Por ejemplo, yo era más grande y pesado que la mayoría de los niños, y mi madre siempre estaba preocupada porque yo no utilizara la ventaja que me daba mi tamaño y me convirtiera en un peleonero. Así que hizo énfasis en que yo desarrollara lo que la gente llamaría actualmente "mi lado femenino". Como dije antes, ella era una persona muy amable y amorosa, y quería que yo fuera también amable y amoroso. Y lo era. Un día regresé a casa con mi boleta de calificaciones del primer año, en que la maestra había escrito: "Robert necesita aprender a defenderse más. Me recuerda a Ferdinand el Toro (el personaje de una historia acerca de un toro que en vez de embestir al matador se sienta en el ruedo y huele las flores que los aficionados lanzan... por cierto una de las historias favoritas de mi madre para llevarme a la cama). Todos los demás niños se meten con él y abusan de él, a pesar de que Richard es mucho más grande que ellos."

Cuando mi madre leyó la boleta de calificaciones, estaba emocionada. Cuando mi padre regresó a casa y leyó la misma boleta, se convirtió en un toro enfurecido, y no en uno que oliera las flores. "¿Qué significa eso de que los demás niños abusan de ti? ¿Por qué permites que abusen de ti? ¿Te estás volviendo un debilucho?" me dijo, al prestar más atención al comentario sobre mi conducta que a mis calificaciones. Cuando le expliqué que yo sólo estaba obedeciendo las instrucciones de mi madre, mi padre volteó a mirarla y le dijo: "Los niños pequeños son peleoneros. Es importante que todos los niños aprendan cómo tratar a los peleoneros. Si ellos no lo aprenden a edad temprana, a menudo crecen y permiten que los demás abusen de ellos. Aprender a ser amable es una forma de tratar a los peleoneros, pero también lo es responder de la misma forma, cuando la amabilidad no funciona."

Dirigiéndose a mí, me preguntó: "¿Y cómo te sientes cuando los otros niños se meten contigo?"

Con lágrimas en los ojos, le dije: "Me siento terrible. Me siento desamparado y temeroso. No quiero ir a la escuela. Quiero pelear con ellos, pero también quiero ser un buen niño y hacer lo que mamá y tú quieren que yo haga. Aborrezco que me llamen *Gordo* y *Dumbo* y que abusen de mí. Lo que más odio es permanecer allí y aceptar el abuso. Siento como si fuera un mariquita y un afeminado. Incluso las niñas se ríen de mí porque sólo me quedo parado allí y lloro."

Mi padre miró a mi madre por un momento y le dejó saber que no le gustaba lo que yo estaba aprendiendo. "¿Qué quieres hacer?", preguntó.

"Quiero pegarles también", dije. "Yo sé que puedo ganarles. Son sólo unos mocosos que se meten con la gente y les gusta meterse conmigo porque soy el más alto de mi clase. Todos los demás les dicen que no me peguen porque soy más alto, pero yo simplemente odio quedarme allí y aceptar el abuso. Desearía hacer algo. Ellos saben que no haré nada, así que siguen metiéndose conmigo enfrente de todos los demás. Me encantaría agarrarlos y golpearlos."

"Bien, no los golpees", dijo suavemente mi padre. "Pero déjales saber de cualquier manera que puedas que no deben meterse contigo otra vez. Tú estás aprendiendo una lección muy importante sobre respeto a ti mismo y sobre cómo defender tus derechos. No los golpees. Utiliza tu mente para encontrar una manera de hacerles saber que no vas a dejar que se metan contigo nunca más."

Dejé de llorar. Me sentí mucho mejor cuando enjugué mis ojos y encontré algo de valor y autoestima que me volvían al cuerpo. Yo estaba listo para regresar a la escuela.

Al día siguiente mi madre y mi padre fueron llamados a la escuela. La maestra y el director estaban muy enojados. Cuando mi padre y mi madre entraron a la oficina, yo estaba sentado en una esquina, cubierto de lodo. "¿Qué ocurrió?", preguntó mi padre cuando tomó asiento.

"Bien, no puedo decir que los niños no sabían que esto iba a pasar", dijo la maestra. "Pero después de que escribí la nota en la boleta de calificaciones de Robert, yo sabía que algo cambiaría"

"¿Los golpeó?", preguntó preocupado mi padre.

"No, no lo hizo", dijo el director. "Yo lo presencié todo. Los niños comenzaron a molestarlo. Pero esta vez Robert les pidió que se detuvieran en vez de pararse allí a aceptar el abuso… sin embargo ellos siguieron molestándolo. Él les pidió pacientemente que se detuvieran en tres ocasiones, y ellos siguieron metiéndose con él. Repentinamente Robert regresó al salón de clases, tomó las loncheras de los niños y las vació en ese gran charco de lodo. Cuando me apresuré al lugar donde estaba, los niños atacaron a Robert. Comenzaron a golpearlo, pero él no respondió a los golpes."

"¿Qué hizo?", preguntó mi padre.

"Antes de que pudiera llegar a separarlos, Robert tomó a dos de los niños y los empujó en el mismo charco de lodo. Y de esa manera quedó cubierto de lodo. Envié a los otros niños a sus casas para que se cambiaran de ropa porque estaban empapados."

"Pero yo no los golpee", dije desde mi rincón.

Mi padre me miró, colocó su dedo índice sobre sus labios para indicarme que me callara, y luego volteó para decirle al director y a la maestra: "Nos encargaremos de esto en casa."

El director y la maestra asintieron con la cabeza y la maestra dijo: "Estoy contenta de haber sido testigo de lo que ha ocurrido durante los últimos dos meses. Si yo no conociera la historia anterior a lo que ocurrió en el charco de lodo, solamente hubiera regañado a Robert. Pero pueden estar seguros de que llamaré también a los otros dos niños y a sus padres para hablar con ellos. No apoyo la idea de arrojar a los niños y sus almuerzos al lodo, pero espero que ellos se den cuenta y terminen con este abuso."

Al día siguiente hubo una reunión entre los dos niños y yo. Discutimos nuestras diferencias y estrechamos nuestras manos. Durante el recreo de ese día otros niños se acercaron y me estrecharon la mano y me palmearon en la espalda. Me estaban felicitando por haber resistido a los dos peleoneros que también se metían con ellos. Les agradecí sus felicitaciones pero también les dije: "Ustedes deben aprender a pelear. Si no lo hacen, irán por la vida como cobardes, dejando que los peleoneros del mundo abusen de ustedes." Mi padre hubiera estado orgulloso si me hubiera escuchado repetir la lección que originalmente me dio. Después de ese día, el primer año escolar fue mucho más placentero. Yo había ganado una valiosa autoestima, había ganado el respeto de mis compañeros de clase y la niña más bonita del salón se convirtió en mi novia. Pero lo que era más interesante es que los dos niños peleoneros se convirtieron en mis amigos. Yo aprendí a hacer la paz al ser fuerte, en vez de permitir que el terror y el miedo persistieran debido a que yo era débil.

Durante la semana siguiente aprendí varias lecciones valiosas para mi vida, tanto de mi madre como de mi padre, con motivo del incidente del charco de lodo. Este incidente fue un tema de conversación durante la cena. Yo aprendí que en la vida no existe una respuesta correcta o equivocada. Aprendí que en la vida tendemos a hacer elecciones, y que cada elección tiene una consecuencia. Si no nos gusta nuestra elección y su consecuencia, entonces debemos buscar una nueva elección y una nueva consecuencia. A partir de este incidente del charco de lodo aprendí de mi madre la importancia de ser amable y amoroso, y de mi padre la de ser fuerte y estar preparado para pelear. Aprendí que ser demasiado de una forma o de otra, o serlo sólo de una manera y no de la otra, puede limitarnos. De la misma forma en que demasiada agua puede ahogar a una planta que se muere de sed, nuestra conducta como humanos puede oscilar demasiado en una dirección o en la otra. Como dijo mi padre la noche en que regresamos de la oficina del director, "Mucha gente vive en un mundo en blanco y negro, o en un mundo de lo correcto y lo equivocado. Mucha gente te aconsejaría: 'No te defiendas', y otros te dirían 'Defiéndete'. Pero la clave para tener éxito en la vida es esta: si respondes a la agresión, debes saber exactamente qué tan duro lo haces. El saber exactamente qué tan duro respondes requiere de mucha más inteligencia que decir simplemente 'No te defiendas' o 'Defiéndete'."

Mi padre diría a menudo: "La verdadera inteligencia consiste en saber que es *apropiado*, en vez de saber simplemente qué cosa es lo *correcto* o lo *equivocado*." Cuando yo era un niño de seis años aprendí de mi madre que yo necesitaba ser amable y gentil... pero también aprendí que yo podía ser *demasiado* amable y gentil. De mi padre aprendí a ser fuerte, pero también aprendí que necesitaba ser inteligente y proporcionado con mi fortaleza. He dicho a menudo que una moneda tiene dos caras. Nunca he visto una moneda con una sola cara. Pero frecuentemente nos olvidamos de ese hecho. A menudo pensamos que el lado en que nos encontramos es el *único* lado, o el lado correcto. Cuando hacemos eso, es posible que seamos inteligentes, quizá conozcamos nuestros hechos, pero también es posible que estemos limitando nuestra inteligencia.

Uno de mis maestros dijo alguna vez: "Dios nos dio un pie derecho y un pie izquierdo. Dios no nos dio un pie correcto y un pie *equivocado*. Los seres humanos progresamos al cometer un error con el pie derecho y luego al cometer un error con el pie izquierdo. La gente que piensa que *siempre está en lo correcto* son las personas que sólo tienen el pie derecho. Creen que están progresando, pero a menudo terminan caminando en círculos."

Creo que como sociedad debemos ser más inteligentes con nuestras fortalezas y debilidades. Necesitamos aprender a operar de manera más inteligente desde nuestro lado femenino, así como desde nuestro lado masculino. Recuerdo que cuando estuve enojado con otro tipo en la escuela, en los años sesenta, ocasionalmente íbamos a la parte trasera del gimnasio y peleábamos a puñetazos. Después de uno o dos golpes, comenzábamos a forcejear y nos agotábamos, y entonces terminaba la pelea. Lo peor que ocurrió fue una camisa desgarrada o una nariz ensangrentada. A menudo nos volvíamos amigos una vez que la pelea había terminado. Hoy en día los niños se enojan, comienzan a pensar en el nivel menos inteligente de "lo correcto y lo equivocado", sacan sus armas y se disparan mutuamente... y lo mismo ocurre con niños y niñas. Es posible que nos encontremos en la era de la información y que los niños sean más "mundanos" que sus padres, pero todos podemos aprender a ser más inteligentes con nuestra información y nuestras emociones. Como dije antes, necesitamos aprender tanto de nuestras madres como de nuestros padres, porque con tanta información necesitamos convertirnos en personas más inteligentes.

Este libro está dedicado a los padres que desean criar a sus hijos más inteligentes, más ricos y también más inteligentes desde el punto de vista financiero.

CAPÍTULO 2

¿Es su hijo un genio?

"¿Qué hay de nuevo?", le pregunté a un amigo a quien no había visto en varios años. Inmediatamente sacó su cartera y me enseñó una fotografía de su hija de 11 meses de edad. Sonrió orgulloso y me dijo: "Es tan lista. No puedo creer qué tan rápido aprende." Durante los siguientes 20 minutos este padre orgulloso me relató detalladamente todas las cosas que su brillante hija estaba aprendiendo. Finalmente se dio cuenta de que no había parado de hablar y se disculpó. "Lo siento. Es sólo que estoy tan orgulloso de mi hija. Estoy tan asombrado de qué tan inteligente es, y qué tan rápido aprende. Estoy seguro de que ella es un genio."

¿Se limita esa expresión de orgullo a sólo algunas personas que recién se han convertido en padres de familia? No lo creo. Al menos no de acuerdo con mi experiencia. Si hay algo que he notado al observar a todos los padres, es que todos se encuentran asombrados de la forma tan rápida que aprenden sus hijos. Todos los padres que he conocido están seguros de que su hijo o hija es el más inteligente del mundo, quizá incluso un genio. Y yo estoy de acuerdo con ellos. Creo que todos los niños nacen genios. Pero con la mayoría de los niños algo ocurre con ese genio a lo largo del camino del crecimiento. Para algunos niños ese genio parece desaparecer, queda reprimido o marcha en otras direcciones.

A pesar de que mi esposa Kim y yo no tenemos hijos, los bebés recién nacidos siempre me han fascinado. Me gusta mirarlos a los ojos. Cuando los miro a los ojos veo al ser más curioso e inquisitivo que me observa. Es fácil ver que los niños aprenden mediante saltos cuánticos. Por "cuánticos" quiero decir que aprenden de manera exponencial. Sus conocimientos deben estar duplicándose a cada segundo. Todo lo que pueden absorber con sus ojos es nuevo, es maravilloso, y es agregado a una base de datos sin editar, sin calificar, y sin demasiados prejuicios. Están absorbiendo esa nueva experiencia llamada vida.

El otro día acudí a la casa de un amigo. Se encontraba en su alberca con su hija de tres años de edad. Mientras le saludaba y caminaba hacia la alberca, él gritó: "Mira a mi niña pequeña. Va a ser una estrella de la natación olímpica." Miré a esa niña pequeña que chapoteaba valientemente en el agua, casi ahogándose, pero avanzando conforme nadaba hacia su orgulloso padre. Contuve el aliento conforme esa niña pequeña, sin asistentes de flotación, apenas alcanzaba a levantar la cabeza para obtener una bocanada de aire y pataleaba en el agua hacia su padre, que le esperaba en la parte profunda de la alberca. Finalmente suspiré con alivio cuando su padre arrojó sus brazos alrededor de la niña y le decía: "Esa es mi valiente nadadora. Algún día vas a ser una estrella de la natación olímpica." Y yo creo que lo será.

Lo que era sorprendente para mí es que apenas una semana antes la misma niña estaba aterrada con el agua. Sólo una semana antes tenía tanto temor del agua que lloró cuando su padre la llevó a la alberca. Ahora él le llamaba una futura estrella de la natación olímpica. Para mí ese es el tipo de aprendizaje cuántico que sólo un genio es capaz de obtener… y todos los niños nacen con la capacidad de aprender a ese nivel.

Mi padre creía que todos los niños nacían genios

Como describí en un libro anterior, *Padre rico, padre pobre*, mi verdadero padre era el superintendente de educación del estado de Hawai a finales de los años sesenta y principios de los setenta. Finalmente renunció a ese cargo para presentar su candidatura como vicegobernador del estado por el partido Republicano, lo cual no fue la decisión más inteligente. Decidió presentar su candidatura debido a su conciencia moral. Él estaba muy molesto con los niveles de corrupción que había descubierto en el gobierno y quería cambiar el sistema educativo. Pensaba que podía hacer algo para reformar el sistema si presentaba su candidatura. A pesar de que sabía de que probablemente no ganaría, la presentó y utilizó su campaña para arrojar luz sobre los problemas que él pensaba que deberían ser corregidos. Pero como todos sabemos, el público no siempre vota por el candidato más honesto y sincero.

Yo todavía creo que mi padre era un genio académico. Era un lector voraz, un gran escritor, un brillante orador y un gran maestro. Fue un estudiante destacado a lo largo de su educación y prestó sus servicios como oficial de clase. Se graduó en la Universidad de Hawai como el primero de su clase, y se convirtió en uno de los directores de escuela más jóvenes de la historia de Hawai. Fue invitado a realizar estudios de postgrado en la Universidad de Stanford, la Universidad de Chicago y la Universidad del Noroeste. A finales de los 80 fue seleccionado por sus compañeros como uno de los dos educadores más importantes en los 150 años de historia de la educación pública de Hawai, y recibió un doctorado honorario. A pesar de que le llamo "mi padre pobre" porque siempre tenía problemas financieros, sin importar cuánto dinero ganara, yo estaba muy orgulloso de él. A menudo decía: "No estoy interesado en el dinero." Y también decía: "Yo nunca seré rico." Y esas palabras se convirtieron en profecías que se cumplieron.

Después de leer *Padre rico, padre pobre*, muchas personas dicen: "Hubiera deseado leer este libro hace veinte años." A continuación algunos preguntan: "¿Por qué no lo escribió antes?" Mi respuesta es: "Porque esperé a que mi padre muriera antes de escribirlo." Esperé cinco años por respeto. Yo sé que el libro lo hubiera herido si lo hubiera leído cuando estaba vivo... pero en forma de espíritu, pienso que apoya las lecciones que todos podemos aprender de su vida.

En este libro, *Niño rico, niño listo*, muchas de las ideas sobre la manera en que aprenden los niños y por qué todos los niños nacen inteligentes provienen de mi padre. La siguiente historia es acerca de uno de mis compañeros de clase que fue etiquetado como "genio" a edad temprana. También trata de cómo todos somos genios de una manera o de otra.

¿Tiene su hijo un alto coeficiente intelectual financiero?

Cuando usted dice que alguien tiene un alto coeficiente intelectual (IQ), ¿qué significa eso? ¿Qué mide su coeficiente intelectual? ¿Tener un alto coeficiente intelectual garantiza que usted será exitoso? ¿Tener un alto coeficiente intelectual significa que usted será rico?

Cuando yo estaba en el cuarto grado mi maestra anunció a la clase: "Niños, tenemos el honor de contar con un genio entre nosotros. Se trata de un niño muy talentoso y tiene un coeficiente intelectual muy alto." A continuación anunció que uno de mis mejores amigos, Andrew, era uno de los estudiantes más brillantes a quien ella hubiera tenido el privilegio de enseñar. Hasta entonces Andy *la Hormiga*, como llamábamos a Andrew, era sólo otro chico de la clase. Le llamábamos Andy *la Hormiga* porque era muy pequeño y usaba gafas gruesas que le hacían parecer un insecto. A partir de entonces tuvimos que llamarle Andy *la Hormiga inteligente.*

Sin comprender lo que significaba el coeficiente intelectual, levanté la mano y le pregunté a la maestra: "¿Qué significa coeficiente intelectual?"

La maestra farfulló un poco y respondió: "Coeficiente intelectual significa cociente de inteligencia." A continuación me dirigió una de esas miradas que decían en silencio: "¿Sabes ahora lo que significa coeficiente intelectual?"

El problema es que yo todavía no tenía idea de lo que significaba el coeficiente intelectual, por lo que levanté nuevamente la mano. La maestra hizo lo posible por ignorarme, pero finalmente se dio la vuelta y preguntó con un tono de voz fastidiado: "Sí. ¿Cuál es tu pregunta esta vez?"

"Bien, usted dice que coeficiente intelectual significa cociente de inteligencia, ¿pero qué significa eso?"

La maestra murmuró un poco, de manera impaciente. "Te he dicho que si no sabes la definición de algo, debes buscarla. Ahora saca el diccionario y búscala tú mismo."

"Muy bien", dije con una sonrisa, al darme cuenta de que ella misma no sabía la definición. Si la hubiera sabido, la hubiera dicho de manera orgullosa a toda la clase. Nosotros sabíamos que cuando ella no sabía algo, nunca lo admitía pero nos pedía que buscáramos la respuesta.

Después de localizar "cociente de inteligencia" en el diccionario, leí la definición en voz alta literalmente: "Nombre (1916): un número utilizado para expresar la inteligencia relativa aparente de una persona, determinada al dividir su edad mental de acuerdo con una prueba estandarizada, entre su edad cronológica, y multiplicar el resultado por 100." Cuando terminé de leer la definición, levanté la vista y dije: "Todavía no sé que significa el coeficiente intelectual."

Frustrada, la maestra levantó la voz y dijo: "No comprendes porque no quieres comprender. Si no comprendes, debes entonces hacer tu propia investigación."

"Pero es usted quien dijo que eso era importante", respondí. "Si usted piensa que eso es importante, al menos puede decirnos qué significa y por qué es importante."

En ese momento Andy la *Hormiga* se puso de pie y dijo: "Yo lo explicaré a la clase." Se levantó de su escritorio de madera y acudió al pizarrón colocado al frente del salón. Entonces escribió en el pizarrón:

"Así que la gente dice que soy un genio porque tengo diez años de edad pero tengo resultados en la prueba que corresponden a una persona de 18 años."

$$\frac{18 \text{ (edad mental)}}{10 \text{ (edad cronológica)}} \times \quad 100 = 180 \text{ IQ}$$

La clase guardó silencio por un momento para digerir la información que Andy había escrito en el pizarrón.

"En otras palabras, si tú no incrementas tus habilidades de aprendizaje conforme creces, entonces tu coeficiente intelectual se reduce", dije.

"Esa es la manera en que yo lo interpreto", dijo Andy. "Es posible que yo sea un genio hoy en día, pero si no incremento lo que sé, mi coeficiente intelectual se reduce cada año. Al menos eso es lo que la ecuación representa."

"Así que tú puedes ser un genio hoy en día pero puedes ser un tonto mañana", dije mientras me reía.

"Muy gracioso", dijo Andy. "Pero cierto. Sin embargo, sé que no tengo por qué preocuparme de que tú me superes."

"Me pondré a mano contigo después de clase", le grité. "Te encontraré en el campo de béisbol y entonces veremos quién tiene el coeficiente intelectual más alto." Después de decir eso me reí, y conmigo se rieron otros estudiantes de la clase. Andy *la Hormiga* era uno de mis mejores amigos. Todos sabíamos que era inteligente, y sabíamos que nunca sería un gran atleta. Sin embargo, a pesar de que no podía batear o atrapar la pelota, era un miembro de nuestro equipo. Después de todo, para eso son los amigos.

¿Cuál es su coeficiente intelectual financiero?

¿Cómo mide usted el coeficiente intelectual financiero de la gente? ¿Lo mide de acuerdo a su salario, el valor de su patrimonio, la clase de automóvil que conduce, o el tamaño de su casa?

Muchos años después de esa discusión acerca de que Andy *la Hormiga* era un genio, le pregunté a mi padre rico qué pensaba sobre lo que significaba el coeficiente intelectual financiero. Rápidamente me respondió: "La inteligencia financiera no se refiere a cuánto dinero ganas, sino a cuánto dinero conservas y qué tan duro trabaja ese dinero para ti."

Sin embargo, conforme pasó el tiempo, él mejoró su definición de la inteligencia financiera. Dijo alguna vez: "Tú sabes que tu inteligencia financiera se incrementa si conforme te vuelves más viejo tu dinero te permite adquirir más libertad, felicidad, salud y opciones en la vida." A continuación me explicó que muchas personas ganan más dinero conforme se hacen más viejos, pero el dinero les hace tener menos libertad; menos libertad porque tienen cuentas más onerosas que pagar. Tener cuentas más onerosas significa que la persona tiene que trabajar más duro para pagarlas. Para mi padre rico eso no era inteligente desde el punto de vista financiero. También me explicó que él veía a mucha gente ganando mucho dinero, pero su dinero no les hacía más felices. Para él, eso no era inteligente desde el punto de vista financiero. "¿Para qué trabajar por dinero y ser infeliz?" me dijo. "Si tienes que trabajar por el dinero, encuentra una manera de trabajar y ser feliz. Eso es inteligencia financiera."

En lo que se refiere a la salud, él decía: "Demasiada gente trabaja muy duro para ganar dinero y se matan lentamente en el proceso. ¿Para qué trabajar duro y sacrificar el bienestar físico y mental de su familia, y de usted mismo? Eso no es inteligente desde el punto de vista financiero." En lo que se refiere a la salud también decía: "No existe algo parecido a un 'ataque cardiaco repentino'. Los ataques al corazón y otras enfermedades, como el cáncer, tardan tiempo en desarrollarse. Son causadas por la falta de ejercicio, una mala alimentación, y por no disfrutar suficiente de la vida durante períodos prolongados de tiempo. De los tres, pienso que no disfrutar de la vida es la causa más importante de ataques al corazón y de las enfermedades." Él dijo: "Demasiadas personas piensan acerca de trabajar más duro en vez de pensar en cómo divertirse más y disfrutar de este gran don que es la vida."

En lo que se refiere a las opciones, decía: "Yo sé que la sección de primera clase de un avión llega a su destino al mismo tiempo que la sección de asientos económicos. Ese no es el punto. El punto es, ¿tiene usted la elección de volar en primera clase o en volar en clase económica? La mayor parte de la gente en la sección de asientos económicos no tiene opción." Mi padre rico explicaba que la inteligencia financiera le proporciona a una persona más opciones en la vida al decir: "El dinero es poder, porque más dinero le da a usted más opciones." Pero era esa lección sobre felicidad en lo que él hacía énfasis cada vez más mientras envejecía. Conforme se acercaba al final de su vida y tenía más dinero del que soñó, lo afirmaba una y otra vez: "El dinero no te hace feliz. Nunca pienses que tú serás feliz cuando seas rico. Si no eres feliz mientras te vuelves rico, existen muchas posibilidades de que no seas feliz cuando alcances la riqueza. Así que, seas pobre o rico, asegúrate de ser feliz."

Aquellos de ustedes que han leído mis otros libros se darán cuenta de que mi padre rico no medía su coeficiente intelectual de acuerdo con mediciones financieras tradicionales. En otras palabras, él nunca estaba obsesionado con cuánto dinero tenía, o cuál era el valor de su patrimonio, o el tamaño de su portafolio. Si yo tuviera que decir qué le proporcionó la inteligencia financiera, diría que *libertad*.

A él le gustaba tener la libertad de trabajar o de no trabajar y la libertad de elegir con quién trabajaba. A él le gustaba la libertad de comprar cualquier cosa que quería sin preocuparse por el precio. A él le gustaba la salud, la felicidad y las opciones que podía tener porque era libre. Le gustaba la libertad y la capacidad financiera que tenía para donar a instituciones caritativas para apoyar las causas en que él creía. Y en vez de quejarse de los políticos y de sentirse impotente para cambiar el sistema, él hacía que los políticos acudieran a él en busca de consejo (y con la esperanza de que hiciera contribuciones a sus campañas). Le gustaba tener poder sobre ellos. "Ellos me visitan, yo no los visito. Todos los políticos quieren los votos de los pobres, pero no escuchan a una persona pobre. No pueden hacerlo… y eso es trágico", decía.

Sin embargo lo que más apreciaba era el tiempo libre que el dinero le proporcionaba. Le gustaba tener tiempo para observar a sus hijos crecer y trabajar en proyectos que le interesaban, sin importar si ganaba o no dinero en ellos. Así que mi padre rico medía su inteligencia financiera en función del tiempo, más que en función del dinero. Los últimos años de su vida fueron los más alegres porque pasó la mayor parte de su tiempo dando dinero en vez de tratar de conservarlo y aferrarse a él. Parecía divertirse tanto dando dinero como filántropo, como ganando dinero como capitalista. Vivió una vida rica, feliz y generosa. Pero lo que es más importante, tuvo una vida de libertad sin límites, y esa es la manera en que él medía su coeficiente intelectual financiero.

¿Qué es la inteligencia?

Fue mi verdadero padre, el encargado de la educación y el maestro talentoso, quien en última instancia se convirtió en el tutor personal de Andy *la Hormiga*. Andy era tan inteligente que debía estar en el último año de la preparatoria, en vez de en quinto año de la escuela elemental. Su madre y su padre fueron presionados para que permitieran ascenderlo varios grados, pero ellos querían que él se mantuviera en un grupo de su misma edad. Dado que mi padre verdadero también era un genio académico, una persona que se graduó de una carrera universitaria de cuatro años de duración en tan sólo dos años, comprendió lo que Andy estaba viviendo y respetó los deseos de sus padres. En muchos sentidos estaba de acuerdo con ellos y se daba cuenta de que la edad académica no es tan importante como el desarrollo emocional y físico. Estaba de acuerdo en que Andy debía madurar emocional y físicamente, en vez de ascender en la escuela o el colegio con estudiantes que le duplicaban la edad. Así que después de asistir a la escuela elemental con niños regulares, Andy iba con mi padre, el superintendente de educación, y pasaba las tardes estudiando con él. Yo, por mi parte, iba a la oficina de mi padre rico y comenzaba mi educación relacionada con la inteligencia financiera.

Me parece interesante reflexionar sobre el hecho de que diferentes padres asumieron la tarea de pasar tiempo enseñando a los hijos de otros padres. Es agradable ver que todavía ocurre, cuando muchos padres ofrecen su tiempo como voluntarios para enseñar deporte, artes, música, danza, habilidades manuales, aptitudes de negocio, y otras más. En última instancia todos los adultos son maestros de una u otra manera... y como adultos somos maestros más por medio de nuestras acciones que por medio de nuestras palabras. Cuando nuestra maestra anunció ante la clase que Andy era un genio con un alto coeficiente intelectual, en esencia también nos dijo que el resto de nosotros no lo éramos. Yo regresé a casa y le pregunté a mi padre cuál era su definición de inteligencia. Su respuesta fue sencilla. Todo lo que me dijo fue: "La inteligencia es la capacidad de hacer distinciones precisas."

Yo me quedé allí por un momento, sin comprender lo que había dicho. Así que esperé a que me explicara, yo sabía que siendo un verdadero maestro, no se marcharía y me dejaría allí con una expresión tonta en mi rostro. Finalmente se dio cuenta de que yo no había comprendido su explicación, así que comenzó a hablar con el lenguaje de un niño de diez años de edad. "¿Sabes lo que significa la palabra *deporte?*", me preguntó mi padre.

"Desde luego que lo sé", dije. "Me gustan los deportes."

"Bien", dijo. "¿Existe alguna diferencia entre el fútbol, el golf y el deslizamiento sobre las olas?"

"Desde luego que las hay", le dije emocionado. "Existen enormes diferencias entre esos deportes."

"Bien", continuó mi padre, en su modo de maestro. "Esas diferencias son llamadas distinciones."

"¿Quieres decir que las distinciones son lo mismo que las diferencias?" le pregunté.

Mi padre asintió con la cabeza.

"¿Así que mientras puedo decir qué diferencias existen entre las cosas, más inteligente soy?" le pregunté.

"Eso es correcto", respondió mi padre. "Tú tienes mucho mayor coeficiente intelectual deportivo que Andy... pero Andy tiene mucho mayor coeficiente intelectual académico que tú. Lo que eso significa en realidad es que Andy aprende mejor por medio de la lectura, y que tú aprendes mejor cuando haces cosas. Así que Andy tiene más facilidades para aprender en el salón de clases, y tú tienes más facilidades para aprender en el campo de atletismo. Andy aprenderá historia y ciencia rápidamente, y tú aprenderás béisbol y fútbol rápidamente."

Permanecí allí en silencio durante un rato. Mi padre, que era un buen maestro, me permitió permanecer allí hasta que había comprendido las distinciones. Finalmente me recuperé de mi trance y dije: "Así que yo aprendo al practicar juegos, y Andy aprende al leer."

Nuevamente mi padre asintió. Hizo una pausa y luego dijo: "Nuestro sistema otorga gran importancia a la inteligencia escolar o académica. Cuando dicen que alguien tiene un alto coeficiente intelectual, se refieren al coeficiente intelectual escolar o académico. Las actuales pruebas de coeficiente intelectual miden principalmente el coeficiente intelectual verbal de una persona, o su capacidad para leer y escribir. Así que técnicamente, una persona con un alto coeficiente intelectual es alguien que aprende rápidamente mediante la lectura. Eso no mide toda la inteligencia de una persona. El coeficiente intelectual no es una medida del coeficiente intelectual artístico de una persona, de su coeficiente intelectual físico, incluso de su inteligencia matemática, y todas ésas son inteligencias legítimas."

En seguida dije: "Entonces, cuando mi maestra dice que Andy es un genio, eso significa que él es mejor que yo en el aprendizaje por medio de la lectura. Y yo soy mejor para aprender al hacer cosas."

"Sí", dijo mi padre.

Nuevamente me quedé allí pensando durante un momento. Lentamente comencé a comprender cómo ese nuevo trozo de información se aplicaba a mi caso. "Así que necesito encontrar maneras de aprender las cosas que se adapten mejor a mi estilo de aprendizaje", dije finalmente.

Mi padre asintió con la cabeza. "Todavía necesitas aprender a leer, pero parece que aprenderás más rápidamente al hacer las cosas que mediante la lectura. En muchas maneras Andy tiene un problema, ya que él puede leer pero no puede hacer.

En cierta forma él tendrá más dificultades para adaptarse al mundo real de las que tú tendrás. Le irá bien mientras permanezca en el mundo académico o científico. Y por eso tiene tantas dificultades en el campo de béisbol o al hablar con el resto de los niños. Por eso pienso que es importante que tú y tus amigos le permitan participar en su equipo deportivo. Ustedes le están enseñando cosas que un libro de texto nunca podrá enseñarle… temas y habilidades que son muy importantes para tener éxito en el mundo real.

"Andy es un gran amigo", dije. "Sin embargo, prefiere leer que jugar béisbol. Y yo prefiero jugar béisbol que leer. Eso significa que él es más inteligente en el salón de clase porque él aprende mejor allí. Pero eso no significa que sea más inteligente que yo. Su alto coeficiente intelectual significa que él tiene talento para aprender mediante la lectura. Así que necesito encontrar la manera de hacer distinciones más rápidamente con el fin de que yo pueda aprender rápidamente… de una manera que funcione mejor para mí."

Multiplique al dividir

Mi padre educador sonrió. "Esa es la actitud. Encuentra una manera de hacer distinciones rápidamente y aprenderás rápidamente. Siempre recuerda que la naturaleza multiplica al dividir", dijo. "Así como una célula crece al dividirse en dos, los mismo ocurre con la inteligencia. En el momento en que dividimos un tema entre dos, hemos incrementado nuestra inteligencia. Si luego dividimos esas dos en otras dos obtenemos cuatro, y nuestra inteligencia se está multiplicando… multiplicando al dividir. A eso se le llama *aprendizaje cuántico*, no *aprendizaje lineal*.

Yo asentí, al comprender cómo el aprendizaje puede hacerse más rápido una vez que yo encontré la manera de aprender mejor.

"Cuando comencé a jugar al béisbol, yo no sabía mucho", dije. "Pero pronto descubrí la diferencia entre el ponche, el jonrón y las carreras impulsadas. ¿Es eso a lo que te refieres cuando dices que mi inteligencia se incrementa al dividir o hacer distinciones más precisas?"

"Correcto", respondió mi padre. "Y mientras más practicas el juego, descubrirás más distinciones nuevas y más precisas. ¿Consideras que mejoras conforme aprendes más?"

"Sí", le dije. "Cuando comencé a jugar béisbol, ni siquiera podía golpear la pelota. Ahora puedo darle un golpe ligero, *machucarla*, conectar un hit o volarla sobre la barda en un jonrón. ¿Sabes que he conectado tres jonrones este año?" le dije orgulloso con una sonrisa.

"Sí, lo sé", dijo mi padre. "Y estoy muy orgulloso de ti. ¿Y te das cuenta de que hay mucha gente que no conoce la diferencia entre un golpe ligero y un jonrón? No tienen idea de lo que estás hablando, y ciertamente no tienen la capacidad de hacer lo que dices.

"Así que mi coeficiente intelectual de béisbol es realmente alto", dije con una sonrisa.

"Muy alto", dijo mi padre. "De la misma forma en que el coeficiente intelectual de Andy es realmente alto... pero no puede pegarle a la pelota de béisbol."

"Y que lo digas", agregué. "Andy conoce la diferencia entre un golpe ligero y un jonrón, pero no podría hacer uno ni otro, ni siquiera si su vida dependiera de ello."

"Y ese es el problema de juzgar a una persona tan sólo en función de su coeficiente intelectual académico", dijo mi padre educador. "A menudo a la gente con alto coeficiente intelectual académico no le va bien en el mundo real."

"¿Por qué ocurre eso?" le pregunté.

"Esa es una buena pregunta, para la que no tengo respuesta. Creo que es porque los educadores se enfocan principalmente en las habilidades mentales y no en convertir el conocimiento mental en conocimiento físico. También pienso que nosotros los educadores castigamos a la gente por cometer errores y si tú tienes miedo de cometer errores, no querrás hacer nada. Nosotros, en la educación, hacemos demasiado énfasis en la necesidad de estar en lo correcto y en el temor de estar equivocado. Es el miedo a cometer errores y a hacer el ridículo lo que impide que la gente realice acciones... y en última instancia, que aprendan mediante la acción. Todos sabemos que aprendemos al cometer errores, sin embargo en nuestro sistema escolarizado castigamos a la gente que comete demasiados errores. El mundo de la educación está repleto de personas que pueden decirte todo lo que necesitas saber acerca del juego de béisbol, pero que no pueden jugar béisbol ellos mismos.

"Así que cuando nuestro maestro dice que Andy es un genio, ¿significa eso que él es mejor que yo?" le pregunté.

"No", dijo mi padre. "Pero en la escuela, a él le será más fácil aprender que a ti porque sus aptitudes de lectura se encuentran al nivel de un genio. Sin embargo, en el campo del atletismo, tú aprenderás más fácil que él. Eso es todo lo que significa."

"Así que tener un alto coeficiente intelectual solamente significa que él aprende más rápidamente mediante la lectura... pero eso no significa que yo no pueda aprender tanto como lo que él sabe", respondí, en busca de mayor claridad. "En otras palabras, yo puedo aprender algo si quiero aprenderlo. ¿No es verdad?"

"Así es", dijo mi padre. "La educación es una actitud... y si tú tienes esa clase de actitud positiva hacia el aprendizaje, te irá bien. Pero si tienes la actitud de un perdedor o una actitud derrotista hacia el aprendizaje, entonces nunca aprenderás nada."

Yo saqué mi revista de béisbol de mi bolsillo trasero. Estaba gastada y maltratada. "Me gusta leer esta revista. Te dice los marcadores, los porcentajes de bateo y los salarios de todos los jugadores. Pero cuando leo esta revista en el salón de clase, mi maestra me la quita."

"Como debe ser" dijo mi padre. "Pero ella debería haberte alentado a que la leyeras después de clase."

Yo asentí. Finalmente comprendí por qué Andy tenía un coeficiente intelectual más alto. Pero lo que era más importante, aprendí cómo aprendía mejor. Ese día aprendí que yo aprendo mejor si hago algo primero y luego leo sobre eso. Por ejemplo, con el béisbol, mientras más practicaba el juego, más quería leer acerca de él. Pero si yo no lo jugaba, no tenía interés en leer acerca de él. Era una manera de aprender que funcionaba mejor para mí. Era una manera en que aprendería por el resto de mi vida. Si trataba de hacer algo primero y luego lo encontraba interesante, yo estaría más emocionado ante la idea de leer sobre ello. Pero si no podía involucrarme físicamente primero, o si sólo podía leer acerca de algo, rara vez me interesaba y por lo tanto no deseaba leer sobre ello. Yo tenía diez años de edad y había aprendido suficiente por ese día. Mi capacidad de fijar la atención había sido agotada. Tomé mi guante de béisbol y mi bat y me dirigí a la puerta para ir a hacer distinciones más precisas acerca del juego de béisbol. Yo tenía un coeficiente intelectual de béisbol que mejorar, y la práctica era la mejor manera en que podía hacer eso. Además, yo sabía que si no seguía practicando, Andy *la Hormiga* podría reemplazarme en el equipo.

Esa explicación de mi padre educador fue la principal razón por la que terminé la preparatoria y seguí adelante, para sobrevivir en una academia militar federal muy dura, con un plan de estudios muy riguroso. Debido a esa explicación yo supe que a pesar de que no tenía un coeficiente intelectual académico alto, eso no significaba que yo no era inteligente. Simplemente significaba que tenía que encontrar una manera de aprender que me funcionara mejor. Sin ese valioso conocimiento, quizá hubiera abandonado la preparatoria mucho antes de graduarme. Personalmente yo consideraba que la escuela era demasiado lenta, aburrida y sin interés. Yo no estaba interesado en la mayoría de las materias que me pedían estudiar, pero encontré una manera de aprender esas materias y pasar las pruebas. Lo que me permitió seguir adelante fue el conocimiento de que una vez que abandonara la escuela con mi título universitario, mi verdadera educación comenzaría.

¿Cuántos tipos diferentes de genios existen?

A principios de los años 80 un hombre llamado Howard Gardner escribió un libro titulado *Frames of Mind (Marcos de pensamiento)*. Identificó siete tipos diferentes de genio o de inteligencia en su libro. Son los siguientes:

1. **Verbal-lingüística:** es el genio que nuestro actual sistema educativo utiliza para medir el coeficiente intelectual de una persona. Se trata de la capacidad innata de una persona para leer y escribir palabras. Es una inteligencia muy importante debido a que es una de las principales formas en que los seres humanos reúnen y comparten información. Los periodistas, escritores, abogados y maestros frecuentemente han recibido el don de este talento.

2. **Numérica:** este es el tipo de inteligencia que se relaciona con la información medida en números. Obviamente un matemático tiene el don de este genio. Un ingeniero con capacitación formal necesita ser bueno tanto en el genio verbal-lingüístico como en el numérico.

3. **Espacial:** se trata de la inteligencia que tiene mucha gente creativa, como los artistas y diseñadores. Un arquitecto tiene que ser bueno en los tres tipos de inteligencia, debido a que su profesión requiere de palabras, números y diseño creativo.

4. **Física:** es el genio que muchos grandes atletas y bailarines tienen. Existen también muchas personas que no tienen buen

desempeño escolar pero que son dotadas desde el punto de vista físico. Son personas que frecuentemente aprenden al practicar. Muchas veces las personas con este tipo de inteligencia gravitan en torno a la mecánica o los oficios relacionados con la construcción. Probablemente aman los talleres de carpintería o las clases de cocina. En otras palabras, son genios al ver, tocar y hacer cosas. Una persona que diseña automóviles de carreras necesitará poseer los cuatro primeros tipos de inteligencia.

5. **Intrapersonal:** es el genio que a menudo se llama "inteligencia emocional". Es lo que decimos sobre nosotros mismos, por ejemplo, cuando estamos temerosos o enojados. Frecuentemente la gente no tiene éxito en algo, no debido a la falta de conocimiento mental, sino porque tienen miedo de fracasar. Por ejemplo, yo conozco muchas personas inteligentes con buenas calificaciones que son menos exitosos de lo que podrían ser simplemente porque viven bajo el terror de cometer un error o de fracasar. Muchas veces la gente no gana dinero simplemente porque teme más perder dinero, de lo que disfruta al ganarlo.

Existe un libro escrito por Daniel Goleman, *Emotional Intelligence (Inteligencia emocional)*, que recomiendo a la gente si desea prepararse para realizar cambios significativos en su vida. En él, Goleman cita al humanista del siglo XVI Erasmo de Rótterdam, quien afirmó que el pensamiento emocional puede ser 24 veces más poderoso que el pensamiento racional. En otras palabras, la proporción tiene el siguiente aspecto:

$$24:1$$

Cerebro emocional:Cerebro racional

Yo estoy seguro de que muchos de nosotros hemos experimentado el poder de nuestro pensamiento emocional sobre nuestro pensamiento racional, especialmente cuando estamos más temerosos que lógicos o cuando decimos algo que sabemos que nunca debíamos haber dicho.

Yo estoy de acuerdo con Goleman en que la inteligencia intrapersonal es la más importante de las inteligencias. Digo lo anterior debido a que el genio intrapersonal es nuestro control sobre lo que nos decimos a nosotros mismos. Se trata de mí hablando conmigo mismo, y de usted hablando consigo mismo.

6. **Interpersonal:** este es el genio que se encuentra en las personas que pueden hablar fácilmente con otros. La gente con este genio son frecuentemente comunicadores carismáticos, grandes cantantes, predicadores, políticos, actores, vendedores y oradores.

7. **Ambiental:** es el genio que emana de los seres humanos hacia las cosas que les rodean. Existen personas que tienen el don natural de tratar con cosas como los árboles, las plantas, los peces, el océano, los animales y la tierra. Ese es el genio que poseen los grandes granjeros, entrenadores de animales, oceanógrafos y guardias forestales.

Desde que se hizo la distinción entre estos diferentes tipos de inteligencia, se han identificado cerca de 30 tipos más… así que nuestra comprensión sobre el tema del genio continúa incrementándose debido a que seguimos haciendo distinciones más precisas.

La gente que fracasa en la escuela

Las personas que no tiene un buen desempeño en la escuela, incluso cuando hacen un gran esfuerzo, a menudo no tienen una inteligencia verbal-lingüística poderosa. Esas personas no aprenden al permanecer sentadas, escuchar las lecciones o al leer. Aprenden o tienen dones en otras áreas.

Mi padre verdadero definitivamente tenía el don verbal-lingüístico, por lo que él leía bien, escribía bien y tenía un alto coeficiente intelectual. También era un gran comunicador, lo que significaba que era también fuerte en el genio interpersonal.

Mi padre rico, por otra parte, estaba dotado con la segunda inteligencia de la lista… el genio matemático. Él estaba por debajo del promedio en lo que se refiere a las habilidades verbal-lingüísticas, por lo que pienso que nunca regresó a la escuela. Era un mal escritor y un mal lector. Sin embargo era un muy buen orador, y sus habilidades interpersonales eran excelentes. Tenía cientos de empleados a quienes les gustaba trabajar para él. Tampoco tenía miedo de correr riesgos, lo que significaba que su inteligencia intrapersonal era muy fuerte. En otras palabras, tenía la capacidad de prestar mucha atención a los detalles numéricos, combinada con la capacidad para correr riesgos de inversión, y era también capaz de construir compañías para las que le gustaba trabajar a la gente.

Mi verdadero padre era fuerte en muchos de esos talentos, pero su miedo a perder dinero era su debilidad. Cuando trató de comenzar su propio negocio y agotó su dinero, tuvo pánico y regresó a trabajar en un empleo. Una cosa que un gran empresario debe tener, especialmente cuando comienza a construir un negocio sin dinero, es genio intrapersonal.

La persona que cae y se levanta nuevamente está apelando a su genio intrapersonal, o inteligencia emocional. La gente frecuentemente llama a este tipo de inteligencia "tenacidad" o "determinación". Cuando las personas hacen cosas que tienen mucho temor de hacer, están apelando a su genio intrapersonal. La gente llama a eso "valor" o "coraje". Cuando una persona comete un error y tiene la inteligencia intrapersonal para admitirlo y disculparse, ese genio se llama frecuentemente "humildad".

Por qué algunas personas tienen más éxito que otras

Cuando estudio la vida de Tiger Woods, es fácil comprender por qué es un superestrella. Con el fin de ser un gran estudiante, ser aceptado en la Universidad de Stanford, ser posiblemente el mejor golfista que jamás ha existido y ser una estrella tan influyente en los medios, él debe tener los siete tipos de inteligencia enumerados. Como cualquier jugador de golf le diría, este juego requiere de mucha inteligencia física, pero más importante aún, requiere de una tremenda inteligencia intrapersonal. Por eso muchas personas dicen que el golf es un juego que se juega en su interior. Cuando usted observa a Tiger en la televisión, usted sabe porqué le pagan grandes cantidades de dinero por respaldar productos. Le pagan mucho porque es un gran comunicador, lo que significa que su inteligencia interpersonal es poderosa. Es muy carismático y convincente como estrella en los medios de comunicación. Es el héroe de millones de personas en todo el mundo, por lo que a las compañías les gusta que respalde sus productos.

A finales de los años treinta el Instituto Carnegie realizó un estudio sobre gente exitosa que demostró que la pericia técnica constituía menos del 15 por ciento de la razón de su éxito. En otras palabras, algunos doctores son más exitosos que otros no necesariamente por la escuela a que asistieron o por su inteligencia. Todos nosotros sabemos de gente que tuvo un muy buen desempeño en la escuela, y que son muy inteligentes, pero a quienes no les ha ido bien en el mundo real. Cuando usted observa los siete tipos diferentes de genio, es posible identificar algunas de las razones para el éxito o la falta de éxito de una persona. En otras palabras, usted puede hacer más distinciones, lo que constituye la base de la inteligencia.

El estudio del Instituto Carnegie reportó que 85 por ciento del éxito de una persona en la vida se debía a "habilidad en ingeniería humana". La habilidad para comunicarse y tener buena relación con las personas es mucho más importante que la pericia técnica.

Un estudio realizado por la Oficina de Censos de los Estados Unidos sobre contratación, capacitación y administración resaltó el argumento del Instituto Carnegie. Se les preguntó a 3 mil empleadores: "¿Cuáles son las dos habilidades más importantes que usted busca al contratar gente?" Las seis habilidades más mencionadas fueron:

1. Buena actitud.
2. Buenas aptitudes de comunicación.
3. Experiencia laboral previa.
4. Lo que un empleador anterior ha dicho sobre el empleado.
5. Cuánto entrenamiento tuvo el empleado.
6. Cuántos años de escolaridad completó el empleado.

Una vez más, la actitud y las aptitudes de comunicación alcanzaron un lugar más alto que la competencia técnica para determinar la contratación exitosa.

Encuentre su genio y conviértase en un genio

Mi padre, el encargado de la educación, sabía que yo no tendría un buen desempeño en la escuela. Él sabía que sentarme en un salón de clases, escuchar las lecciones, leer los libros y estudiar materias sin actividad física alguna en ellas no era la mejor manera de aprender. De hecho, solía decir: "Dudo que ninguno de mis hijos tenga un buen desempeño en la escuela." Él sabía que no todos los niños aprenden de la misma forma. Una de mis hermanas es una gran artista, brillante en el color y el diseño. Hoy en día trabaja como artista comercial. Mi otra hermana es enfermera y está muy atenta al ambiente. Le gusta estar en armonía con todas las criaturas y creaciones de Dios. Mi hermano es una persona que aprende por medios físicos. Le gusta hacer y aprender con sus manos. Déle un destornillador y querrá arreglar cosas. También es un gran comunicador, por lo que le gusta hablar con la gente y ayudarles a ayudar a otros. Por eso pienso que ama trabajar en el Banco de Sangre. Le gusta calmar a personas nerviosas y pedirles que donen sangre para ayudar a otros. Yo diría que tengo buenas aptitudes intrapersonales, lo que me permite superar el miedo personal y realizar acciones. Esa es la razón por la que me gusta ser un empresario y un inversionista, y por la que disfruté cuando era un marino y piloteaba un helicóptero artillado en Vietnam. He aprendido a enfrentar mi miedo y convertirlo en emoción.

Mi padre era lo suficientemente inteligente para alentar a sus hijos a que encontraran su propio genio y sus propias maneras de aprender. Él sabía que cada uno de sus hijos era diferente, que tenían genios diferentes y que aprendían de manera diferente… aunque todos proveníamos de los mismos padres. Cuando descubrió que yo estaba verdaderamente interesado en el dinero y el capitalismo, temas en que no tenía interés, me alentó a que buscara maestros que me enseñaran sobre esos temas. Esa es la razón por la que a los nueve años de edad comencé a aprender de mi padre rico. Aunque mi padre real respetaba a mi padre rico, no se veían a la misma altura en las mismas materias. Mi padre, que era un gran educador, sabía que si un niño estaba interesado en un tema, ese niño tenía una mejor oportunidad de descubrir su genio innato. Me permitió estudiar los temas de mi interés a pesar de que a él no le gustaban particularmente. Y cuando no obtuve buenas calificaciones en la escuela, no se enojó conmigo a pesar de que era el encargado del sistema educativo. Él sabía que aunque la escuela era importante, no era el lugar donde yo podía descubrir mi genio. Él sabía que si los niños estudiaban aquello que les interesaba, encontrarían su propio genio y tendrían éxito. Él sabía que sus hijos eran inteligentes. Nos dijo que nosotros éramos inteligentes, a pesar de que a menudo obteníamos malas calificaciones en la escuela. Como era un gran maestro, sabía que la verdadera definición de la educación es sacar a luz su propio genio, no solamente recibir información.

Proteger el genio de su hijo

Mi padre hacía mucho énfasis en proteger el genio de todos los niños. Él sabía que el sistema escolarizado reconocía principalmente un tipo de inteligencia, la verbal-lingüística. También sabía que el genio individual de un niño podía ser aplastado en la escuela, especialmente si el niño era débil en el tipo de inteligencia en que se reconocía el coeficiente intelectual. Estaba preocupado por mí debido a que yo era un niño muy activo y odiaba las materias lentas y aburridas. Él sabía que yo tenía un lapso de atención breve y tendría problemas en la escuela. Por esas razones me alentó a estudiar un tema en que estaba interesado, para asegurarse que mi autoestima, que está vinculada directamente con el genio, permaneciera intacto. Él hizo lo mismo con mis hermanos y hermanas.

Hoy en día yo sería etiquetado como alguien que tiene síndrome de déficit de atención (ADD, por sus siglas en inglés), y probablemente me drogarían para mantenerme en mi asiento y obligarme a estudiar materias que no me interesan. Cuando la gente me pregunta qué es el síndrome de déficit de atención o se asombran de

tenerlo, les digo que muchos de nosotros lo tenemos. Si no lo tuviéramos, existiría sólo un canal de televisión y nos sentaríamos a verlo con la mente en blanco. Hoy en día el síndrome de déficit de
atención también podría ser conocido como "cambiar constantemente de canal". Cuando nos aburrimos, simplemente oprimimos
el botón y buscamos por algo de interés. Desafortunadamente nuestros chicos no pueden darse ese lujo en la escuela.

La liebre y la tortuga

Mi padre amaba la fábula clásica de la liebre y la tortuga. Solía
decir a sus hijos: "Hay niños en la escuela que son más inteligentes que ustedes en algunas formas. Pero siempre recuerden la historia de la liebre y la tortuga." A continuación decía: "Hay niños
que aprenden más rápidamente que tú. Pero eso no significa que
vayan más adelantados que tú. Si estudias a tu propio ritmo y
sigues aprendiendo, rebasarás a personas que aprenden rápidamente pero que dejan de aprender." También decía: "Tan sólo
porque un niño tiene buenas calificaciones en la escuela no significa que le irá bien en la vida. Recuerda que tu verdadera educación comienza una vez que abandonas la escuela." Esa era la manera en que mi padre alentaba a sus hijos a seguir aprendiendo a
lo largo de sus vidas, como lo hacía él.

Su coeficiente intelectual puede disminuir

Me resulta obvio que la vida es una experiencia de aprendizaje.
Al igual que la tortuga se echó a dormir, muchas personas se acues-
tan y duermen después de abandonar la escuela. En el mundo actual que cambia rápidamente, ese tipo de conducta puede resultar
caro. Reexaminemos la definición de coeficiente intelectual:

$$\frac{\text{Edad mental}}{\text{Edad cronológica}} \times 100 = IQ$$

Por definición, su coeficiente intelectual se reduce técnicamente con cada año en que su edad se incrementa. Por eso la historia de mi padre sobre la liebre y la tortuga es verdadera. Cuando usted asiste a una reunión de egresados de la preparatoria, a menudo puede ver a los conejos que se echaron a dormir a un lado del camino. Muchas veces hay estudiantes que fueron considerados como "los que más probablemente tendrán éxito"... pero que no lo tuvieron. Ellos olvidaron que la educación de la vida continúa mucho después de que la escuela termina.

Descubra el genio de su hijo

"¿Es su hijo un genio?" Yo así lo creo, y espero que usted también. De hecho, su hijo probablemente tiene múltiples genios. El problema es que nuestro actual sistema educativo reconoce sólo un genio. Si el genio de su hijo no es el genio que el sistema reconoce, su hijo puede aprender a sentirse estúpido en la escuela, en vez de inteligente. Lo que es peor, el genio de su hijo puede ser ignorado o puede ser dañado. Yo sé que a muchos chicos se les hace sentir que son menos inteligentes porque se les compara con otros chicos. En vez de reconocer a un niño por su genio único, todos los niños son comparados con un estándar de coeficiente intelectual. Los chicos abandonan la escuela sintiendo que no son inteligentes. Los niños que dejan la escuela creyendo mental y emocionalmente que no son inteligentes como los otros chicos, lo hacen con un tremendo obstáculo en la vida. Es de vital importancia que los padres identifiquen el genio innato de su hijo a edad temprana, alienten ese genio para que se fortalezca y protejan ese genio contra el "genio singular" del sistema educativo. Como dijo mi padre a sus hijos: "Nuestro sistema escolar está diseñado para enseñar a algunos niños, pero desafortunadamente no ha sido diseñado para enseñar a *todos* los niños."

Cuando la gente me pregunta si creo que todos los niños son inteligentes, respondo: "Nunca he visto a un bebé que no tenga curiosidad y entusiasmo acerca de aprender. Nunca he visto a un niño a quien se le tenga que decir que hable o camine. Nunca he visto a un bebé que al caer mientras aprende a caminar, se rehúse a levantarse y diga, mientras yace boca abajo en el suelo, 'Fracasé nuevamente. Creo que nunca aprenderé a caminar'. Yo sólo he visto a bebés que se paran y caen, se paran y caen, se paran y caen, y finalmente se paran y comienzan a caminar y luego a correr. Los bebés son criaturas que tienen un entusiasmo natural acerca de aprender. Por otra parte, he conocido a cierto número de chicos que se aburren en la escuela, o que abandonan molestos la escuela, o que la abandonan sintiendo que son fracasados, o que la dejan jurando que nunca regresarán a la escuela."

Obviamente algo ocurrió al cariño natural por el aprendizaje de esos niños entre el nacimiento y el momento en que terminaron la escuela. Mi padre diría: "La tarea más importante de un padre de familia es preservar el genio de sus hijos y su amor por el aprendizaje vivo, especialmente si a los niños no les gusta la escuela." Si él no hubiera hecho eso por mí, yo hubiera dejado la escuela mucho antes de graduarme. Gran parte de este libro trata de la manera en que mi padre inteligente mantuvo vivo mi amor por el aprendizaje. Yo permanecí en la escuela, a pesar de que la odiaba. Él mantuvo vivo mi amor por el aprendizaje al alentarme a desarrollar mis genios, a pesar de que yo no era un genio académico en la escuela.

CAPÍTULO 3

Dé poder a sus hijos (antes de darles dinero)

Un día mi compañero de clases Richie me invitó a pasar el fin de semana en la casa de playa de su familia. Yo estaba emocionado. Richie era uno de los niños más populares en la escuela y todos querían ser su amigo. Ahora había sido invitado a su casa de playa, ubicada en una propiedad privada a una distancia aproximada de 30 millas de mi casa.

Mi madre me ayudó a empacar mi maleta y agradeció al padre y la madre de Richie cuando fueron a recogerme. Yo disfruté mucho del viaje. Richie tenía su propio bote y muchos otros juguetes bonitos. Jugamos desde la mañana hasta la noche. Para el momento en que sus padres fueron a dejarme a la casa, yo estaba bronceado, exhausto y emocionado.

Durante los días siguientes lo único de lo que yo hablaba en la casa y la escuela era de mi fin de semana en la casa de la playa. Hablé acerca de la diversión, los juguetes, el bote, la buena comida y la bella casa en la playa. Al llegar el miércoles mi familia estaba cansada de escuchar acerca de mi fin de semana en la playa. El jueves por la noche pregunté a mi madre y a mi padre si podían comprar una casa en la playa cerca de la casa de Richie. Con eso mi padre explotó. Había tenido suficiente.

"Por cuatro días consecutivos todo lo que esta familia ha escuchado es acerca de tu fin de semana en la casa de la playa de Richie.

Estoy cansado de escuchar eso. Ahora quieres que compremos una casa en la playa. Eso es el colmo. ¿De qué crees que estoy hecho… de dinero? La razón por la que no compramos una elegante casa en la playa es porque no puedo pagarla. Apenas puedo pagar las cuentas y poner comida en esta mesa. Me rompo la espalda trabajando todo el día, regreso a casa para encontrar cuentas que no puedo pagar y ahora quieres que compremos una casa en la playa. Que te compremos un bote. Bien, no puedo hacerlo. Yo no soy rico como los padres de Richie. Pongo comida en tu estómago y vestido en tu cuerpo y apenas puedo pagar eso. Si quieres vivir como Richie… ¿entonces por qué no te mudas con ellos?"

Más tarde mi madre fue a mi cuarto y cerró suavemente la puerta. En su mano tenía un fajo de sobres. Sentada al lado de mi cama, me dijo: "Tu padre está bajo mucho estrés financiero."

Yo me acosté en ese cuarto oscuro, mi cuerpo estremecido por la agitación emocional, mirando a mi madre. Como tenía sólo nueve años de edad, estaba triste, agitado, molesto y desilusionado. Yo no había tenido la intención de irritar a mi padre. Yo sabía que atravesábamos por una mala época económica. Solamente quería compartir con mi familia un poco de felicidad y la imagen de una buena vida… una vida que el dinero podía comprar… una vida a la que quizá podíamos aspirar.

Mi madre comenzó a mostrarme las cuentas, muchas de ellas con las cifras impresas en rojo. "Estamos sobregirados en el banco y tenemos que pagar todas estas cuentas. Algunas de esas cuentas debieron ser pagadas hace dos meses."

"Lo sé, mamá, lo sé", dije. "Yo no quise irritarlo, sólo quería proporcionar algo de diversión y felicidad a nuestra familia. Sólo quería compartir con la familia lo que sería una vida con dinero."

Mi madre me acarició la frente y me alisó el cabello. "Yo sé que tenías buenas intenciones. Yo sé que las cosas no han sido muy felices para nuestra familia últimamente, pero en este momento estamos en problemas financieros. No somos gente rica y probablemente nunca lo seremos."

"¿Por qué?" pregunté, casi rogando que me diera alguna clase de explicación.

"Tenemos demasiadas cuentas y tu padre no gana mucho dinero. Además de eso, su madre, tu abuela, acaba de pedirnos que le enviemos dinero para ayudarle. Tu padre acaba de recibir una carta hoy, y está preocupado porque ellos también están pasando por un mal momento. Simplemente no podemos comprar las cosas que los padres de Richie pueden comprar."

"¿Pero por qué?" pregunté.

"No sé por qué", dijo mi madre. "Sólo sé que no podemos comprar lo que ellos pueden comprar. Nosotros no somos gente rica como ellos. Ahora cierra los ojos y duérmete. Tienes que ir a la escuela en la mañana, y necesitas tener una buena educación si quieres tener éxito en la vida. Si obtienes una buena educación, quizá puedas ser rico como los padres de Richie."

"Pero mi papá tiene una buena educación. Tú tienes una buena educación", respondí. "¿Entonces por qué no somos ricos? Todo lo que tenemos es muchas cuentas. No comprendo", dije en voz baja. "No comprendo."

"No te preocupes, hijo. No te preocupes acerca del dinero. Tu padre y yo manejaremos esos problemas. Tú tienes que ir a la escuela en la mañana, así que necesitas dormir bien por la noche."

A fines de los años cincuenta mi padre tuvo que dejar su programa de estudios de postgrado en la Universidad de Hawai porque tenía demasiadas deudas. Había planificado permanecer en la escuela y obtener su doctorado en educación. Pero con una esposa y cuatro hijos, las cuentas se apilaron. Entonces mi madre se enfermó, yo me enfermé, mis dos hermanas se enfermaron y mi hermano se calló de una barda y requirió hospitalización. El único que no estaba en el hospital ni requería atención médica era mi padre. Abandonó los estudios de posgrado, mudó a la familia a otra isla y comenzó a trabajar como asistente del superintendente de educación de la isla de Hawai. Eventualmente ocuparía esa posición y se mudaría de regreso a Honolulu para convertirse en el superintendente de educación de todo el estado de Hawai.

Esa fue la razón por la que nosotros, como familia, teníamos tantas deudas. Nos tardamos años en pagarlas, pero apenas habíamos pagado algunas cuentas nos encontrábamos nuevamente debiendo dinero por algo más que colocó a nuestra familia nuevamente en deuda.

Para la época en que yo tenía nueve años de edad y conocí compañeros de clase como Richie, sabía que existía una gran diferencia entre mi familia y las familias de muchos de mis compañeros de clase. En *Padre rico, padre pobre* describí cómo por una casualidad en la delimitación de los distritos yo asistí a la escuela elemental de los niños ricos en vez de la escuela elemental de los pobres y de las familias de clase media. Tener amigos ricos mientras formaba parte de una familia con deudas excesivas, a la tierna edad de nueve años, constituyó un parte aguas en la dirección de mi vida.

¿Se necesita dinero para ganar dinero?

Una de las preguntas que me formulan con mayor frecuencia es si se necesita dinero para ganar dinero.

Mi respuesta es que no se necesita. Y agrego: "El dinero proviene de sus ideas simplemente porque el dinero es tan sólo una idea."

Otra pregunta que me hacen es: "¿Cómo puedo invertir si no tengo dinero? ¿Cómo puedo invertir cuando no puedo siquiera pagar mis cuentas?"

Mi respuesta es: "Lo primero que recomiendo es que deje de decir: *No puedo hacerlo.*"

Yo sé que para muchas personas mis respuestas no son satisfactorias, debido a que muchas veces la gente está buscando respuestas inmediatas sobre cómo obtener unos cuantos dólares rápidamente con el fin de poder invertir y salir adelante en la vida. Yo quiero que la gente sepa que tienen el poder y la capacidad para tener todo el dinero que deseen… si lo desean. Y ese poder no se encuentra en el dinero. El poder no se encuentra fuera de ellos. El poder se encuentra en sus ideas. No tiene que ver con el dinero, sino con el poder… el poder de sus ideas. La buena noticia es que no se necesita dinero… todo lo que se requiere es la disposición de cambiar unas cuantas ideas. Cambie unas cuantas ideas y puede ganar poder sobre el dinero, en vez de permitir que el dinero tenga poder sobre usted.

Mi padre rico solía decir: "La gente es pobre simplemente porque tienen ideas pobres." También decía: "La mayoría de la gente pobre aprende sus ideas sobre el dinero y la vida de sus padres. Dado que no enseñamos nada acerca del dinero en la escuela, las ideas sobre el dinero son transmitidas de padre a hijo, por generaciones."

En *Padre rico, padre pobre*, la lección número uno de mi padre rico fue que la gente rica no trabaja por dinero. Mi padre rico me enseñó a hacer que el dinero trabajara para mí. A pesar de que cuando yo tenía nueve años no comprendía por qué la familia de Richie era más rica que nuestra familia, muchos años después lo entendí. La familia de Richie sabía cómo hacer que el dinero trabajara para ellos, y le enseñaron ese conocimiento a sus hijos. Richie todavía es un hombre muy rico y se vuelve cada vez más rico. Actualmente, siempre que nos vemos somos todavía los mejores amigos y cuando nos encontramos es la misma amistad que teníamos hace cerca ya de 40 años. Es posible que pasen 5 años entre cada ocasión en que nos reunimos, y sin embargo cada vez que nos encontramos es como si nos hubiéramos visto apenas ayer. Comprendo ahora por qué su familia era más rica que la mía; lo veo transmitiendo ese conocimiento a sus hijos. Pero yo veo que Richie transmite algo más. Lo veo transmitiendo el poder sobre el dinero. Y es ese poder sobre el dinero lo que hace que la gente sea rica... no el dinero mismo. Es el poder sobre el dinero lo que yo quiero transmitirle a usted mediante este libro, con el fin de que usted pueda transmitirlo a sus hijos.

En *Padre rico, padre pobre*, la historia de mi padre rico eliminándome el pago que me hacía de diez centavos por hora provocó cierta reacción por parte de nuestros lectores. En otras palabras, él me tenía trabajando gratis. Un amigo que es médico me llamó después de leer el libro y me dijo: "Cuando leí que tu padre rico te hizo apilar latas en la tienda gratis, mi sangre hirvió. Yo comprendo cuál es tu mensaje, pero no estoy de acuerdo. Eso fue cruel. Tienes que pagarle a la gente. No puedes esperar que alguien trabaje gratis, especialmente cuando alguien más está ganando dinero."

La gente rica no necesita dinero

Cuando mi padre rico dejó de pagarme diez centavos por hora, él estaba retirando el dinero con el fin de que yo pudiera encontrar mi poder sobre el dinero. Quería que yo supiera que yo podía hacer dinero sin dinero. Él quería que yo encontrara el poder para *crear* dinero, en vez de aprender a *trabajar* por el dinero. Mi padre rico decía: "Si no necesitas dinero, ganarás mucho dinero. La gente que necesita dinero nunca será realmente rica. Es esa necesidad lo que te priva de tu poder. Debes trabajar duro y aprender a no necesitar dinero."

A pesar de que él daba a sus hijos una mesada, no le daba nada a su hijo Mike; tampoco nos pagaba para que trabajáramos para él. Decía: "Al darle a un niño una mesada, le enseñas a ese niño a trabajar por el dinero en vez de aprender a crear dinero."

Ahora bien, yo *no estoy diciendo* que debe obligar a que sus hijos trabajen gratis. No digo que *no les dé* una mesada. Yo no soy tan tonto como para indicarle a usted qué decirle a su propio hijo, toda vez que cada niño y cada situación es diferente. Lo que estoy diciendo es que el dinero proviene de las ideas, y si usted verdaderamente desea darle a su hijo un buen inicio financiero en la vida, yo estaría muy atento a las ideas de usted y las ideas de su hijo. Existe un dicho muy gastado que reza: "Un viaje de mil millas comienza con un simple paso." Una forma más precisa de decirlo sería: "Un viaje de mil millas comienza con *la idea* de hacer el viaje." En lo que se refiere al dinero, muchas personas comienzan el viaje de su vida con ideas pobres o ideas que los limitarán.

¿A qué edad le enseña usted a su hijo acerca del dinero?

A menudo me preguntan "¿A qué edad se debe comenzar a enseñar a los hijos acerca del dinero?"

Mi respuesta es: "Cuando su hijo cobre interés en él." A continuación agrego: "Tengo un amigo con un hijo de cinco años de edad. Si yo sostuviera frente a él un billete de cinco dólares y un billete de veinte dólares y le preguntara al niño '¿Cuál quieres?' ¿Cuál pediría el niño?" La persona a la que formulo la pregunta frecuentemente dice sin dudar: "El billete de veinte dólares." Yo respondo: "Exactamente. Incluso un niño de cinco años comprende la diferencia entre un billete de cinco dólares y otro de veinte dólares."

Mi padre rico dejó de pagarme diez centavos por hora porque le pedí que me enseñara a ser rico. No lo hizo sólo para enseñarme algo acerca del dinero. Yo le pedí aprender a ser rico. No sólo quería saber acerca del dinero; y allí está una diferencia. Si el niño no necesariamente quiere aprender a ser rico, entonces obviamente las lecciones deben ser diferentes. Una de las razones por las que mi padre rico le daba una mesada a sus otros hijos era que ellos no tenían interés en volverse ricos, así que les enseñó lecciones diferentes acerca del dinero. A pesar de que las lecciones eran diferentes, también les enseñó a tener poder sobre el dinero, en vez de pasar la vida con la necesidad de dinero. Como decía mi padre rico: "Mientras más necesitas el dinero, menos poder tendrás."

Entre los nueve y quince años de edad

Diferentes psicólogos educativos me han dicho que el período entre los nueve y 15 años de edad es una etapa crucial para el desarrollo del niño. No se trata de una ciencia exacta, y distintos expertos dicen cosas diferentes. Yo no soy un experto en el desarrollo del niño, así que lo que digo es una guía general en vez de las palabras sustentadas en experiencia profesional. Un experto con el que hablé me dijo que aproximadamente a la edad de nueve años los niños comienzan a separarse de la identidad de los padres y a buscar la suya. Yo sé que eso es verdadero en mi caso porque a la edad de nueve años comencé a trabajar para mi padre rico. Yo quería separarme de la realidad del mundo de mis padres, así que necesitaba una nueva identidad.

Otro experto ha dicho que entre esas edades los niños desarrollan lo que llaman su "fórmula ganadora." Este experto describe la fórmula ganadora como la idea que tiene el niño sobre cómo él o ella puede sobrevivir y ganar. Yo supe a los nueve años de edad que la escuela no era parte de mi fórmula ganadora, especialmente después de que mi amigo Andy fue etiquetado como genio y yo no. Pensé que tenía una mejor oportunidad de convertirme en estrella del deporte o ser rico que convertirme en académico como Andy y como mi padre. En otras palabras, si un niño piensa que él es bueno en la escuela, su fórmula ganadora puede ser permanecer en la escuela y graduarse con honores. Si el niño no tiene un buen desempeño escolar o no le gusta la escuela, puede buscar una fórmula diferente.

Este experto también ha expresado otras opiniones notables sobre las fórmulas ganadoras. Ha dicho que los conflictos entre padre e hijo comienzan cuando la fórmula ganadora para el éxito del hijo no es la misma que la de los padres. El experto también afirma que los problemas familiares se inician cuando los padres comienzan a imponer su fórmula ganadora en el hijo sin respetar primero la fórmula del hijo. Un padre necesita escuchar detenidamente la fórmula ganadora del hijo.

Me referiré posteriormente a la importancia de la fórmula ganadora del hijo. Pero antes de seguir con el tema de darle al hijo poder sobre el dinero, hay algo para los adultos digno de mencionar.

Este experto también afirmó que muchos adultos se meten en problemas cuando se dan cuenta de que las fórmulas ganadoras que encontraron cuando fueron niños ya no son ganadoras para ellos. Muchos adultos buscan entonces cambios de empleo o de carrera. Algunos continúan intentando hacer que la fórmula funcione a pesar de que ello no es posible. Otros se hunden en la depresión, pensando que han fracasado en la vida, en vez de darse cuenta de que fue una fórmula ganadora lo que les ha impedido ganar. En otras palabras, la gente es generalmente feliz si está contenta con su fórmula ganadora. La gente se vuelve infeliz con la vida si se cansa de su fórmula, o si la fórmula ya no es ganadora, o si se da cuenta de que la fórmula no los está llevando adonde quieren ir.

La fórmula ganadora de Al Bundy

Como ejemplo de la gente que vive con fórmulas ganadoras que ya no funcionan, basta echar un vistazo a la comedia de televisión

Married with Children. Al principio yo aborrecía el programa; me rehusaba a mirarlo. Pero ahora me doy cuenta de que odiaba el programa porque tocaba una cuerda interna. Para aquellos que quizá no conozcan el programa, Al Bundy, la estrella del mismo, es una ex estrella del fútbol de la preparatoria. La razón de su fama es que logró cuatro anotaciones para la escuela preparatoria Polk. Su esposa ganó en la escuela al utilizar el sexo como parte de su fórmula ganadora. Dado que él era una estrella del fútbol, ella tuvo sexo con él y se embarazó. Se casaron y tuvieron hijos... de allí el nombre *Married with Children (Casados con hijos)*. Veinte años después él trabaja como vendedor de calzado y vive del recuerdo de sus cuatro anotaciones. Todavía piensa, actúa y habla de las cosas que hizo cuando era una estrella del fútbol americano. Su esposa se sienta en casa, ve la televisión y se viste todavía como la jovencita sexy que era en la preparatoria. Sus dos hijos siguen los pasos de sus padres. Yo puedo ver el humor del programa, porque reconozco a Al Bundy en mi interior. Yo me encontré a mí mismo viviendo de la gloria de mi pasado en el campo de fútbol y en el Cuerpo de Marines. Dado que soy capaz de reír del programa y de mi propia vida, puedo ver a mucha gente que son como Al y Peg Bundy en la vida real. Esa comedia de televisión es un ejemplo de fórmulas ganadoras que dejaron de funcionar.

Fórmulas ganadoras con poder

En lo que se refiere al dinero, mucha gente desarrolla una fórmula ganadora sin ningún poder. En otras palabras, la gente a menudo establece una fórmula perdedora para el dinero porque no tienen poder. Por extraño que parezca, muchas personas establecen una fórmula que pierde dinero porque es la única fórmula que conocen.

Por ejemplo, recientemente conocí a una persona que está atascada en una carrera que aborrece. Dirige una agencia de automóviles para su padre. Obtiene un buen ingreso, pero es infeliz. Odia ser el empleado de su padre y odia ser conocido como el hijo del jefe. Sin embargo sigue allí. Cuando le pregunté por qué sigue en ese sitio, su única respuesta fue: "Bien, yo no pensé que podía crear esta agencia Ford por cuenta propia. Así que pensé que lo mejor era quedarme aquí hasta que mi padre se retire. Además, estoy ganando mucho dinero." Su fórmula consiste en ganar con el dinero, pero pierde al averiguar qué tan poderoso podría ser si se liberara de la seguridad.

Otro ejemplo de una fórmula ganadora que pierde es la de la esposa de un amigo que permanece en un empleo que ama, pero donde no está saliendo adelante desde el punto de vista financiero. En vez de cambiar su fórmula al aprender nuevas habilidades, toma empleos ocasionales los fines de semana y luego se queja de que no tiene tiempo suficiente para sus hijos. Obviamente su fórmula es: "Trabaja duro en lo que me gusta y aguanto."

Encontrar el poder para crear una fórmula ganadora que gane

Una de las cosas más importantes que un padre puede hacer es ayudar a su hijo a crear fórmulas ganadoras que ganen. Y es muy importante que un padre de familia esté consciente de cómo hacer eso sin interferir en el desarrollo propio del niño.

Recientemente un pastor protestante muy conocido me llamó y me preguntó si podría hablar en su iglesia. Mi récord como asistente a la iglesia es, en el mejor de los casos, mediocre. Mi familia acudía a la iglesia metodista, pero a los 10 años de edad comencé a asistir a otras iglesias. Lo hice porque estaba estudiando la Constitución de los Estados Unidos y me interesó la idea de la separación de la Iglesia y el Estado y la libertad de elección religiosa. Así que en la escuela le preguntaba a mis compañeros a qué iglesia asistían, y luego me dirigía a sus iglesias. Eso no hizo muy feliz a mi madre, y sin embargo yo le recordé que la Constitución me permitía la libertad de elegir mis creencias religiosas. Durante unos cuantos años disfruté la experiencia de asistir a diferentes iglesias a las que asistían mis distintos compañeros de clase. Fui a iglesias muy adornadas, muy sencillas, ubicadas en las casas de la gente, incluso a una iglesia que no tenía más que cuatro postes, un techo de lámina y carecía de paredes. Fue una experiencia interesante sentarme en una iglesia y quedar empapado por la lluvia. Definitivamente sentí al espíritu ese día.

También tomé la costumbre de visitar casas de adoración de denominaciones muy diferentes: luteranos, baptistas, budistas, judíos, católicos, pentecosteces, musulmanes e hindúes. Hubiera ido a más, pero el pueblo en que vivía era pequeño y pronto se me acabó la lista de iglesias distintas a las cuales asistir. Disfruté mi experiencia, pero para el momento en que cumplí quince años mi interés en asistir a la iglesia se desvaneció y yo asistí cada vez con menos frecuencia.

Así que cuando el pastor Tom Anderson me pidió que fuera el orador huésped en su iglesia, me sentí al mismo tiempo halagado y avergonzado por mi récord de asistencia. Cuando le dije que existían personas más calificadas que yo para hablar en su iglesia, me dijo: "No le estoy pidiendo que transmita un mensaje sobre religión. Le pido que comparta sus lecciones sobre el dinero."

Cuando dijo eso, me mecí en mi asiento y me reí. Sin creer lo que estaba escuchando, le dije: "¿Usted quiere que vaya a su iglesia y hable acerca del dinero?"

"Sí", me respondió con una sonrisa. "¿Qué hay de extraño en mi petición?"

Nuevamente reí. Tenía que formular la pregunta nuevamente. "¿Usted quiere decir que desea que yo vaya a su iglesia, me pare en el púlpito donde normalmente se para usted y hable a su congregación acerca de dinero?"

Y nuevamente el pastor dijo: "Sí. ¿Qué hay de extraño en ello?"

Me senté allí, sonriente, mirando al famoso hombre de Dios, a un pastor de una congregación de 12 000 fieles, sólo para cerciorarme de que estaba seguro de lo que me estaba pidiendo. "Porque en la iglesia yo aprendí que el amor al dinero era malo. También aprendí que la gente pobre tiene una mejor oportunidad de ir al cielo que la gente rica. Había una lección acerca de un camello, un hombre rico y el ojo de una aguja. Nunca comprendí realmente la lección, pero no me gustó el mensaje porque yo definitivamente tenía planes de convertirme en un hombre rico. Por eso encuentro extraño que usted quiera que vaya a su iglesia y les hable de cómo convertirse en ricos", afirmé.

Esta vez el pastor Tom se reclinó en su silla y sonrió. "Bien, yo no sé a qué iglesias ha estado usted asistiendo, pero eso no es ciertamente lo que yo enseño en esta iglesia", dijo.

"¿Pero no existen algunos grupos religiosos que enseñan la idea de que el dinero es malo, no existen personas que creen que los pobres tienen mejor oportunidad de ir al cielo que los ricos?", pregunté.

"Sí, es verdad", respondió el pastor. "Distintas iglesias enseñan diferentes cosas. Pero eso no es lo que yo enseño en mi iglesia. El Dios que yo conozco ama a los ricos y a los pobres por igual."

Conforme el pastor Tom Anderson continuó con sus pensamientos, yo reflexioné sobre mi propia experiencia en la iglesia y la culpa que sentía a menudo porque yo verdaderamente quería ser rico. Quizá yo había interpretado el mensaje de la iglesia de manera imprecisa. En otras palabras, me sentí culpable, por lo que escuché un mensaje de culpa. Cuando compartí esa idea con Tom, él dijo algo que nuevamente me hizo reclinarme en mi asiento: "En ocasiones una onza de percepción requiere de una tonelada de educación para cambiar."

Esas sabias palabras han permanecido conmigo. Pensé lo que había dicho durante mucho tiempo. La profundidad de pensamiento y precisión que se encuentra en esas palabras es grande. Tres meses más tarde hablé ante su congregación. El privilegio de hablar desde el púlpito fue una experiencia que me ayudó a cambiar mi onza de percepción personal.

Una onza contra una tonelada

Mi padre rico decía frecuentemente: "Usted no puede enseñar a una persona pobre a ser rica. Usted sólo puede enseñar a una persona rica a ser rica."

Mi padre pobre decía a menudo: "Yo nunca seré rico. No estoy interesado en el dinero", y: "No puedo comprarlo." Quizá fue el hecho de tener todas esas cuentas médicas por pagar o el de pasar por dificultades financieras durante gran parte de su vida adulta lo que hizo que dijera esas cosas. Pero no lo creo. Pienso que era su onza de percepción que le ocasionó muchos de sus problemas financieros.

Cuando Sharon Lechter, mi coautora, me preguntó si quería escribir este libro para padres, aproveché la oportunidad. Fue mi reunión con el pastor Tom Anderson lo que me hizo apasionarme escribir este libro, porque son los padres quienes pueden influir más en las percepciones de sus hijos acerca de la vida.

Como mencioné anteriormente, mi esposa Kim y yo no tenemos hijos, así que no me atrevo a decirles a los padres de familia cómo ser mejores padres. Yo escribo sobre la manera de ayudar a moldear las percepciones que tiene su hijo acerca del dinero. La cosa más importante que un padre de familia puede hacer en lo que se refiere al dinero es influir en la percepción de su hijo en lo relativo al dinero. Yo deseo que los padres de familia den a sus hijos la percepción de que su hijo tiene poder sobre el dinero, en vez de ser esclavos del dinero. Como decía mi padre rico, "mientras más necesitas el dinero, menos poder tienes sobre el dinero".

Hoy en día los jóvenes reciben tarjetas de crédito a edades muy tempranas. Es posible que usted recuerde de *Padre rico, padre pobre* que mi coautora y socia de negocios Sharon Lechter se unió a mí porque su propio hijo estaba atrapado por su deuda de tarjeta de crédito en la universidad, a pesar del hecho de que ella es una contadora pública y le estaba enseñando lo que consideraba que eran buenas aptitudes en el manejo del dinero. Incluso después de aprender una sólida administración del dinero, su hijo cayó en la tentación de "sentir la emoción" de "cargarlo" a las tarjetas de crédito. Sharon se dio cuenta de que si su hijo tenía problemas, millones de jóvenes y padres también deben estar metiéndose en problemas financieros a edad temprana.

Usted no tiene que haber nacido pobre para volverse pobre

Muchas personas son pobres debido a que aprendieron a ser pobres en casa. La gente también desarrolla una percepción de pobreza de sí mismas, incluso a pesar de que provenga de familias ricas o de clase media. Algo les ocurre a lo largo del camino de la vida y obtienen la percepción de que siempre serán pobres. Creo que eso fue lo que le ocurrió a mi padre. Y como el pastor Tom Anderson lo señala, a menudo se requiere de una tonelada de educación para cambiar esa percepción. En el caso de mi padre, él siguió trabajando más duro y ganando más dinero. Pero incluso una tonelada de dinero, como una tonelada de educación, puede no cambiar esa onza de percepción.

Cuando mi primera compañía quebró, lo más difícil que yo tuve que hacer fue preservar mi percepción de mí mismo. Si no hubiera sido por las lecciones de mi padre rico sobre la percepción de mí mismo, no sé si me hubiera recuperado y fortalecido a partir de esa experiencia.

Hoy en día tengo amigos que han quebrado y aunque se han recuperado desde el punto de vista financiero, quedaron con una percepción de sí mismos debilitada debido a esa experiencia. Por eso comienzo mis lecciones para padres de familia al abordar la importancia de estar conscientes de la percepción de sí mismo de su hijo, y de protegerla.

Gran parte de este libro trata sobre la manera de enseñar a sus hijos cómo tener una fuerte percepción de sí mismos con el fin de que los lleve a lo largo de los altibajos de la vida —ya sea desde el punto de vista financiero, académico, de relaciones, profesional, y a través de otros desafíos que puedan encontrar en sus vidas. Este libro le ayudará a enseñarle a su hijo cómo recuperarse y construir una percepción de sí mismos más sólida desde el punto de vista financiero, a partir de los altibajos. La manera de proteger mis percepciones de mí mismo fue una de las lecciones más importantes que me enseñaron mis dos padres. Uno de ellos me enseñó cómo ser más fuerte desde el punto de vista académico cuando tenía un contratiempo, y el otro me enseñó cómo ser más fuerte desde el punto de vista financiero.

Muchas personas obtienen una percepción de sí mismas debilitada a lo largo del camino de la vida. Yo lo puedo escuchar en sus voces cuando dicen:

- Estoy tan hundido en la deuda, que no puedo dejar de trabajar.
- No puedo darme el lujo de renunciar.
- Si tan sólo pudiera ganar unos cuantos dólares más…
- La vida sería mucho más sencilla si no tuviera hijos.
- Yo nunca seré rico.
- No puedo darme el lujo de perder dinero.
- Me gustaría comenzar mi propio negocio, pero necesito un sueldo estable.
- ¿Cómo puedo invertir cuando no puedo siquiera pagar mis cuentas?

• Sacaré una hipoteca para pagar mis tarjetas de crédito.
• No todos podemos ser ricos.
• No me interesa el dinero. El dinero no es importante para mí.
• Si Dios quisiera que yo fuera rico, me hubiera dado el dinero.

Como decía mi padre rico: "Mientras más necesites el dinero, menos poder tendrás." Existen personas que tuvieron un buen desempeño escolar y obtuvieron un sueldo bien pagado. Sin embargo, debido a que no les enseñaron cómo hacer que el dinero trabajara para ellos, trabajaron duro por el dinero y contrajeron deudas a largo plazo. Mientras más necesitaban del dinero y por más tiempo que necesitaban el dinero, más inseguros estaban en su percepción de sí mismos.

Tengo amigos que son estudiantes profesionales. Algunos han estado en la escuela toda su vida y todavía no tienen un empleo. Tengo un amigo que tiene dos maestrías y un doctorado. Él no tiene *una* tonelada de educación. Tiene *diez* toneladas de educación, y todavía enfrenta dificultades profesionales y financieras. Sospecho que se trata de una de esas onzas de percepción lo que todavía es un obstáculo para él.

El dinero no lo hace ser rico

Muchas personas coleccionan dinero con la esperanza de volverse ricos, mientras otros coleccionan grados académicos y buenas calificaciones con la esperanza de volverse inteligentes. Mi batalla personal consistía en superar mi percepción financiera de pobreza y la percepción de que yo no era tan inteligente como los otros niños; percepciones que yo no tenía en realidad hasta que comencé a compararme con los demás. En otras palabras, yo no sabía que era pobre hasta que conocí a niños que venían de familias con dinero; y yo no sabía que no era inteligente hasta que fui comparado con niños que tenían mejores calificaciones.

Y esa es la razón de que el título de este libro sea *Hijo rico, hijo inteligente*. Mi creencia sincera es que todos los niños nacen con el potencial de ser ricos e inteligentes… en tanto esa percepción de ellos mismos sea reforzada y protegida de las "toneladas" de educación que reciben en la escuela, la iglesia, los negocios, los medios y el mundo mismo. La vida es lo suficientemente dura, pero puede ser todavía más si su percepción es que usted no es inteligente y que nunca será rico. El papel más importante que un padre de familia puede tener consiste en moldear, nutrir y proteger la percepción que los hijos tienen de sí mismos.

Enseñar a los adultos a olvidar lo que han aprendido

Como maestro de adultos, encuentro sencillo enseñar a una persona rica a ser más rica y a una persona inteligente a ser más inteligente. Es muy difícil enseñar a alguien que sea rico si todo lo que usted escucha es:

- ¿Pero qué pasa si pierdo mi dinero?
- Pero usted debe tener un empleo seguro y confiable.
- ¿Qué quiere usted decir, trabajar gratis? ¡Usted debe pagarle a la gente!
- No se endeude.
- Sea un buen trabajador y ahorre dinero.
- Juegue a lo seguro y no corra riesgos.
- Si me vuelvo rico, me volveré malvado y arrogante.
- Los ricos son codiciosos.
- No discutimos cuestiones de dinero en la mesa.
- No me interesa el dinero.
- No puedo pagarlo.
- Es demasiado caro.

Preguntas o afirmaciones como esa, provienen de percepciones personales hondamente arraigadas. Descubrí que cuando aumenté el precio de asistencia a mis clases hasta alcanzar cientos y miles de dólares, muchos de esos comentarios desaparecieron y yo pude seguir transmitiendo mi mensaje.

Nunca diga: "No puedo pagarlo"

Mi padre rico no fue un terapeuta capacitado, pero era lo suficientemente inteligente para saber que el dinero consistía tan sólo en una idea. Él nos prohibió a su hijo y a mí que dijéramos: "No puedo pagarlo", para ayudarnos a cambiar nuestras percepciones. Esa es la razón por la que hacía que en vez de eso nosotros dijéramos: "¿Cómo puedo pagarlo?" Yo me di cuenta de que al decir constantemente "no puedo pagarlo", estaba reforzando mi percepción de mí mismo como una persona pobre. Al decir "¿cómo puedo pagarlo?", estaba reforzando mi percepción de mí mismo como una persona rica. Recomiendo no decir "no puedo pagarlo" cuando esté cerca de su hijo. Y cuando su hijo le pida dinero, quizá usted desee decir: "Escribe una lista de las diez cosas diferentes que puedes hacer, legales y morales, con el fin de que puedas pagar eso que deseas sin pedirme que te dé dinero."

Si usted examina esas dos afirmaciones, el cuestionamiento: "¿Cómo puedo pagarlo?" abre la mente para examinar las posibilidades de acumular riqueza. "No puedo pagarlo", por otra parte, cierra la mente a cualquier posibilidad de obtener lo que desea.

Como señalé al principio de este libro, la palabra *educación* proviene del latín *educare* que significa "sacar." Simplemente al estar conscientes de nuestras palabras, podemos detectar las percepciones que tenemos de nosotros. Al cambiar nuestras palabras comenzamos a modificar las percepciones que tenemos de nosotros mismos, si deseamos cambiarlas. De manera que simplemente al acordarme de decir "¿cómo puedo pagarlo?", yo era capaz de sacar a la persona rica que vive en mi interior. Al decir "no puedo pagarlo" yo estaba reforzando a la persona pobre que ya estaba allí.

La vida comienza con las percepciones

El otro día en una entrevista, un reportero me preguntó: "Dígame cómo se convirtió usted en millonario."

Y le respondí: "Construí negocios y compré bienes raíces."

El reportero respondió entonces: "Bien, no todos pueden hacer eso. Yo sé que no puedo hacer eso. Dígame que puedo hacer para convertirme en millonario."

Entonces le respondí: "Bien, usted puede conservar su empleo y adquirir bienes raíces."

Y el reportero contestó: "Pero el mercado de bienes raíces es demasiado alto. No puedo pagarlo y no quiero administrar la propiedad. Dígame qué más puedo hacer."

Le dije: "Bien, el mercado de valores está en ascenso. ¿Por qué no invierte en algunas acciones?"

"Porque el mercado de valores es demasiado riesgoso. Puede desplomarse cualquier día. Y tengo esposa e hijos y cuentas que pagar, así que no puedo darme el lujo de perder dinero como usted", dijo el reportero.

Finalmente me di cuenta que yo estaba haciendo algo que mi padre rico me enseñó que no debía hacer. Le estaba dando respuestas a alguien que primero necesita cambiar su percepción. Dejé de responderle y comencé a formularle preguntas. Le dije: "Dígame cómo puede usted convertirse en millonario."

Él me dijo: "Puedo escribir un libro que venda dos millones de ejemplares como usted hizo."

"Usted es un buen escritor y creo que esa es una buena idea" le dije en voz alta.

"¿Pero qué pasa si no puedo encontrar un agente que represente mi libro? ¿Y qué pasa si el agente se aprovecha de mí? ¿Sabe? Yo escribí un libro una vez, pero nadie quería leerlo", contestó el reportero. Había cambiado de tema, pero su percepción de sí mismo seguía siendo la misma.

La cosa más importante con la que un padre puede comenzar es el desarrollo y la protección de las percepciones que su hijo tiene de sí. Todos tenemos percepciones privadas de otras personas, correctas o equivocadas. Usted puede pensar que una persona es un cretino, o estúpido, o inteligente, o rico. Yo recuerdo que cuando estaba en la preparatoria había una niña a quien consideraba petulante y arrogante. De manera que por mucho que me atrajera, mi percepción de ella me impedía que la invitara a salir. Un día hablé con ella y descubrí que era amable, cálida y amistosa. Después de cambiar mi percepción de ella, finalmente la invité a salir. Su respuesta fue: "¡Oh! Hubiera deseado que me hubieras invitado a salir antes. He comenzado a salir con Jerry, él y yo estamos formalizando ahora." La moraleja de la historia es que, al igual que tenemos percepciones de otras personas, a menudo tenemos percepciones de nosotros mismos; y al igual que las percepciones de los demás pueden cambiar, también puede cambiar la percepción que las personas tienen de sí mismas.

Ser rico y pobre son sólo percepciones

Mi verdadero padre, el maestro de escuela, me contó de un estudio famoso que fue realizado en el sistema escolar de Chicago algunos años antes. Los investigadores de la educación pidieron la ayuda de un grupo de maestros de escuela. Les dijeron a los maestros que los habían seleccionado debido a sus aptitudes docentes superiores. También se les dijo que sólo niños dotados serían asignados a sus salones de clase. Se les dijo a los maestros que ni los niños ni los padres sabrían del experimento porque ellos querían ver cuál era el desempeño de los niños dotados si ellos no sabían que lo eran.

Como se esperaba, los maestros informaron que los niños tenían un desempeño excepcionalmente bueno. Los maestros informaron que había sido un placer trabajar con los niños y que deseaban trabajar con esa clase de niños todo el tiempo.

Había un propósito escondido en el proyecto. Lo que los maestros no sabían es que ellos no tenían aptitudes educativas excepcionales. Habían sido escogidos al azar. Por su parte, los niños no fueron seleccionados por sus aptitudes y talentos. También habían sido escogidos al azar. Sin embargo, debido a que las expectativas eran altas, el desempeño fue alto. Debido a que los niños y maestros fueron percibidos como inteligentes y excepcionales, tuvieron un desempeño excepcional.

¿Qué significa lo anterior? Significa que las percepciones de los niños pueden afectar en gran medida el resultado de sus vidas. En otras palabras, si usted puede ver el genio en su hijo, ayudará a que su hijo se vuelva más inteligente. Si usted ve a su hijo como rico, ayudará a que se vuelva más rico. Y si usted le enseña a sus hijos a tener esas mismas percepciones, tendrán una mejor oportunidad de lograr que el resto del mundo vea esa misma percepción que ellos tienen de sí mismos y los traten de conformidad.

Para mí, es en este punto donde comienza la educación de su hijo. Y por eso digo: "Déles a sus hijos el poder, antes de darles el dinero." Ayúdelos a desarrollar una fuerte percepción de sí mismos, y de esa manera los ayudará a ser niños ricos y niños inteligentes. Si no tienen eso, entonces no les ayudarán toda la educación o todo el dinero del mundo. Si tienen eso, les será más sencillo volverse más inteligentes y más ricos.

Los obsequios de mis dos padres

Posiblemente los mejores obsequios que he recibido vinieron de mis dos padres en épocas más problemáticas. Cuando estaba reprobando la preparatoria, mi padre que era maestro de escuela me recordó qué tan inteligente era yo. Cuando perdí hasta la camisa desde el punto de vista financiero, mi padre rico me recordó que hombres verdaderamente ricos han perdido más de un negocio. Él también me dijo que son los pobres quienes pierden menos dinero y viven bajo mayor miedo de perder lo poco que tienen.

Así que uno de mis padres me alentó a aceptar mis fracasos académicos y convertirlos en fortalezas. Y mi padre rico me alentó a aceptar mis pérdidas financieras y convertirlas en ganancias financieras. Es posible que me hayan enseñado diferentes materias, pero en muchas formas ambos decían lo mismo.

Es en el momento que los hijos ven lo peor de sí mismos cuando el trabajo de los padres consiste en ver lo mejor. Usted puede advertir que eso funciona no sólo en niños pequeños, sino también en los hijos que han crecido.

Cuando las cosas alcanzan su peor nivel en la vida de su hijo, usted como padre de familia tiene gran oportunidad de ser el mejor macstro y amigo de su hijo.

CAPÍTULO **4**

Si usted desea ser rico, debe hacer su tarea

Tanto mis padres como los padres de Mike nos recordaban continuamente hacer nuestra tarea. Nuevamente, la diferencia era que no recomendaban el mismo tipo de tarea.

"¿Has hecho tu tarea?" preguntaba mi madre.

"La haré tan pronto como termine el juego", era mi respuesta.

"¡Has jugado suficiente! Deja de jugar en este momento y abre los libros. Si no obtienes buenas calificaciones no entrarás a la universidad y luego no obtendrás un buen empleo", me gritaba.

"Muy bien, muy bien. Guardaré mi juego, pero después de que compre un hotel más."

"Escucha a tu madre y guarda el juego ahora. Yo sé que amas ese juego, pero es tiempo de estudiar."

Ésa era la voz de mi padre, y no sonaba muy contenta. Yo sabía que no me convenía pedir más tiempo, así que dejaba de jugar inmediatamente y comenzaba a guardar mi juego. Me dolía tener que barrer con las pequeñas casas verdes, los hoteles rojos y las cartas de propiedad que había pasado horas coleccionando. Estaba cerca de controlar uno de los lados del tablero. Sin embargo sabía que mis padres tenían razón. Yo tenía una prueba al día siguiente y todavía no comenzaba a estudiar.

Existió un período en mi vida en que estuve totalmente fascinado por el juego de *Monopolio*. Lo jugué regularmente desde la época en que tenía 8 años de edad hasta que cumplí 14, que fue cuando comencé a jugar fútbol americano en la preparatoria. Sospecho que hubiera seguido jugando *Monopolio* de manera regular si hubiera encontrado a más niños de mi edad que lo jugaran. Pero para la época en que usted entra a la preparatoria, eso no es popular. A pesar de que practiqué el juego con menor frecuencia, nunca dejó de gustarme, y una vez que fui lo suficientemente viejo comencé a practicar el juego en la vida real.

Los componentes de mi padre rico

Después de una sólida y saludable percepción de uno mismo, uno de los componentes más importantes de la riqueza es la tarea en casa.

En mis libros anteriores expliqué cómo aprendí acerca del dinero al trabajar con mi padre rico desde la edad de 9 años y hasta los años que pasé en la universidad. A cambio de mi trabajo, él pasó muchas horas enseñándonos a su hijo y a mí los pormenores de dirigir un negocio, así como las habilidades necesarias para ser un inversionista. Hubo muchos sábados en que me hubiera gustado estar deslizándome sobre las olas con mis amigos o practicando algún otro deporte, y sin embargo me encontré sentado en la oficina de mi padre rico, aprendiendo de un hombre que un día se convertiría en uno de los ciudadanos más ricos de Hawai.

Durante una de esas lecciones sabatinas mi padre rico nos preguntó a Mike y a mí "¿Saben por qué yo siempre seré más rico que la gente que trabaja para mí?"

Mike y yo nos sentamos sin saber qué responder por un momento, buscando en nuestras mentes la respuesta apropiada. Al principio parecía una pregunta estúpida, pero conociendo a mi padre rico, sabíamos que había algo importante qué aprender. Finalmente me atreví a decir la que consideré era la respuesta más obvia: "Porque ganas más dinero que ellos", dije.

"Sí", dijo Mike, asintiendo con la cabeza en señal de que estaba de acuerdo. "Después de todo, tú eres el dueño de la compañía y decides cuánto recibes de sueldo y cuánto se les paga a ellos."

Mi padre se balanceó en su silla, sonriente. "Bien, es verdad que yo decido cuánto gana cada uno. Pero la verdad es que yo recibo un pago menor al de la mayoría de los empleados que trabajan para mí."

Mike y yo miramos a su padre con un gesto de sorpresa. "Si tú eres el dueño de este negocio, ¿cómo es que otras personas reciben más pago que tú?", preguntó Mike.

"Bien, existen varias razones", respondió mi padre rico. "¿Quieren que se las diga?"

"Desde luego", respondió Mike.

"Bien, cuando comienzas a crear un negocio, el efectivo frecuentemente es escaso y el propietario es generalmente el último en recibir su pago."

"¿Quieres decir que los empleados son pagados primero?", preguntó Mike.

Mi padre rico asintió. "Así es. Y no sólo se les paga primero, a menudo se les paga más de lo que yo recibo cuando obtengo mi pago."

"¿Pero por qué?" pregunté. "¿Por qué si eres el propietario de un negocio te pagan al final y te pagan menos?"

"Porque eso es lo que un propietario de negocios frecuentemente necesita hacer al principio si desea crear un negocio exitoso."

"Eso no tiene sentido", respondí. "Entonces dime por qué lo hiciste."

"Porque los empleados trabajan por el dinero y yo trabajo para crear un activo", dijo mi padre.

"Así que al crear este negocio, ¿se incrementará tu pago?" preguntó Mike.

"Puede incrementarse o no. Digo lo anterior porque quiero que conozcan la diferencia entre el dinero y un activo", continuó mi padre rico. "Es posible que me pague a mí mismo o no más adelante, y yo no estoy trabajando duro para obtener un sueldo. La razón por la que trabajo duro es para crear un activo cuyo valor se incrementa. Es posible que un día venda ese negocio por millones de dólares o que contrate un presidente que lo dirija para mí y yo seguiré adelante para crear otro negocio."

"Así que para ti, crear un negocio es construir un activo. Y el activo es más importante para ti que el dinero", dije, haciendo mi mejor esfuerzo para comprender la distinción entre el dinero y un activo.

"Así es", dijo mi padre rico. "Y la segunda razón por la que recibo menos pago es porque yo tengo de antemano otras fuentes de ingreso."

"Quieres decir que tienes dinero de otros activos?" pregunté.

Nuevamente, mi padre rico asintió con la cabeza. "Y esa es la razón por la que les hice la pregunta al principio. Por eso les pregunté por qué seré yo siempre más rico que mis empleados, sin importar quien gana más por salario. Estoy haciendo mi mejor esfuerzo para enseñarles una lección muy importante."

"¿Y cual es la lección?" preguntó Mike.

"La lección es que tú no te vuelves rico en el trabajo. Te vuelves rico en casa", dijo mi padre enfáticamente, asegurándose de que sus palabras no serían tomadas a la ligera.

"No comprendo", comenté. "¿Qué quieres decir con eso de que tú te vuelves rico en casa?"

"Bien, es en el trabajo donde tú *ganas* tu dinero. Y es en el hogar donde tú decides qué vas a *hacer* con tu dinero. Y es lo que haces con el dinero después de ganarlo lo que te hace rico o pobre", respondió mi padre.

"Es como la tarea", dijo Mike.

"Exactamente", dijo mi padre rico. "Esa es exactamente la manera en que lo llamo. Llamo *mi tarea* la de volverme rico."

"Pero mi padre lleva mucho trabajo a la casa y no somos ricos", dije casi defensivamente.

"Bien, tu padre lleva su trabajo a la casa, pero en realidad no hace su tarea", dijo mi padre rico. "De la misma forma en que tu madre hace sus faenas domésticas… a eso no es a lo que me refiero cuando hablo de tarea."

"O el arreglo del jardín", agregué.

Mi padre rico asintió. "Sí, existe una diferencia entre el trabajo en el jardín, la tarea escolar que tú llevas a casa y el trabajo que tu padre lleva a casa de su oficina, y la clase de tarea a la que me refiero." Fue entonces cuando mi padre rico me dijo algo que yo nunca he olvidado: "La principal diferencia entre los ricos, los pobres y la clase media consiste en lo que hacen con su tiempo libre."

"Su tiempo libre", dije con un tono inquisitivo. "¿Qué quieres decir por su tiempo libre?"

Mi padre rico sonrió a su hijo y a mí durante un momento. "¿Dónde piensan ustedes que comenzó este negocio de restaurante?" preguntó. "¿Piensan ustedes que este negocio se materializó en el aire?"

"No", dijo Mike. "Tú y mi mamá comenzaron este negocio en nuestra mesa de cocina. Allí fue donde todos tus negocios han comenzado."

"Así es", dijo mi padre rico. "¿Recuerdas la primera tiendita con la que comenzamos hace varios años?"

Mike asintió. "Sí, la recuerdo", dijo. "Aquellos eran días muy difíciles para la familia. Teníamos muy poco dinero."

"¿Y cuántas tiendas tenemos ahora?" preguntó mi padre rico.

"Tenemos cinco", respondió Mike.

"¿Y cuántos restaurantes?" preguntó mi padre rico.

"Tenemos siete", dijo Mike.

Me senté a escuchar y comencé a comprender algunas nuevas distinciones. "¿De manera que la razón por la que tú ganas menos dinero de este restaurante es por que recibes ingresos de otros muchos negocios?"

"Esa es una parte de la respuesta", dijo mi padre rico con una sonrisa. "El resto de la respuesta está en el tablero de *Monopolio*. Comprender el juego de *Monopolio* es la mejor clase de tarea que ustedes pueden realizar."

"*¿Monopolio?*" pregunté sonriente. Yo todavía puedo escuchar la voz de mi madre que me ordena que guarde mi juego de *Monopolio* y haga mi tarea. "¿Qué quieres decir, que *Monopolio* es tarea?"

"Déjame enseñarte", dijo mi padre rico mientras abría el juego familiar más popular del mundo. "¿Qué ocurre cuando pasas por el punto de partida?" preguntó.

"Recibes doscientos dólares", respondí.

"Así que cada vez que vuelves al punto de partida, es como si recibieras un sueldo. ¿Es correcto?"

"Sí, creo que así es." dijo Mike.

"Y para ganar el juego, ¿qué se supone que debes hacer?" preguntó mi padre rico.

"Se supone que debes comprar bienes raíces", dije.

"Así es", dijo mi padre rico. "Y comprar bienes raíces es tu tarea. Eso es lo que te hace volverte rico. No tu sueldo."

Mike y yo nos sentamos en silencio por largo rato. Finalmente me atreví a preguntar a mi padre rico. "¿De manera que dices que el sueldo no te vuelve rico?"

"Así es", dijo mi padre rico. "Un sueldo no te vuelve rico. Es lo que haces con el sueldo lo que permite que una persona sea rica, pobre o de clase media."

"No comprendo", dije. "Mi padre siempre dice que si obtuviera un aumento de sueldo seríamos ricos."

"Y eso es lo que piensa la mayoría de la gente", dijo mi padre rico. "Pero la realidad es que mientras más dinero gana la gente, más profundamente se hunde en las deudas. Así que tienen que trabajar más duro."

"¿Y por qué ocurre eso?" pregunté.

"Ocurre por lo que ellos hacen en casa. Es lo que ellos hacen en su tiempo libre", dijo mi padre rico. "La mayoría de la gente tiene un mal plan o una mala fórmula para manejar su dinero después de ganarlo."

"¿En dónde encuentra una persona una buena fórmula para la riqueza?" preguntó Mike.

"Bien, una de las mejores fórmulas para la riqueza se encuentra aquí mismo, en el tablero de *Monopolio*" dijo mi padre, señalando el tablero.

"¿Qué fórmula?" pregunté.

"Bien, ¿Cómo ganas el juego?" preguntó mi padre rico.

"Compras varias propiedades y entonces comienzas a colocar casa en ellas", respondió Mike.

"¿Cuántas casas?", preguntó mi padre rico.

"Cuatro", dije. "Cuatro casas verdes."

"Bien", dijo mi padre rico. "Y después de que tienes esas cuatro casas verdes, ¿qué haces?"

"Devuelves esas cuatro casas verdes y compras un hotel rojo", dije.

"Y esa es una de las fórmulas para obtener una gran riqueza", dijo mi padre rico. "Aquí mismo, en el tablero de juego de *Monopolio*, tienes una de las mejores fórmulas para obtener riqueza en el mundo. Es una fórmula que muchas personas han seguido para convertirse en ricos más allá de sus sueños más ambiciosos."

"Estás bromeando", dije con un poco de escepticismo. "No puede ser tan sencillo."

"Es así de sencillo", confirmó mi padre rico. "Durante años he tomado el dinero que he ganado en mi negocio y simplemente he adquirido bienes raíces. A continuación lo que hago es vivir del ingreso de mis bienes raíces y continuar creando mis negocios. Mientras más dinero gano de mis negocios, más dinero invierto en bienes raíces. Esa es la fórmula para obtener una gran riqueza para mucha gente."

"Si es así de sencillo, ¿por qué no lo hace más gente?" preguntó Mike.

"Porque no hacen su tarea", dijo mi padre rico.

"¿Es esa la única fórmula para la riqueza?" pregunté.

"No", dijo mi padre rico. "Pero es un plan muy sólido que ha funcionado para mucha gente rica durante siglos. Ha funcionado para los reyes y reinas de la antigüedad y todavía funciona hoy en día. La diferencia es que hoy en día no necesitas pertenecer a la nobleza para ser dueño de bienes raíces."

"¿Así que has estado jugando al *Monopolio* en la vida real?" preguntó Mike.

Mi padre rico asintió. "Hace años, cuando era un niño que jugaba al *Monopolio*, decidí que mi plan para obtener una gran riqueza era construir negocios y luego hacer que mis negocios me compraran bienes raíces. Y eso es lo que yo he estado haciendo. Incluso cuando teníamos muy poco dinero, yo regresaba a casa y buscaba bienes raíces."

"¿Tienen que ser bienes raíces?" pregunté.

"No", dijo mi padre rico. "Pero cuando te vuelves viejo y comiences a comprender el poder de las corporaciones y las leyes fiscales, comprenderás por qué los bienes raíces son una de las mejores inversiones."

"¿En qué otra cosa puedes invertir?" preguntó Mike.

"A mucha gente le gustan las acciones y obligaciones", dijo mi padre rico.

"¿Tienes acciones y obligaciones?" le pregunté.

"Desde luego", dijo mi padre rico. "Pero aun así tengo más bienes raíces."

"¿Por qué?" pregunté.

"Bien, es porque mi banquero me extenderá un préstamo para comprar bienes raíces, pero fruncirá el ceño si le pido que me dé un préstamo para comprar acciones. Así que puedo compensar mejor mi dinero con bienes raíces y las leyes fiscales favorecen los bienes raíces. Pero nos estamos saliendo del punto."

"¿Y cuál es el punto?" pregunté.

"El punto es que te vuelves rico en casa, no en el trabajo", dijo mi padre rico. "Realmente quiero que comprendas eso. No me interesa si compras bienes raíces o acciones u obligaciones o creas un negocio. Lo que me importa es que comprendas que la mayoría de la gente no se vuelve rica en el trabajo. Tú te vuelves rico en casa al hacer tu tarea."

"Comprendo la lección", dije. "Así que cuando termines de trabajar aquí en el restaurante, ¿adónde irás?"

"Me alegra que preguntes", dijo mi padre rico. "Vamos. Subamos a mi automóvil y demos un paseo. Les mostraré adonde voy después de terminar el trabajo."

Unos minutos después llegamos a una gran extensión de tierra con muchas hileras de casas. "Estos son veinte acres de tierra en una zona de lujo", dijo mi padre al señalar hacia el sitio.

"¿Zona de lujo?" dije cínicamente. Quizá tenía solamente doce años de edad, pero yo sabía reconocer un vecindario de bajos ingresos cuando veía uno. "Este sitio tiene un aspecto terrible."

"Bien, déjame explicarte algo", dijo mi padre rico. "Piensa en esas casas como las casas verdes del tablero de *Monopolio*. ¿Puedes imaginarlas?"

Mike y yo asentimos lentamente, haciendo nuestro mejor esfuerzo para imaginarlas. Las casas no eran esas lindas casitas verdes del tablero del *Monopolio*. "¿Dónde está el hotel rojo?" preguntamos casi simultáneamente.

"Ya viene", dijo mi padre rico. "Ya viene. Pero no va a ser un hotel rojo. Durante los próximos años nuestro pequeño pueblo crecerá en esa dirección. La ciudad ha anunciado planes para ubicar el nuevo aeropuerto del otro lado de esta propiedad.

"¿Así que las casas y la tierra estarán entre el pueblo y el aeropuerto?" pregunté.

"Has comprendido", dijo mi padre rico. "Luego, cuando llegue el momento oportuno, derribaré todas esas casas de renta y convertiré esta tierra en un parque industrial de baja densidad. Y entonces controlaré una de las propiedades más valiosas del pueblo."

"¿Y qué harás después?" preguntó Mike.

"Seguiré la misma fórmula", dijo mi padre rico. "Compraré más casas verdes y cuando llegue el momento adecuado las convertiré en hoteles rojos, o en parques industriales, o en edificios de apartamentos, o lo que sea que la ciudad necesite en ese momento. Yo no soy un hombre muy inteligente, pero sé cómo seguir un plan exitoso. Trabajo duro y hago mi tarea."

Cuando Mike y yo teníamos 12 años de edad mi padre rico comenzó a convertirse en uno de los hombres más ricos de Hawai. No sólo había comprado ya esa extensión de terreno industrial, también había adquirido una propiedad frente a la playa en una zona de lujo, utilizando la misma fórmula. A la edad de 34 años estaba pasando de ser un oscuro hombre de negocios a convertirse en un rico y poderoso empresario. Él había estado haciendo su tarea.

En *Padre rico, padre pobre*, la lección número uno fue que los ricos no trabajan por el dinero. En vez de ello, los ricos se enfocan en hacer que el dinero trabaje para ellos. También escribí acerca de Ray Kroc, el fundador de McDonald's, quien dijo: "Yo no estoy en el negocio de las hamburguesas. Mi negocio son los bienes raíces." Yo siempre recordaré el impacto de comparar la lección del juego de mesa de *Monopolio* con la lección de la vida real con mi padre rico y muchos otros individuos muy ricos. Su riqueza había sido ganada en realidad al hacer lo que mi padre rico llamaba "la tarea en casa." Para mí, la idea de que la riqueza se ganaba en el hogar y no en el trabajo constituyó una lección poderosa de mi padre rico. Mi verdadero padre llevaba mucho trabajo a la casa, pero hacía muy poca tarea.

Una vez que regresé de Vietnam, en 1973, inmediatamente me inscribí en un curso de inversión en bienes raíces que vi anunciado en la televisión. El curso costó 385 dólares. Ese único curso nos ha hecho millonarios a mi esposa y a mí, y el ingreso de los bienes raíces que compramos utilizando la fórmula enseñada por ese curso nos proporcionó nuestra libertad.

Mi esposa y yo nunca necesitamos trabajar nuevamente, debido al ingreso pasivo de los bienes raíces procedente de nuestras inversiones en bienes raíces. De manera que ese curso de 385 dólares nos ha retribuido algo mucho más importante que sólo dinero. La información obtenida de ese curso nos ha proporcionado a mi esposa y a mí algo mucho más importante que la seguridad del empleo, nos ha proporcionado seguridad financiera y libertad financiera. Nosotros trabajamos duro y también hicimos nuestra tarea.

Como decía mi padre rico mientras jugaba *Monopolio* con Mike y conmigo: "Tú no te vuelves rico en el trabajo, te vuelves rico en casa."

Los tontos abigarrados no son tontos

En mi opinión, uno de los mejores libros sobre inversión fue escrito por dos hermanos que se llamaban a sí mismos los "Motley Fools" ("Tontos abigarrados"). Su primer libro, *The Motley Fool Investment Guide* (*La guía de inversión del Tonto Abigarrado*) ha estado en las listas de libros más vendidos durante años.

Recientemente en su sitio *web* escribieron lo siguiente acerca del uso de los juegos como herramientas educativas:

...además de la diversión y la interacción social que promueven, los buenos juegos le hacen ser más inteligente. Los buenos juegos le obligan a pensar, a planificar, a correr riesgos, en ocasiones solamente a adivinar o esperar... pero siempre —y he aquí el obstáculo— los resultados, su destino, están enlazados con esos pensamientos y acciones. El acto de actuar y ganar, o fracasar y aprender, es un acto que surge de manera natural de practicar los juegos. Uno de nuestros motivos más tontos, la responsabilidad personal, se enseña e ilustra bellamente por los juegos.

Los juegos requieren más de un tipo de inteligencia

El sistema escolar se enfoca principalmente en el genio verbal-lingüístico. Anteriormente discutí los desafíos que un niño puede tener si su tipo de inteligencia no es la inteligencia verbal-lingüística, que es la que tradicionalmente mide el coeficiente intelectual. En la escuela yo no era bueno para leer, escribir, escuchar y presentar exámenes. Tan sólo sentarme en el salón de clases me era penoso. Siendo hiperactivo incluso actualmente, aprendo mejor al apelar a otros tipos de inteligencia en el aprendizaje físico, interpersonal, intrapersonal, espacial y matemático. En otras palabras, aprendo mejor al involucrar más de un tipo de inteligencia. Aprendo mejor al hacer, hablar, trabajar en grupos, cooperar, competir y divertirme. Aunque puedo leer y escribir, esas me resultan ser las formas más penosas para absorber y diseminar información. Por eso la escuela me resultaba penosa y amaba los juegos cuando era niño y todavía me gustan ahora que soy un adulto. Se requiere más de un tipo de inteligencia para aprender y jugar un juego. Los juegos son a menudo mejores maestros que el que se para enfrente del salón para dar su clase.

Yo odiaba sentarme en el espacio confinado de un salón de clases. Hasta el día de hoy me niego a sentarme en una oficina. A menudo escucho que la gente dice: "Alguna vez tendré una oficina en la esquina del edificio, con dos ventanas." Yo nunca quise sentarme en una oficina. Yo he sido propietario de edificios de oficinas, pero no tengo una oficina. Si tengo que sostener una reunión utilizo la sala de juntas de la compañía o voy a un restaurante. Yo odiaba estar en un espacio confinado cuando era niño y todavía odio esos espacios. La mejor manera de mantenerme sentado en un espacio confinado es practicar un juego; actualmente voy a la oficina y continúo con mis juegos; pero esta vez se trata del juego *Monopolio* jugado con dinero verdadero. Juego porque es la manera en que aprendo mejor.

Cuando mi padre verdadero apreció mi predilección por los juegos y los deportes, se dio cuenta de que yo aprendía mejor al hacer cosas que al escuchar. Él sabía que yo no tendría un buen desempeño en una verdadera institución académica. Al darse cuenta de que yo aprendía mejor mediante la actividad, comenzó a alentarme a escoger una escuela que enseñara a los estudiantes al hacer, en vez de al escuchar. Por eso solicité y recibí nominaciones del Congreso para la Academia Naval de Estados Unidos y la Academia de la Marina Mercante de los Estados Unidos. Solicité mi ingreso a escuelas que me mandarían al mar a bordo de barcos para estudiar en todo el mundo. Aprendí a ser un oficial de barco al estar en un barco. Después de mi graduación acudí al Cuerpo de Marines para aprender a volar, y me encantó. Me gustó aprender a bordo de un barco y me gustó aprender en el interior de un aeroplano.

Yo fui capaz de tolerar el trabajo confinado en un salón de clases porque eso me condujo al aprendizaje en la vida real de navegar y volar. Estudié en un salón de clases porque quería aprender, y cuando quería aprender, estudiaba más duro, no me aburría, me sentía más inteligente y obtenía mejores calificaciones. Las mejores calificaciones significaban que haría cosas más emocionantes como navegar o volar a Tahití, Japón, Alaska, Australia, Nueva Zelanda, Europa, Sudamérica, África y, desde luego, Vietnam.

Si mi verdadero padre no me hubiera explicado los distintos tipos de aprendizaje, yo quizá hubiera abandonado la escuela sin terminar los estudios. Probablemente habría escogido una escuela del tipo que tiene salones normales, me hubiera aburrido, hubiera ido a muchas fiestas y hubiera dejado de asistir a mis clases. Yo odiaba estar en espacios confinados, odiaba estar aburrido y escuchando al maestro, y odiaba estudiar materias que no podía ver, tocar y sentir. Mi padre era un genio verbal-lingüístico, sin embargo fue lo suficientemente inteligente para saber que sus hijos no lo eran. La razón por la que rara vez nos criticaba por no tener un buen desempeño en la escuela, a pesar de que era el encargado de la educación en el estado, fue que sabía que sus cuatro hijos aprendían de maneras diferentes. En vez de criticarnos por no obtener buenas calificaciones, nos alentaba a encontrar las maneras en que aprenderíamos mejor de manera natural.

Mi verdadero padre también comprendió que yo necesitaba un incentivo, una recompensa, al final de mis estudios. Sabía que yo era lo suficientemente beligerante y rebelde como para no obedecer simplemente sus órdenes de ir a la escuela. Yo necesitaba una razón. Él fue lo suficientemente inteligente para saber que decirme "Ve a la escuela, obtén buenas calificaciones para que puedas obtener un trabajo y sentarte en una oficina" no iba a motivarme a amar la escuela. Sabía que yo necesitaba estudiar lo que yo quería, aprender de la manera en que aprendía mejor, y que yo tenía que tener una recompensa emocionante al final de mis estudios. Él me ayudó a comprender esto acerca de mí mismo. A pesar de que no le gustaba la idea de que jugara *Monopolio* durante horas con mi padre rico, él era un maestro lo suficientemente inteligente para saber que yo jugaba por las recompensas que podía obtener en el juego. Sabía que yo podía ver mi futuro. Por eso dijo: "Asiste a la escuela y conoce el mundo. Tú puedes jugar *Monopolio* en todo el mundo. Yo no puedo sufragar los gastos para enviarte a todo el mundo, pero si tú puedes ingresar a una escuela que te permita estudiar en todo el mundo, disfrutarás de tu educación."

Mi padre no se dio cuenta de que esa idea se quedaría grabada en mi mente, pero así fue. Para él, viajar por el mundo para jugar *Monopolio* no tenía sentido. Sin embargo, una vez que me vio emocionarme ante la idea de viajar por el mundo para estudiar, comenzó a alentarme. Encontró algo que me interesaba. Incluso comenzó a gustarle la idea de que yo jugara *Monopolio*, aunque no podía comprender la idea de invertir en bienes raíces en todo el mundo porque eso no estaba en su realidad; pero él podía ver que formaba parte de mi realidad. Dado que yo tenía un tablero de *Monopolio*, comenzó a llevar a casa libros sobre ir al mar y viajar por el mundo.

Así que al final, incluso a mi padre, el maestro de escuela, no le importaba que yo jugara *Monopolio*. Él podía ver que no sólo era divertido, sino que yo tenía interés en el juego. Él era capaz de aceptar un juego con temas que yo quería estudiar. Él descubrió la recompensa por la que yo estudiaría duro, y esa recompensa era viajar por el mundo y jugar *Monopolio* en la vida real. Él sentía que era una realidad infantil y sin madurez, pero era la realidad por la que yo podía emocionarme. De alguna manera mi padre supo que cuando yo jugaba *Monopolio* yo podía ver mi futuro al final del juego. Él podía verla, pero no sabía que podía verla... y usaba lo que yo podía ver o comenzaba a ver como un incentivo para mantenerme en la escuela y hacerme estudiar duro. Hoy en día viajo por el mundo y juego *Monopolio* con dinero real. A pesar de que mis aptitudes para leer y escribir no son poderosas, leo y escribo porque mi padre, el maestro de escuela, fue lo suficientemente inteligente para encontrar las materias en que yo estaba interesado, en vez de obligarme a leer y escribir sobre temas en los que yo no tenía interés.

La fórmula ganadora

Una de las cosas más importantes que aprendí del *Monopolio* fue mi fórmula ganadora. Yo sabía que todo lo que tenía que hacer era comprar cuatro casas verdes y convertirlas en un hotel rojo. Yo no sabía cómo lo estaba haciendo específicamente, pero sabía que podía hacerlo… al menos esa era la percepción que yo tenía de mí mismo en ese tiempo. En otras palabras, entre los nueve y 15 años de edad aprendí que yo no era un genio académico como lo era mi amigo Andy *la Hormiga*. Cuando descubrí la fórmula en el tablero de *Monopolio*, cuando fui y pude verdaderamente ver, tocar y sentir las casas verdes de mi padre rico, encontré la fórmula ganadora para mí. Yo sabía que la fórmula de mi padre rico de estudiar duro y trabajar duro para tener un trabajo seguro y sentarme todo el día en una oficina no era para mí. Así que esa era la buena noticia. Pero como dije antes, toda moneda tiene dos caras. La mala noticia era que para la época en que yo tenía 15 años, la amenaza de "si no estudias duro, obtienes buenas calificaciones y consigues un buen trabajo, no tendrás éxito", tenía muy poco impacto en mi motivación para estudiar materias que yo no quería estudiar.

Actualmente, cuando observo las calificaciones reprobatorias de los niños, creo que la misma falta de razón o de motivación que me afectaba está afectando a los niños de hoy. Los niños no son estúpidos. De hecho, los niños saben más acerca de la vida real que muchos adultos. Una de las razones por las que el sistema escolar tiene dificultades para enseñarles es que nadie les ha dado una razón emocionante para estudiar duro y permanecer en la escuela. Yo creo que muchos niños estarían más interesados en estudiar si comenzaran a jugar *Monopolio* en el primer año y luego se les preguntara si desean unirse al programa de: "¿Quién quiere ser un millonario cuando se gradúe?" Si un niño realmente desea ser millonario, todavía es posible hacerle estudiar el mismo plan de estudios que yo tenía cuando era niño. El niño quizá esté dispuesto verdaderamente a estudiarlo, porque la recompensa al final era excitante y valía la pena estudiar para conseguirla.

Así que la buena noticia es que al jugar *Monopolio* encontré mi fórmula ganadora. Yo podía ver mi futuro al final del juego. Una vez que supe que podía hacerlo, quería convertirme en millonario. Para mí era emocionante y estaba dispuesto a estudiar para lograrlo. Pero más que volverme rico, yo podía ver que mi futuro sería seguro y libre desde el punto de vista financiero al terminar el juego. Yo no tenía la percepción de mí mismo de que necesitaba un trabajo seguro en una compañía o que el gobierno se hiciera cargo de mí. A la edad de 15 años yo sabía que iba a ser rico, no sólo pensaba en eso, sino que lo sabía. Cuando supe eso, mi percepción acerca de mí mismo mejoró sensiblemente. Yo sabía que incluso si no obtenía buenas calificaciones, asistía a una buena escuela o conseguía un buen trabajo, sería rico.

La mala noticia es que me volví más inquieto. Si no hubiera sido porque mi padre, el maestro de escuela, y mi padre rico, me alentaron a que permaneciera en la escuela y obtuviera mi título universitario, quizá hubiera abandonado la escuela antes de terminar los estudios. Estoy muy agradecido por la sabiduría de mi padre el maestro de escuela, de mi padre rico y de unos cuantos maestros de la preparatoria que me guiaron, más que obligarme, a lo largo de ese período difícil de mi vida. Con su ayuda encontré una forma de querer permanecer en la escuela y ser un buen estudiante. Ellos me ayudaron a descubrir la manera en que yo aprendía más fácilmente, en vez de obligarme a estudiar como el sistema escolarizado quería que yo aprendiera.

Mi padre el maestro de escuela podía ver que yo aprendía mejor al hacer las cosas en vez de que al leer y escuchar. Él atizó mis sueños de viajar por el mundo y armonizó esos sueños con el juego de *Monopolio*. Como sabía eso, descubrió la manera de alentarme a permanecer en la escuela y me ayudó a encontrar una escuela que se adaptara mejor a mi estilo de aprendizaje. No le preocupaban mis calificaciones ni si asistiría a una escuela prestigiosa para obtener un aprendizaje intelectual más avanzado. Estaba preocupado por que yo permaneciera en la escuela, obtuviera un grado universitario y lo más importante, continuara aprendiendo. En otras palabras, mi verdadero padre hizo su tarea.

Mi padre rico me enseñó cosas diferentes con ayuda del juego de *Monopolio*. Me enseñó una de las fórmulas ganadoras de los ricos. Él cambió la percepción que yo tenía de mí mismo al enseñarme que yo podía ganar en el juego de la vida a pesar de que no tuviera un buen desempeño en la escuela o un empleo bien pagado. Me mostró su fórmula ganadora, una fórmula ganadora que yo adopté para mi vida. En otras palabras, mi padre rico también hizo su tarea. Como él solía decir: "Tú no te vuelves rico en el trabajo. Te vuelves rico al hacer tu tarea en casa."

Enseñar a los niños ricos e inteligentes

A principios del año 2000 una de las principales compañías de mercadotecnia en red me pidió que enseñara a lo que llamaban "la siguiente generación" acerca de inversión. Con la curiosidad de averiguar qué era eso de la siguiente generación, me dijeron que se trataba de los hijos de quienes tenían éxito en el negocio de la mercadotecnia en red. Cuando pregunté por qué necesitaban esos "niños" aprender acerca de inversión, la respuesta fue: "Porque muchos de esos jóvenes recibirán como herencia negocios que valen millones de dólares y en algunos casos miles de millones de dólares. Les hemos estado enseñando aptitudes de negocios y ahora necesitamos que usted les enseñe aptitudes de inversión." Con esa respuesta yo supe por qué me pedían que hablara con ellos.

Pasé dos días en un retiro de esquiadores hablando con 75 jóvenes cuyas edades oscilaban entre los 15 y los 35 años, acerca de la importancia de invertir. Fue muy agradable porque no había preguntas como: "¿Dónde obtengo el dinero para invertir?" Como decía mi padre rico: "Existen sólo dos tipos de problemas de dinero. Un problema es que no hay suficiente dinero y el otro es que hay demasiado dinero." Y esos jóvenes tenían el segundo problema.

En el segundo día del curso, no pude evitar advertir qué diferentes eran estos jóvenes. No eran similares a muchos jóvenes que yo había conocido anteriormente. Incluso los adolescentes podían sostener una conversación sobre dinero, negocios e inversión que era de adulto a adulto y no de adolescente a adulto. Yo era lo suficientemente viejo para ser su padre, y a menudo sentí como si estuviera hablando con mis pares a través de la mesa de la sala de juntas. Entonces me di cuenta de que esos jóvenes habían crecido en el negocio y que muchos de ellos estaban manejando flujos de efectivo y portafolios de inversión mucho más grandes que el mío. Fue una experiencia que me hizo ser humilde, pues a pesar de que estos jóvenes eran ya muy ricos, no había arrogancia ni presunción, ni las reservas que yo ocasionalmente encuentro en algunos jóvenes. Me di cuenta de que muchos de esos jóvenes crecieron en el hogar con sus padres y los negocios de sus padres. No sólo estaban cómodos con los adultos, sino que estaban cómodos al hablar con los adultos acerca de dinero y negocios. Yo había visto anteriormente a algunos de estos jóvenes, de tan sólo 14 años de edad, pararse en el escenario frente a 4 000 personas y dar un discurso que conmovió a todo el auditorio. Yo cumplí 37 años antes de pararme a hablar en público, y se trató de un discurso aburrido.

Mientras me llevaban de regreso de la montaña al aeropuerto, me di cuenta de que mi mejor amigo Mike y yo habíamos tenido la misma experiencia. Yo también me di cuenta de que él estudió mucho más duro en la universidad porque su recompensa al final de sus estudios en la escuela de negocios consistió en hacerse cargo de un negocio multimillonario. Me di cuenta de que yo también era el beneficiario de un padre que trabajó en casa y que tuvo tiempo para enseñar a su hijo y a mí las habilidades de supervivencia que luego transferimos a la vida real.

Cuando hablo con gente que desea iniciar un negocio en casa —cualquier cosa, desde una empresa de mercadotecnia en red hasta una franquicia, o algo que comienzan por cuenta propia— comento sobre los jóvenes que conocí en la montaña. Un negocio basado en casa puede proporcionar beneficios mucho más allá de la fuente adicional de ingreso y los incentivos fiscales, y algunos de esos beneficios son inconmensurables y no tienen precio. En el caso de algunas personas que tienen hijos, un negocio basado en casa es su manera de hacer su tarea y enseñar a sus hijos a hacer lo mismo. Como decía mi padre rico: "No te vuelves rico en el trabajo. Te vuelves rico en casa." Y eso incluye la riqueza que va más allá del dinero.

A lo largo de la historia algunas de las personas más ricas han comenzado en casa. Henry Ford comenzó en su cochera. Hewlett-Packard fue fundada en una cochera. Michael Dell comenzó en su habitación de la residencia estudiantil. El coronel Sanders se hizo rico hasta que construyeron una carretera en el sitio donde estaba su restaurante y lo obligaron a cerrarlo. Así que el consejo de mi padre rico de no volverse rico en el trabajo ha funcionado para muchas personas.

Como nota al margen, el juego de mesa *CASHFLOW 101* fue creado en la mesa de mi comedor. *Padre rico, padre pobre*, que ha vendido cerca de dos millones de ejemplares hasta la fecha, fue originalmente escrito en nuestra cabaña en las montañas. CASHFLOW Techonologies Inc., con su sitio *web* richdad.com, es un negocio multimillonario que envía y otorga licencias de los productos educativos del padre rico a todo el mundo; y comenzó en el cuarto de huéspedes de la casa de Sharon Lechter. El negocio que comenzó en la mesa de nuestra cocina y luego se trasladó al hogar de Sharon, está ahora en un edificio de oficinas que incluso renta espacios de oficina a otros negocios. Yo todavía no tengo una oficina, porque incluso hoy en día me disgusta estar en un pequeño espacio confinado. Opero con la misma fórmula ganadora que aprendí con la ayuda de mis dos padres; viajar por el mundo y jugar *Monopolio* con dinero real. En otras palabras, todavía estoy haciendo mi tarea.

CAPÍTULO 5

¿Cuántas fórmulas ganadoras necesitará su hijo?

Al mirar en retrospectiva las vidas de mi padre rico y mi padre pobre, me he dado cuenta de que uno de ellos, mi padre rico, era más exitoso que el otro simplemente porque tenía más *fórmulas ganadoras*.

Una amiga mía me llamó recientemente para pedirme un consejo. Adrian trabajó para una gran corporación durante muchos años hasta que fue despedida en un ajuste de personal a principios de la década de 1990. Impávida y deseosa siempre de comenzar su propio negocio, Adrian adquirió una franquicia de una agencia de viajes con sus ahorros y el pago de liquidación de su antigua compañía. Justo cuando comenzaba a manejar el negocio, las aerolíneas comenzaron a recortar las comisiones que pagaban por los boletos vendidos por los agentes de viajes. Repentinamente, en vez de obtener 800 dólares de comisión por un boleto, las aerolíneas le pagaron una tasa rasa de 100 dólares e incluso de 50 dólares. Ahora enfrentaba una situación en que debía cerrar su agencia de viajes, pero esta vez estaba sin ahorros y no recibiría un paquete de liquidación de su propia compañía. Su franquicia estaba a la venta, pero su valor había disminuido mucho debido a la reducción de los ingresos de las aerolíneas.

Yo considero que la razón por la que Adrian enfrenta dificultades financieras a esas alturas de su vida es porque no tuvo suficientes fórmulas ganadoras para prepararse a lo largo de su vida.
Adrian no es la única persona que pasa dificultades debido a que
carece de fórmulas ganadoras. Hay mucha gente que tuvo buen
desempeño escolar pero que no obtuvo de la escuela suficientes
fórmulas ganadoras para que le fuera bien en la vida. El siguiente
capítulo está escrito para que los padres de familia preparen a sus
hijos con suficientes fórmulas ganadoras con el fin de que ganen
en el juego de la vida.

Su hijo necesita un mínimo de tres fórmulas ganadoras

Existen tres fórmulas ganadoras principales que un niño necesita aprender para tener éxito profesional y financiero en su vida
posterior:

Una fórmula ganadora *de aprendizaje*.
Una fórmula ganadora *profesional*.
Una fórmula ganadora *financiera*.

Descubrir la fórmula ganadora de aprendizaje de su hijo

Mi amiga Adrian tuvo un buen desempeño escolar porque aprendía rápidamente y disfrutaba de la escuela. Le era fácil leer, escribir y hacer operaciones aritméticas. Adrian pasó por la universidad y obtuvo un grado de licenciatura. Debido a que tuvo un buen
desempeño estudiantil, le gustaba la escuela y ésta constituyó una
experiencia positiva. Dado que su experiencia escolar era positiva, le recomendé que cerrara su agencia de viajes y regresara a la
escuela para aprender una nueva fórmula ganadora profesional.

Adrian ha regresado a la escuela, a la edad de 53 años y ha reunido suficientes créditos para solicitar su ingreso a la escuela de Derecho.

Adrian es un ejemplo que ilustra el argumento de mi padre sobre las distintas fórmulas ganadoras para personas diferentes. Mientras la fórmula ganadora de Adrian puede funcionarle a ella, probablemente no funcionaría para mí. Yo no tuve un buen desempeño escolar y dudo que jamás regrese a los salones de educación formal como un estudiante.

Desarrollar una fórmula ganadora de aprendizaje

Los años que transcurren entre el nacimiento y aproximadamente los 15 años de edad son muy importantes; esa es la época en que los niños desarrollan sus propias fórmulas ganadoras de aprendizaje. Si un niño es feliz en la escuela, aprende fácilmente y obtiene buenas calificaciones, el niño debe desarrollar una fórmula ganadora de aprendizaje que sea viable. Sin embargo, cuando los niños tienen dificultades para aprender las tres "R" en la escuela, debido a que no tienen talento verbal-lingüístico o por otras razones, sus años en la escuela pueden ser una experiencia dolorosa. Si los niños tienen dificultades en la escuela durante esos primeros años, o se les hace sentir que no son tan inteligentes como los otros niños, pueden comenzar a desarrollar una baja autoestima y una mala actitud hacia la escuela. Los niños pueden aprender a sentirse "estúpidos", y sentir que no pueden sobrevivir dentro del sistema escolarizado. Comienzan a ser etiquetados con acepciones que intenta describir sus llamadas "incapacidades", términos como el síndrome de déficit de atención o que son "lentos", en vez de ser llamados "talentosos", "brillantes" o "genios." Como adulto detesto que me llamen estúpido o que me hagan sentir inferior. ¿Cómo piensa usted que maneja un niño de 12 años o menos esas etiquetas? ¿Cuál es el costo mental, emocional y físico?

Los sistemas académicos de calificación son otra razón por la que los niños comienzan a sentirse menos seguros desde ese punto de vista. En un sistema de calificación basado en "la curva de campana", si se califica a 10 niños, 2 se encontrarán al principio de la curva, 2 al final y 6 se encontrarán en el punto medio. En las pruebas generales de aptitud escolar yo solía ser clasificado en el 2 por ciento más alto con potencial, pero mis calificaciones correspondían al 2 por ciento inferior. Debido a este método de "curva de campana" de calificar a los estudiantes, mi padre —que era maestro de escuela— decía a menudo: "El sistema escolar no es realmente un sistema de educación, sino un sistema de *eliminación*." Su trabajo como padre de familia consistía en mantenerme seguro desde el punto de vista emocional y mental e impedir que yo fuera eliminado del sistema.

El cambio a los 9 años

Un educador destacado y a menudo controversial es Rudolf Steiner, cuyas filosofías educativas han sido incorporadas a las escuelas Waldorf, uno de los sistemas escolares de crecimiento más rápido en el mundo actual. Steiner escribe y habla frecuentemente de lo que él llama "el cambio a los 9 años." Él ha descubierto que alrededor de la edad de 9 años los niños comienzan a separarse de la identidad de sus padres y a buscar la suya. Steiner ha descubierto que este período es frecuentemente una etapa de soledad para el niño, una época en que percibe su aislamiento. El niño comienza a buscar su propio "yo" y no su "nosotros" como familia. Durante ese período el niño necesita aprender habilidades de supervivencia práctica. Por esta razón, a esa edad se enseña a los niños del sistema Waldorf a plantar jardines, buscar refugio, cocinar pan y cosas similares. No se trata de que aprendan las habilidades de sus futuras profesiones; en realidad están aprendiendo esas habilidades como una forma de inculcarles la idea de que pueden sobrevivir por sí mismos. Los niños *necesitan* saber que pueden sobrevivir durante este período de búsqueda de su propia identidad. Si no desarrollan un sentido de seguridad personal durante ese período, los efectos pueden afectar dramáticamente la dirección futura del niño y sus decisiones en la vida. Obviamente, la manera en que cada niño responde o reacciona a esa crisis de identidad es diferente, por lo que la observación cuidadosa y la sensibilidad de los padres son vitales. Un maestro con 30 estudiantes no es capaz de estar al tanto de las diferentes elecciones de cada niño en esa etapa de la vida.

Mi padre inteligente no estaba consciente de la obra de Rudolf Steiner, pero estaba consciente de ese período de desarrollo en la vida del niño. Cuando advirtió que yo no tenía un buen desempeño escolar y cómo me afectó ser amigo de Andy *la Hormiga* cuando me enteré de que Andy era un genio y yo no lo era, comenzó a observarme y a guiarme más estrechamente. Por eso me alentó a que practicara más deporte. Él sabía que Andy aprendía al leer y que yo aprendía al hacer. Él quería que yo supiera que yo también podía sobrevivir académicamente a mi manera. Él quería que yo encontrara una forma de mantener mi confianza en mí mismo en la escuela, incluso si lograba eso mediante los deportes en vez de por medio de los estudios.

Nuestra familia también estaba teniendo problemas de dinero en esa época. Yo sospechaba que mi padre inteligente se daba cuenta de cuánto me afectaba su incapacidad para ganar suficiente dinero. Él sabía que al regresar de la escuela yo encontraba a menudo a mi madre llorando por las cuentas que teníamos que pagar. Creo que él sabía que yo probablemente comenzaría a buscar una identidad diferente a la suya, y lo hice. Comencé a estudiar con mi padre rico a la edad de 9 años. En retrospectiva, yo buscaba mis propias respuestas sobre la manera en que podría ayudar a mi familia durante ese período de dificultades económicas. Definitivamente yo estaba buscando una identidad que no era como la de mi mamá y mi papá.

La fórmula de Adrian vs. mi fórmula

Dado que la experiencia escolar de Adrian era positiva, tenía sentido que regresara a los salones de clase para aprender una nueva profesión. Mi fórmula de aprendizaje es diferente. Se trata de la fórmula que aprendí a los nueve años de edad, que es la fórmula de buscar a un mentor y aprender al hacer. Hoy en día todavía busco mentores para aprender. Busco mentores que hayan hecho ya lo que yo quiero hacer, o escucho sus cintas de audio que me dicen lo que hicieron. También leo, pero sólo como último recurso. En vez de regresar a la escuela de negocios a aprender sobre administración, yo construí mi propio negocio porque yo aprendo al hacer en vez de al sentarme en un salón de clases. Yo buscaría un mentor, realizaría acciones, cometería errores y luego buscaría libros y cintas que me dirían qué hice mal y qué podría aprender de mis errores. Por ejemplo, cuando la campaña de mercadotecnia en uno de mis negocios comenzó a fracasar, realicé un enorme estudio e investigación para encontrar nuevas respuestas. Hoy en día soy muy bueno en mercadotecnia… pero no lo hubiera sido si sólo me hubiera sentado en un salón de clases, leído libros y escuchado a maestros que podrían o no, haber sido dueños de sus propias compañías.

Cada niño tendrá una fórmula ganadora única y distinta para el aprendizaje. El trabajo de los padres consiste en observar y apoyar al niño para que escoja la fórmula que le funcione mejor. Si el niño no obtiene buenas calificaciones, trabaje estrechamente con él sin agobiarlo para encontrar las maneras en que él o ella pueden aprender mejor.

Si sus hijos tienen buen desempeño académico y les gusta la escuela, considérese afortunado. Deje que logren la excelencia y disfruten su experiencia. Si no les gusta la escuela, hágales saber que todavía son talentosos y aliéntelos a encontrar su propia manera de aprender en un sistema que reconoce sólo un talento. Si pueden aprender a hacer eso, obtendrán excelentes aptitudes de supervivencia educativa para el mundo real, un mundo que requiere de múltiples talentos para sobrevivir. Por eso mi padre me alentaba a hacerlo. Me alentaba a encontrar mis propias maneras de aprender, a pesar de que yo odiaba lo que estaba aprendiendo. Ese fue un gran entrenamiento para la vida real.

Cómo convertirse en un estudiante profesional

También he notado que muchas veces las personas tienen buen desempeño en la escuela por miedo a no ser capaces de sobrevivir. Los niños aprenden que obtener buenas calificaciones es la mejor manera de sobrevivir. De manera que obtienen las aptitudes de supervivencia conocidas como "obtener buenas calificaciones." Aunque eso es bueno durante su juventud, se presentan problemas cuando envejecen, se marchan y dependen de otras aptitudes de supervivencia... otras aptitudes de supervivencia necesarias para el mundo real.

Yo sospecho que los niños que aprenden a sobrevivir al obtener buenas calificaciones en la escuela pueden fácilmente convertirse en estudiantes profesionales y algunos quizá nunca abandonen el sistema; algunos pueden convertirse en doctores que buscan la seguridad mediante la cátedra. Mi padre inteligente se dio cuenta de que estaba en ese camino hasta que su familia se enfermó y lo obligó a salir al mundo real. Él dijo: "Es fácil permanecer detrás de las murallas de la educación si necesitas que esas murallas te protejan del mundo real."

Erosionar la percepción de uno mismo

He afirmado que las deudas y la carencia de sentido de seguridad financiera pueden erosionar la percepción financiera de uno mismo. En otras palabras, si usted tiene demasiados fracasos financieros o se siente atrapado por su necesidad de tener un empleo y la seguridad del sueldo, su confianza en sí mismo desde el punto de vista financiero puede ser muy inestable. Lo mismo puede ocurrir a los niños desde el punto de vista académico, si se les dice que no son tan inteligentes como otros. Sin embargo, si no hubiera sido por el apoyo de mi padre, yo hubiera abandonado la escuela, simplemente porque a nadie le gusta que le hagan sentir estúpido. Sabía que no era estúpido. Yo sabía que estaba aburrido y que no tenía interés en las materias que me enseñaban. Sin embargo, mis bajas calificaciones escolares comenzaron a erosionar la percepción que yo tenía de mí mismo desde el punto de vista académico. Fue mi padre inteligente quien me protegió durante ese difícil período de mi vida. Incluso a pesar de que yo tenía malas calificaciones, hasta reprobaba, él seguía afirmando que yo era inteligente a mi manera y que necesitaba encontrar mi propia forma de aprender con el fin de sobrevivir en la escuela. Si no hubiera sido por su cariño y su sabiduría académica, seguramente hubiera abandonado la escuela herido, molesto y sintiéndome inferior a aquellos que obtenían buenas calificaciones. En otras palabras, si no hubiera sido por mi padre inteligente, yo hubiera abandonado la escuela y aprendido la fórmula de un perdedor.

Ya sea que sus hijos tengan o no un buen desempeño escolar, manténgase atento y aliéntelos a encontrar su propia fórmula de aprendizaje, porque una vez que abandonen la escuela y entren al mundo real, su educación realmente comienza.

Los maestros ahora hacen trampa

La mayoría de los padres de familia están conscientes de que las calificaciones de las pruebas están bajando y la presión sobre los educadores para hacer que esas calificaciones suban está haciendo que los maestros paguen el precio. La presión sobre los maestros para que eleven las calificaciones de las pruebas de sus estudiantes está ocasionando actualmente que los maestros hagan trampa. En un suburbio opulento de Maryland, la directora de una escuela renunció debido a las acusaciones de trampa. El número del 19 de junio del año 2000 de la revista *Newsweek* publicó el artículo "Cuando los maestros hacen trampa":

> Esta primavera fue una temporada de vergüenza para las escuelas públicas del país. En un suburbio de Maryland, la directora de una escuela primaria renunció el mes pasado luego de que los padres de familia se quejaron de que sus hijos estaban recibiendo consejo para proporcionar las respuestas correctas en las pruebas estatales. En Ohio, los funcionarios estatales están investigando acusaciones de trampas realizadas en una escuela primaria de la ciudad de Columbus que recientemente fue alabada por el presidente Clinton por elevar las calificaciones de las pruebas. Y en la ciudad de Nueva York más de cuatro docenas de maestros y administradores de 30 escuelas están acusados de pedirles a sus estudiantes que hicieran trampa en diversas pruebas estandarizadas de la ciudad y el estado.
> La situación es lo suficientemente mala cuando los niños son expulsados por hacer trampa. Pero conforme termina el

año escolar, un número alarmante de maestros y directores enfrentan cargos de arreglar los números en importantes pruebas que determinan todo, desde si un niño individual pasa de año hasta el presupuesto anual completo de un distrito.

El artículo continúa:

El problema es que las altas calificaciones —no los estándares altos— se han convertido en el Santo Grial.

En algunas partes del país los educadores obtienen estímulos de hasta 25 000 dólares si elevan las calificaciones de sus estudiantes. En otros lugares los funcionarios escolares pueden perder sus empleos si sus estudiantes no obtienen los números correctos.

Y el artículo también afirma que las escuelas están enseñando a los niños a presentar pruebas, en vez de obtener una educación sólida. En otras palabras, los maestros están proporcionando a los estudiantes las respuestas con el fin de que puedan pasar las pruebas y de esa manera se obtengan calificaciones más altas, no niños mejor educados.

Esta clase de "enseñanza para la prueba" constituye una amenaza más seria que las trampas mismas, de acuerdo con algunos expertos. Renzulli se refiere a ella como el programa escolar de "machetear, recordar, regurgitar." "Es un contenido que no tiene sentido" dice Linda McNeil, una profesora de educación de la Universidad de Rice y autora de *Contradictions of School Reform: The Educational Costs of Standarized Tests (Contradicciones de la reforma escolar: los costos educativos de las pruebas estandarizadas).* En Texas, afirma, algunos niños pasan meses sin hacer nada, excepto prepararse para las pruebas. "Es como si usted les enseñara mentalmente a los niños a oprimir la tecla de eliminar", afirma. "Usted les enseña para que olviden. La verdadera trampa es la sólida educación académica."

¿Cómo sorprendieron a los maestros?

Siempre que digo que los niños son más inteligentes que los adultos, a menudo obtengo como respuesta la mirada de reojo de adultos más inteligentes. Sin embargo recuerdo que cuando yo era niño comprendía el mundo mejor de lo que mis maestros o padres pensaban. Yo supe del primer número de la revista *Playboy* mucho antes que mi madre y sus amigas se enteraran de él. Hoy en día, con internet, los niños tienen acceso a cosas que me da miedo averiguar. Sin embargo continuamos tratando a los niños como niños.

El informe de *Newsweek* afirma que la directora de la escuela de Maryland fue sorprendida porque los niños sabían que estaba haciendo trampa. En ese mismo número de *Newsweek*, el artículo siguiente, titulado "Lecciones amargas", reproducía la historia completa:

> Los niños fueron los héroes de este escándalo. ¿Qué pasa cuando los modelos de conducta enseñan deshonestidad?
>
> Las primeras pistas de que algo estaba mal fueron proporcionadas por los niños. Primero fueron los murmullos de uno al otro en los pasillos y en el campo de juegos, y luego les dijeron a sus padres después de la escuela; unos cuantos estudiantes de quinto año comenzaron a describir la peculiar conducta de su directora, mientras ella supervisaba las pruebas de evaluación estatal a mediados de mayo. Algunos niños que ya habían terminado la prueba fueron llamados por la directora, quien les pidió que "revisaran" sus respuestas. "Quizá quieras volver a ver esta respuesta" les dijo, de acuerdo con los niños. Otros estudiantes recibieron entre 20 y 45 minutos adicionales para completar la prueba. En algún momento durante la sección de estudios sociales de la prueba, se afirma que ella sostuvo un mapa y señaló al país sobre el que se les preguntaba a los estudiantes.

"Los niños estaban molestos y confundidos. Algunos niños les decían a otros. 'No creo que ella tenga permitido hacer eso', dijo a *Newsweek* un alumno de quinto año. El estudiante, un niño de 10 años de edad, relató que recibió tiempo extra en la prueba de matemáticas. 'Hubo otra parte, en la sección de lenguaje', continuó, 'donde la directora me ayudó a obtener la respuesta correcta. En esa parte definitivamente pensé que ella estaba haciendo trampa, pero pensé que si yo decía algo me metería en problemas o algo así'. La madre de otro estudiante informó a *The Washington Post* que su hijo regresó a casa y le dijo: 'Mamá, yo pensé que eso era hacer trampa, pero ¿por qué haría eso una directora?'"

Sin aprender a aprender

Algo trágico está ocurriendo en los sistemas escolares de la actualidad. El domingo 7 de mayo de 2000, mi periódico local, el *Arizona Republic*, publicó una historia con un titular que decía "Las escuelas de Los Angeles retienen a miles":

> Los Angeles.- El segundo sistema escolar más grande del país dio marcha atrás en sus planes de reprobar a un enorme número de estudiantes este año, pero todavía retendrá a 13 500 este otoño cuando deje de promover automáticamente a estudiantes de mal desempeño al siguiente curso.
>
> Funcionarios del Distrito Escolar Unificado de Los Angeles originalmente esperaban retener hasta la tercera parte de los 711 000 estudiantes del sistema, es decir, 237 000 estudiantes, pero las guías de promoción fueron relajadas por el temor de que la reprobación en masa provocaría caos en las escuelas.
>
> En otras palabras, el sistema escolar de Los Angeles no ha podido educar a más o menos un cuarto de millón de niños con las aptitudes básicas de aprendizaje. En vez de tener a un cuarto de millón de niños ocluyendo el sistema, como una bola

de cabello tapa una tubería de desagüe, el sistema simplemente disminuyó los estándares y empuja a esos niños a que salgan al mundo real. En mi opinión, es el sistema el que está fallando, no los niños.

Por qué se incrementan las escuelas privadas y la enseñanza en el hogar

Los niños no son los únicos que se dan cuenta de que han sido engañados en una fase importante de su educación. Durante muchos años se consideró que la enseñanza en el hogar correspondía a grupos marginales o padres de familia radicales. Hoy en día cada vez más padres de familia están sacando a sus hijos de la escuela y educándolos en casa. Se ha informado que el movimiento de enseñanza en el hogar se incrementa 15 por ciento al año. Muchas personas dicen que los niños no pueden obtener una buena educación en el hogar. Sin embargo este año, el primer año del nuevo milenio, niños que han recibido enseñanza en el hogar ganaron el concurso nacional de deletreo de palabras. Las escuelas privadas están proliferando y el número de escuelas que siguen los sistemas Montessori y Waldorf está incrementándose rápidamente. En otras palabras, los padres están retomando del gobierno la responsabilidad de educar a sus hijos.

Una excelente fuente de datos para esos padres es el sitio web www.homeschool.com. Fundado por Rebecca Kochenderfer, este sitio contiene una gran riqueza de información para todos los padres de familia. Rebecca comparte nuestra misión de ayudar a que los padres de familia preparen mejor a sus hijos para el mundo que enfrentan.

La preocupación de mi padre inteligente

Hace muchos años mi padre, que era maestro de escuela, trató de cambiar al sistema. Él estaba consciente de que niños diferentes tienen talentos distintos. También estaba consciente de que el sistema era del tipo "unitalla", que era bueno para cerca de 30 por ciento de los niños y horrible para todos los demás. A menudo decía: "El sistema es peor que un dinosaurio. Al menos los dinosaurios se extinguieron… pero el sistema escolar no morirá. Por eso es peor que un dinosaurio. El sistema educativo es más como un cocodrilo, un reptil que ha sobrevivido incluso después de que los dinosaurios se extinguieron." A continuación agregaba: "La razón por la que el sistema escolar no cambia es que no es un sistema que haya sido diseñado para cambiar. Es un sistema diseñado para sobrevivir."

La mayoría de nosotros sabe que los maestros están haciendo el mejor esfuerzo para educar a los niños. El problema es que los maestros trabajan en un sistema que ha sido diseñado para no cambiar. Es un sistema diseñado para sobrevivir. Es un sistema que drogará a los niños para hacerlos más lentos, en vez de hacerlos más ágiles. A continuación, tras haber proporcionado las drogas a los niños activos, les dicen a los mismos: "No consuman drogas." En mi opinión se trata de un sistema duro. Es el único negocio que conozco que no puede proporcionar a sus clientes lo que estos desean y luego los culpa por sus fallas. En vez de decir que "nosotros, como sistema, somos aburridos", afirma: "Su hijo tiene una deficiencia de aprendizaje." Ellos dicen eso en vez de decir: "Nosotros, como sistema, tenemos una deficiencia de enseñanza." Como dije anteriormente, es el único negocio que culpa a sus clientes por sus propias fallas.

Hace muchos años mi padre verdadero se dio cuenta de que ese era un sistema que tenía tremendas fallas. Le perturbó mucho descubrir que el sistema educativo utilizado por la mayoría de los países de habla inglesa es un sistema educativo originado hace cientos de años en Prusia. Se preocupó profundamente cuando se dio cuenta de que él era parte de un sistema que no fue diseñado para educar a los niños, sino para crear buenos soldados y empleados. Un día me dijo: "La razón por la que tenemos palabras como *kindergarten* en nuestro sistema escolar es porque nuestro sistema se originó en Prusia hace cientos de años. *Kinder* es una palabra prusiana que significa 'niños', y *garten* significa 'jardín'. En otras palabras, un jardín de niños en que el Estado educa o adoctrina. Era un sistema que fue diseñado para despojar a los padres de la responsabilidad y educar a los niños con el fin de que estos sirvieran mejor los deseos y necesidades del Estado."

De dónde viene la palabra "Elemental"

Mi padre inteligente también me dijo: "La razón por la que los primeros años de escuela son llamados 'educación elemental' es porque nosotros, como educadores, tomamos el tema de interés del aprendizaje y lo descompusimos en sus diversos elementos. Cuando tú tomas un tema de interés fuera del proceso de aprendizaje, la educación se vuelve aburrida." A continuación explicó lo que decía: "Por ejemplo, si a un niño le interesan las casas, el tema de la casa es descompuesto en sus elementos, como las matemáticas, la ciencia, la escritura y el arte. De manera que los estudiantes que tienen buen desempeño académico son estudiantes que están interesados en las matemáticas como tema, o la escritura como tema, o la ciencia como tema. Pero el estudiante que está interesado en un tema más grande, en este caso el tema de una casa, se aburre. Su tema de interés ha sido eliminado y los elementos que lo componen son todo lo que queda por estudiar. De allí proviene el término 'escuela elemental' o 'educación elemental', y por eso muchos estudiantes consideran que la escuela es aburrida. El tema de interés ha sido eliminado."

Considero que esas son varias razones por las que la educación en el hogar y el número de escuelas privadas se está incrementando.

Están retomando el poder de la educación del Estado y devolviendo el poder de la educación a los padres e hijos.

De los samurái a los doctores y a los maestros

La familia de mi padre pertenecía a la clase guerrera, o clase de los samurái, durante el sistema feudal de Japón. Pero poco después de que el comercio con Occidente fue abierto por el comodoro Perry, el sistema feudal comenzó a erosionarse. La familia de mi padre comenzó a abandonar la educación de los samurái y se convirtieron en médicos. Se suponía que el padre de mi padre iba a convertirse en doctor, pero huyó a Hawai y rompió la cadena. A pesar de que mi abuelo no era un médico, se esperaba que mi padre acudiera a la escuela de medicina, pero él también rompió la cadena.

Cuando le pregunté a mi padre por qué no se había convertido en doctor, me dijo: "Mientras estaba en la preparatoria comencé a preguntarme por qué tantos de mis compañeros de clase repentinamente faltaban a la escuela. Un día mi amigo estaría allí y al día siguiente se habría marchado. Eso despertó mi curiosidad y comencé a formular preguntas a los administradores de la escuela. Pronto descubrí que las plantaciones de azúcar y piña tenían el requisito de que el sistema escolar reprobara a un mínimo de 20 por ciento de los hijos de inmigrantes provenientes de Asia. Esa era la forma en que las plantaciones se aseguraban de tener un flujo estable de trabajadores manuales no calificados. Mi sangre hirvió cuando descubrí eso y fue entonces cuando decidí ingresar al campo de la educación, en vez de la medicina. Yo deseaba asegurarme de que el sistema le diera a todos y cada uno de los niños la oportunidad de tener una buena educación. Estaba dispuesto a combatir a los grandes negocios y al gobierno con el fin de asegurarme de que cada niño tuviera la mejor educación posible.

Mi padre luchó para cambiar el sistema toda su vida y finalmente fue vencido en su intento por cambiarlo. Casi al final de su
vida fue reconocido como uno de los dos educadores más importantes en los 150 años de historia de la educación pública de Hawai.
A pesar de que fue reconocido por su valor por la gente del sistema, este último sigue siendo el mismo en su mayor parte. Como
dije antes, es un sistema diseñado para sobrevivir, en vez de para
cambiar. Eso no quiere decir que el sistema no haya hecho un
buen trabajo para mucha gente. Ha hecho un excelente trabajo
para cerca de 30 por ciento de la gente que tiene buen desempeño
en el sistema. El problema es que el sistema actual fue creado
hace cientos de años durante la era agraria, una época anterior a
los automóviles, los aeroplanos, la radio, la televisión, las
computadoras y el internet. Es un sistema que no ha podido mantener el paso de los cambios sociológicos y tecnológicos. Es un
sistema que es más fuerte que un dinosaurio y tan duro como un
cocodrilo. Esa es la razón por la que mi padre tuvo el cuidado de
guiar nuestra educación en casa, y decía frecuentemente a sus
hijos: "Las buenas calificaciones no son tan importantes como
descubrir su talento." En otras palabras, cada niño aprende de
manera diferente. Corresponde a los padres mantenerse atentos y
observar las maneras en que cada niño aprende mejor; y entonces
apoyar a ese niño para que desarrolle su propia fórmula ganadora
para el aprendizaje.

Siempre que veo bebés, veo talentos jóvenes entusiasmados
con el aprendizaje. Unos años después veo en ocasiones a esos
mismos talentos jóvenes aburridos en la escuela, preguntándose
por qué se les obliga a estudiar cosas que pueden considerar irre-
levantes. Muchos estudiantes afirman que se sienten insultados
porque se les califica en los mismos temas en que no tienen interés y terminan siendo etiquetados como "inteligentes" o "no inteligentes". Un joven me dijo: "No se trata de que yo no sea inteli-

gente. Simplemente no tengo interés. Que me digan primero por qué debo tener interés en el tema y cómo puedo utilizarlo y entonces quizá lo estudiaré."

El problema es más que malas calificaciones. Mi padre inteligente reconoció, desde luego, que las calificaciones pueden afectar el futuro de un estudiante de manera positiva o negativa, pero le preocupaba igualmente el efecto que las *malas* calificaciones pueden tener en la percepción que tiene un estudiante de sí mismo y su confianza en él. A menudo decía: "Muchos niños ingresan a la escuela entusiasmados acerca del aprendizaje pero pronto se marchan, tras haber aprendido sólo a odiar la escuela." Su consejo era: "Si un padre de familia tiene uno de esos niños que está aprendiendo a odiar la escuela, el trabajo más importante del padre en esa etapa de la vida del niño no consiste en asegurarse de que su hijo obtenga buenas calificaciones; el trabajo más importante del padre es asegurarse de que el niño conserve el amor por el aprendizaje que Dios le dio. Descubra el talento natural de su hijo, descubra qué le interesa aprender y mantenerlos entusiasmados sobre el aprendizaje, incluso si no es en la escuela."

La realidad es que el niño tendrá que aprender mucho más de lo que nosotros. Si no lo hace, quedará rezagado en las siguientes dos fórmulas ganadoras, que son cubiertas en el siguiente capítulo. Esa es la razón por la que en mi opinión el desarrollo de la fórmula ganadora del aprendizaje en los niños en casa es mucho más importante que las calificaciones que reciban en la escuela. Como tanto mi padre inteligente como mi padre rico decían, su verdadera educación comienza cuando usted abandona la escuela e ingresa al mundo real.

CAPÍTULO 6

¿Será obsoleto su hijo al cumplir 30 años de edad?

Cuando yo era un niño, mis padres daban por sentado que me graduaría, obtendría un trabajo, sería un empleado leal, subiría por la escalera corporativa y permanecería allí hasta que me retirara. Después de mi retiro recibiría un reloj de oro y jugaría al golf en alguna comunidad de jubilados y conduciría mi carrito de golf al ponerse el sol.

Mientras más viejo es usted, menos valioso se vuelve

La idea de tener un empleo a lo largo de la vida es una idea de la era industrial. A partir de 1989, cuando se derrumbó el Muro de Berlín y se creó la internet, el mundo y las reglas del empleo han cambiado. Una de las reglas que ha cambiado es aquella que enuncia que: "Mientras más viejo es usted, más valioso se vuelve" (para el negocio). Eso quizá fue verdadero en la era industrial, pero las reglas son exactamente las contrarias hoy en día. Para mucha gente en la era de la información, mientras más viejo es usted, *menos* valioso se vuelve.

Por eso un hijo necesita tener una fórmula ganadora del aprendizaje tan sólo para mantener el paso de los cambios que se avecinan. La fórmula ganadora del aprendizaje de un niño debe ser bien ensayada sólo para mantener el paso de los cambios en sus fórmulas ganadoras *profesionales*. En otras palabras, existen muchas posibilidades de que su hijo será obsoleto al cumplir los 30 años y necesite aprender una nueva fórmula profesional solamente para mantener el paso de los cambios profesionales que demanda el mercado. Para decirlo de otra manera, si su hijo tiene la vieja idea de tener una profesión a lo largo de su vida y no está preparado para aprender y cambiar rápidamente, existen muchas posibilidades de que su hijo quede rezagado con cada año que pase.

Las mejores calificaciones no cuentan

El futuro no le pertenece al niño que abandona la escuela con las mejores calificaciones. Le pertenece al niño que tenga la mejor fórmula ganadora de aprendizaje y las ideas técnicas más novedosas. Más importante que aprender cómo presentar pruebas para obtener buenas calificaciones, un niño necesita aprender cómo aprender; aprender cómo cambiar y aprender cómo adaptarse más rápidamente que sus compañeros de clase. ¿Por qué? Porque muchas de las habilidades por las que los empleadores y los negocios pagarán bien en el futuro no se enseñan en la escuela hoy. Tan sólo observe el clima de los negocios de la actualidad. La gente por la que hay mayor demanda es la que comprende la internet, un tema que no se enseñaba en las escuelas tan sólo hace unos años. Las personas por las que hay menor demanda son las personas de mi generación, que desean buenos sueldos pero han perdido contacto con la era de la información.

Escasez de trabajadores

Parece extraño que hablemos acerca de personas que se vuelven obsoletas cuando existe una escasez de trabajadores. Tengo amigos que no están preocupados y me dicen: "¿Y qué importa que yo sea más viejo y tenga habilidades limitadas en la computación? Existen muchos trabajos y puedo fijar mi precio siempre que quiero trabajar".

Tenemos una escasez de trabajadores simplemente porque estamos en una etapa de *boom* económico. Existen literalmente miles de millones de dólares que han sido apostados en compañías que no existirán en unos cuantos años. Cuando muchas de esas deslumbrantes compañías de nueva tecnología comiencen a desaparecer porque se les agotó el dinero, el mercado volverá a inundarse con trabajadores. Y cuando las compañías comiencen a cerrar, otros negocios también comenzarán a cerrar.

Expansión y contracción

Para comprender mejor este *boom* en que nos encontramos y la escasez de empleos, lo mejor es pasar revista a otros períodos de expansión y contracción del pasado.

1. En 1900 existían 485 empresas fabricantes de automóviles. Para 1908 sólo quedaba la mitad. Hoy en día sólo han sobrevivido técnicamente 3 de las 485.

2. En 1983 existían aproximadamente 40 fabricantes de computadoras en los Estados Unidos. Hoy en día hay cuatro.

3. En 1983 Burroughs, Coleco, Commodore y Zenith se encontraban entre los líderes en la tecnología emergente de la computación. Hoy en día muchas personas jóvenes que trabajan en la industria de la computación nunca han escuchado de esas compañías.

4. Las empresas que comienzan a operar en internet están aportando actualmente mucho dinero al mercado. ¿Pero qué ocurrirá cuando no puedan ser redituables y se les termine eventualmente el dinero? ¿Continuaremos teniendo una escasez de trabajadores y demasiados empleos bien pagados?

5. La tecnología pasará de un continente a otro. Casi todos los países por los que he viajado tienen un área llamada su "Valle del Silicón". Las personas que competirán con su hijo por un empleo podrían incluso no estar compitiendo por un empleo en este país; y definitivamente no estarán pidiendo el mismo salario.

¿A qué edad es usted demasiado viejo?

Mientras me encontraba en Australia, mi amigo Kelly Richie me entregó una copia de su periódico local, el *West Australian*. "Toma", me dijo Kelly, "este artículo resume lo que tú has estado tratando de decirle a la gente durante años acerca de saber a qué edad es uno demasiado viejo. Señala que la medida de qué tan viejo es uno se relaciona ahora con su profesión". A ocho columnas en el ejemplar del periódico del 8 de abril de 2000 había un titular que decía: "¿Pertenece usted al pasado?" La edición a color tenía fotografías de un joven diseñador gráfico, un gimnasta, un abogado y una modelo. Bajo la foto de cada una de esas personas que representaban diferentes profesiones había una leyenda:

1. Diseñador   Fecha de caducidad: 30 años.
2. Gimnasta.   Fecha de caducidad: 14 años.
3. Abogado.   Fecha de caducidad: 35 años.
4. Modelo.   Fecha de caducidad: 25 años.

En otras palabras, en esas profesiones, cuando usted alcanza esas edades, usted es demasiado viejo. El artículo comienza con la historia de una modelo que no es una supermodelo y que sin embargo gana 2 000 dólares a la semana. A la edad de 28 años se queda sin trabajo. Como explicaba el artículo más adelante:

Muchas carreras tienen obstáculos que pueden descarrilar una carrera a los 20 años, 25, 30 ó 40; donde quiera que se ubique, generalmente tiene lugar antes de la edad de retiro. Puede tratarse de ocupaciones físicas: modelos que pierden su atractivo, deportistas cuyos cuerpos no pueden hacer lo que hacían antes. Pueden ser ocupaciones mentales: el matemático que comete errores con más frecuencia, el publicista o diseñador cuyas ideas no generan ganancias. Pueden ser carreras relacionadas con la estamina: banqueros de inversión y abogados agotados, divorciados o "quemados" (o las tres) al cumplir 40 años de edad. Eso no significa que usted no volverá a trabajar en la industria nunca más, sino que la oportunidad de alcanzar la cúspide ha pasado. Usted se convertirá en uno más.

El artículo continuaba:

Los días en que usted podía comenzar una carrera a los 20 años y mantenerse en ella durante años, elevándose lentamente en cada etapa hasta que finalmente llegaba usted a alguna parte cerca de la cúspide a los 55 años de edad, han terminado. La verdad actual es que si usted no ha tenido éxito a los 40 años, nunca lo tendrá. Y en algunas industrias usted sabrá a los 20 ó 25 años si necesita pensar en volver a comenzar. Los pueblos del interior del país están llenos de viejos diseñadores gráficos que se dedican a pintar un poco, a hacer cerámica, o incluso a dirigir la panadería local…

El gerente de la unidad de carreras de la Universidad de Melbourne, Di Rachinger, afirma que la tendencia moderna de las carreras que alcanzan su cúspide y comienzan a declinar a los 40 años significa que las personas deben siempre trabajar con la vista puesta en la siguiente carrera y dedicando algo de tiempo a volver a capacitarse o trabajar en red hacia la nueva carrera. Rachinger señala que algunas profesiones, incluyendo la de diseñador gráfico, son consideradas jóvenes y de vanguardia, lo que necesariamente excluye a quienes tienen más de 40 años de edad.

¿Y qué ocurre con esos trabajadores más viejos? El artículo dice lo siguiente:

Sin embargo, en estas industrias de vanguardia, que mantienen el paso, los soldados de infantería tienden a ser como Melissa: jóvenes, ambiciosos y dispuestos a trabajar 12 horas al día.

Los mejores trabajadores de mayor edad tienden a ser empujados hacia adentro y hacia arriba, a los niveles de administración. El resto es expulsado. Y dejar lisiados a los viejos soldados de infantería es sorprendentemente fácil. En septiembre pasado una compañía nacional de computación colocó un anuncio para buscar a un programador capaz de resolver problemas. Naturalmente, todas las solicitudes estaban bellamente terminadas y todos los aspirantes aportaron cada onza de sus capacidades de diseño por computadora en sus solicitudes.

Todos podían desempeñar el trabajo, si se les daba la oportunidad. ¿Así que cómo comenzaron a seleccionar los entrevistadores? De manera sencilla. "Simplemente miramos la fecha de nacimiento de los solicitantes y los dividimos entre los menores de 35 años y los mayores de 35", nos señala nuestro informante. "Y colocamos a los de más de 35 años en la pila de rechazados. Es ilegal, ¿pero no tiene una cierta simplicidad darwiniana?"

La sobrevivencia del más apto, el fracaso del más viejo.

El obstáculo en el camino de mi padre inteligente

Para aquellos que hayan leído mis libros anteriores, quizá saben ya qué tan sensible soy ante la idea de un "obstáculo" en la carrera, como el expresado en ese artículo. Para aquellos que no hayan leído mis libros previos, mi padre inteligente, el encargado de educación, enfrentó un obstáculo en su carrera a la edad de cincuenta años. Era un hombre con buena educación, honesto, que trabajaba duro y se dedicaba a mejorar el sistema educativo del estado de Hawai. Sin embargo, a la edad de cincuenta años quedó en el desamparo, sin un empleo y sin habilidades reales de supervivencia para la vida, fuera de las murallas de la educación. A pesar de que fue un gran estudiante en la escuela y que tenía una gran fórmula de aprendizaje, su *fórmula ganadora de aprendizaje* no fue capaz de reeducarlo para sobrevivir en el mundo real cuando su *fórmula ganadora profesional* fracasó.

Trabajar duro en un empleo sin posibilidades de ascenso

Mi amigo Kelly Richie me proporcionó el artículo "¿Pertenece usted al pasado?" publicada en el periódico *West Australian,* porque durante varios años he estado diciendo a mis estudiantes: "La mayoría de la gente sigue el consejo de sus padres de: 'Ve a la escuela, obtén buenas calificaciones y consigue un empleo seguro.' Esa es una vieja idea. Es una idea de la era industrial. Y el problema es que la mayoría de la gente que sigue ese consejo termina con un empleo sin posibilidades de ascenso. Es posible que tengan buenas calificaciones y que tengan un empleo seguro; es posible que ganen mucho dinero, pero el problema es que el empleo no trae consigo una escalera."

Existen personas que están trabajando, incluso obteniendo un buen ingreso, pero sus mentes y cuerpos están cansados, muchos están consumidos… y no existe una escalera para salir de donde están y llegar a la cima. En algún momento a lo largo del camino se enredaron con un obstáculo y no se dieron cuenta. Aunque todavía tengan sus empleos o sus negocios, en algún momento a lo largo del camino desapareció la escalera hacia la cima. Tengo amigos que tuvieron un buen desempeño escolar, se graduaron del colegio y obtuvieron cierto grado de éxito hacia los cuarenta años, pero entonces la magia profesional se detuvo y comenzó su declive. En esos casos, considero que la *fórmula ganadora profesional* dejó de funcionar debido a que la *fórmula ganadora del aprendizaje* también dejó de funcionar. En otras palabras, mis amigos utilizan la misma fórmula ganadora de aprendizaje y esa fórmula está deteniendo la magia profesional.

Rico a los cuarenta y en quiebra a los cuarenta y siete

Tengo un compañero de clases que tuvo un buen desempeño en la preparatoria. Asistió a una prestigiosa escuela de la Ivy League en la costa este de los Estados Unidos y luego regresó a Hawai. Inmediatamente se unió al club campestre de su padre, se casó con una chica cuyo padre es miembro del mismo club y tiene hijos; ahora sus hijos asisten a la misma escuela privada a la que él asistió.

Después de trabajar unos cuantos años, de obtener un poco de experiencia laboral y de jugar al golf con las personas indicadas, se involucró en algunas transacciones importantes de bienes raíces. Su rostro sonriente apareció en la portada de las revistas locales de negocios y fue apreciado como uno de los líderes de negocios emergentes de la siguiente generación. Antes de cumplir los 40 años su vida parecía tener curso. A finales de los años ochenta el mercado inmobiliario de Hawai enfrentó dificultades cuando los japoneses retiraron el dinero que tenían invertido en el estado y él perdió la mayor parte de su fortuna. Su esposa y él se separa-ron porque él tenía una relación extramarital y ahora tiene que mantener dos casas. Estaba quebrado a la edad de 47 años, con cuentas onerosas por pagar.

Lo vi hace sólo unos meses. Acaba de cumplir 50 años y se ha recuperado de muchas de sus pérdidas, incluso tiene una nueva novia. Pero por más que diga que las cosas están bien y que le va bien, yo pude ver que ha perdido la chispa. Algo ha cambiado en su interior, está trabajando más duro que nunca, tan sólo para mantener su ima-gen del pasado. Es ahora más cínico y agudo.

Al cenar una noche, su novia nos contaba acerca del nuevo negocio por internet que estaba comenzando. Ella estaba muy emocionada y parecía que el negocio marchaba bien y estaba re-cibiendo pedidos de todas partes del mundo. Repentinamente mi amigo se irritó mucho. Al parecer había bebido demasiado y la presión en su interior estaba derritiendo su frío aspecto exterior. Obviamente molesto por el reciente éxito de su novia, o por su falta de éxito, dijo: "¿Cómo puede irte bien? Tú no asististe a la escuela correcta y no tienes una maestría. Además, no conoces a las personas indicadas, como yo."

Cuando Kim y yo conducíamos de regreso a casa esa noche, ella hizo un comentario sobre su pérdida de compostura. "Parece que él está tratando de hacer que su antigua fórmula para él éxito funcione, y no parece estar funcionando."

Yo asentí y reflexioné sobre lo que el periódico australiano había dicho acerca de enfrentar un obstáculo. Pensé en esa perso-na joven que dijo que había dividido los currículums de los aspi-rantes al empleo, entre aquellos mayores de 35 años y los meno-res de 35. Pensé en Adrian, la amiga que había sido despedida en un ajuste de personal, que adquirió la franquicia de una agencia de viajes y que ahora estaba en la escuela de leyes, con la esperan-za de graduarse a los cincuenta y siete años de edad. Y pensé en mi padre inteligente, un hombre que verdaderamente creía en el poder de una buena educación, a pesar de que su buena educación no le salvó al final. Finalmente salí de mis pensamientos privados y le dije a Kim: "Parece como si las ideas de la vieja economía se enfrentaran con las ideas de la nueva economía."

"¿Puedes decir que ella tiene ideas de la nueva economía y él tiene ideas de la vieja economía?" preguntó Kim.

Asentí con la cabeza. "Podemos incluso excluir la palabra *economía*. Tan sólo di que ella tiene ideas nuevas, y que él todavía opera con base en ideas que desarrolló en la preparatoria. Los separan unos cuantos años, pero sus ideas son nuevas… no son originales, pero son nuevas para ella, frescas y excitantes, por lo que ella parece innovadora y juvenil. Las ideas de él no son nuevas, no son originales y se ha aferrado a ellas por 40 años, desde que éramos niños."

"Así que la gente no se vuelve obsoleta. Sus ideas pueden volverse obsoletas."

"Sí. Parece que ocurre de esa manera. Sus ideas, pero más específicamente su fórmula ganadora, se vuelve obsoleta", respondí. "El se levanta y va a trabajar, pero en vez de ser el nuevo chico maravilla, el que mueve y altera el orden de las cosas con ideas nuevas, él es ahora el tipo viejo con las ideas viejas, y sólo tiene 50 años de edad. El problema es que él ya era viejo y obsoleto hace diez años y no lo sabía. Él todavía opera con base en las mismas fórmulas ganadoras antiguas, y el problema es que no está dispuesto a cambiar esa fórmula. Hoy en día anda por la ciudad con el currículum en la mano, compitiendo por un empleo con muchachos de la edad de sus hijos."

"Así que el consejo de 'Ve a la escuela, obtén buenas calificaciones, consigue un buen empleo' era un buen consejo cuando él era un niño pero es un mal consejo para él ahora que es un adulto", dijo Kim.

"Y el problema es que está atrapado por su fórmula ganadora y no lo sabe" agregué en voz baja. "No se da cuenta de que su buen consejo en el pasado es un mal consejo en el presente, así que su futuro es poco prometedor."

"¿Está atrapado y no lo sabe?" preguntó Kim.

"Eso le ocurrió a mi padre cuando tenía 50 años. El consejo de 'Ve a la escuela y obtén un empleo' era un buen consejo cuando él era niño. Era una gran fórmula. Él obtuvo buenas calificaciones, consiguió un gran empleo y se elevó hasta la cima. Pero entonces la fórmula dejó de funcionar y su decadencia comenzó."

"Y él siguió utilizando la misma fórmula", dijo Kim.

"No sólo continuó utilizándola... mientras menos funcionaba para él, más inseguro se sentía, y más le decía a otras personas que siguieran su consejo —su fórmula— a pesar de que no estaba funcionando para él."

"¿Mientras menos trabajaba para él, más les decía a los otros que siguieran su consejo?" dijo en voz baja Kim, como si hablara consigo misma.

"Yo creo que está atascado en dos sitios", dije. "Está atascado en lo que no funciona, y está frustrado y cansado... sin embargo sigue adelante. Y está atascado en el pasado, en una época de su vida cuando la fórmula sí funcionó. Y dado que funcionó en el pasado, desea ratificarse a sí mismo que está haciendo lo correcto hoy en día."

"De manera que le dice a todos los demás que hagan lo que él hizo", dijo Kim. "A pesar de que ha dejado de funcionar."

"Yo pienso que lo dice porque es todo lo que conoce que ha funcionado para él. No se ha dado cuenta aún de que no está funcionando."

"En el momento en que se dé cuenta, le dirá a todos los demás qué hizo", dijo Kim. "Él podría convertirse en el predicador de la nueva manera de hacer las cosas. Cuando la encuentre, irá por todas partes gritando '¡Encontré la manera! ¡Encontré la manera!' Pero hasta que eso ocurra, continuará predicando la vieja manera hasta que descubra la nueva fórmula ganadora para su vida."

"Si la encuentra", respondí. "Cuando te gradúas de la escuela, nadie te da un mapa del camino al éxito. Una vez que el sendero desaparece, muchos de nosotros terminamos abriéndonos paso a través de la selva, con la esperanza de encontrar nuevamente el sendero. Algunos lo encontramos y otros no. Y cuando no encuentras el nuevo sendero, frecuentemente te sientas y piensas en el camino anterior. Así es la vida real."

Héroes de la escuela preparatoria

Anteriormente mencioné a Al Bundy, el personaje de la comedia de televisión *Married with Children*. Al Bundy es una personificación tragicómica de alguien que fue un héroe en la escuela secundaria pero que no cambió su fórmula. En el programa, Al Bundy permanece en su zapatería, recordando el día en que anotó cuatro veces y ganó un juego para el equipo de fútbol de su preparatoria. Algún día quizá todos nos convirtamos en Al Bundy, sentados en nuestras sillas mecedoras, recordando los tiempos cuando la vida era mágica. Pero los problemas se presentan cuando usted no está listo para mirar al pasado y aún desea lograr algo más en su vida. Los problemas se presentan cuando usted vive en el presente y trata de recapturar las alegrías del pasado. La gente que no puede detenerse cuándo debe detenerse son como los antiguos campeones del boxeo que suben al ring y son vapuleados por un contrincante más joven. Combaten con una fórmula ganadora antigua, de la misma forma que el antiguo combatiente puede revivir los recuerdos de los días pasados.

Muchas personas pudieron haber tenido un buen desempeño en la escuela, o en su último trabajo, pero algo ha dejado de funcionarles. Las reuniones de egresados de las preparatorias son buenos lugares para ver a la estrella del fútbol que nunca logró nada en la vida... o a la estrella académica que fracasó. Usted puede encontrarlos nuevamente después de diez, veinte o treinta años, y usted sabe que la magia se ha ido. Para ellos, si son infelices, puede ser tiempo de cambiar una fórmula ganadora *profesional* antigua y reconocer que el cambio es parte de su futuro. De hecho, puede ser importante permitir que sus hijos conozcan que su capacidad de enfrentar el cambio y aprender rápidamente es probablemente más importante que lo que aprenden actualmente en la escuela.

Ideas para los padres

Hace un par de años vi un programa de televisión en el que las madres estaban llevando a sus hijas a su trabajo para mostrarles lo que hacían. El comentarista de la televisión se mostró emocionado ante la idea, y dijo: "Esta es una idea novedosa y atrevida; las madres enseñando a sus hijas a ser las buenas empleadas del futuro."

Todo lo que pude decirme a mí mismo fue: "Qué idea más vieja."

Cuando hablo con adultos jóvenes, a menudo les pregunto a quién pertenece la fórmula ganadora con que están operando. ¿Es la fórmula de sus padres?

Cuando yo era un niño en los años sesenta, la mayoría de los padres decían a sus hijos, con tono de pánico en sus voces: "Obtén una buena educación para que puedas conseguir un buen trabajo." La razón del pánico es que muchos padres crecieron durante la Gran Depresión, un período en que no había empleos. Para muchas personas de la era de mis padres —generalmente los nacidos entre 1900 y 1935— sus miedos emocionales, su miedo al desempleo y su miedo a no tener suficiente dinero afectaron en gran medida su pensamiento, sus palabras y sus acciones.

Si usted mira a su alrededor hoy en día, hay anuncios que solicitan empleados por todas partes. Los empleadores están buscando desesperadamente por cualquiera que pueda leer y escribir, sea agradable, pueda sonreír y sea capaz de recibir entrenamiento. Aunque las habilidades técnicas son importantes, el hecho sigue siendo que existen muchos otros atributos que tienen más importancia para un empleador que las habilidades técnicas. Aunque existen muchos empleos, yo continúo escuchando a los jóvenes que dicen a sus hijos las mismas palabras, con el mismo pánico emocional, que sus padres les decían: "Obtén una buena educación con el fin de que puedas conseguir un buen trabajo."

Cuando escucho a alguien decir: "Pero usted debe conseguir un empleo", yo les digo: "Tranquilícese. Cálmese. Tome un respiro. Mire a su alrededor. Hay muchos empleos. La Depresión terminó. El capitalismo ganó. Salvó al mundo. El comunismo ha muerto. La internet está en pie y funcionando. Y deje de ofrecer consejos basados en la historia antigua. Hoy en día, si desea un empleo seguro, usted puede encontrarlo. Así que tome un momento para detenerse y pensar."

Algunas personas se calman, pero muchas no. La mayoría de la gente que conozco está totalmente aterrada de no tener un empleo y de no tener un ingreso en la casa, gran parte de ellos no puede pensar racionalmente debido a los viejos miedos que han sido transmitidos de padre a hijo.

Una de las cosas más importantes que un padre de familia puede hacer es detenerse, pensar y mirar hacia el futuro, en vez de ofrecer consejos basados en acontecimientos que tuvieron lugar en el pasado. Como dije antes, la Depresión terminó.

Muchos chicos están abandonando la escuela o no están tomando en serio su educación porque la amenaza de no ser capaz de obtener un empleo seguro y confiable, como razón para ir a la escuela, no funciona. Los chicos en la escuela saben que pueden obtener un empleo. Los chicos que van a la escuela pueden ver que los salarios grandes no se pagan ya a las estrellas académicas, saben que las personas que ganan más dinero son las estrellas del deporte, la música y las películas. Los chicos de hoy ven a Al Bundy en la televisión y saben que él obtuvo un empleo. También ven a sus padres salir a trabajar, afanarse, no regresar a casa y contratar nanas, y entonces los chicos dicen "¿Es eso lo que eventualmente haré, y para lo que voy a la escuela? ¿Es eso lo que quiero en mi vida? ¿Quiero eso para mis hijos?"

Tuve que dejar de hacer aquello para lo que era bueno

Cuando me retiré en 1994 a la edad de 47 años, la pregunta: "¿Qué haré por el resto de mi vida?" pesaba en mi mente. En vez de descansar durante un año, decidí hacer lo que la gente llama "reinventarme." Eso significó que necesitaba cambiar mi fórmula ganadora de aprendizaje y mi fórmula ganadora profesional. Si no lo hacía, sería como el antiguo campeón de boxeo que regresa al cuadrilátero después de un año de no pelear. Al reinventarme, tuve que dejar de hacer aquello para lo que era bueno y que yo disfrutaba hacer. Eso significó que tuve que dejar de enseñar en seminarios de negocios e inversión. Para reinventarme tuve que comenzar a aprender algo que necesitaba aprender, con el fin de cambiar la manera en que hacía las cosas. Desarrollé un juego de mesa para enseñar lo que yo solía enseñar y tuve que aprender a escribir, un tema en el que yo había reprobado dos veces en la preparatoria. Hoy en día soy mejor conocido como escritor que en cualquier otra profesión que yo haya tenido en el pasado. Si no hubiera tenido una fórmula ganadora de aprendizaje, profesional y financiera, no hubiera podido darme el lujo de avanzar en mi vida. Si no hubiera avanzado en mi vida, me hubiera vuelto obsoleto a los 47 años... hubiera gastado mi vida recordando los buenos días y los éxitos de mi pasado.

¿Qué efecto ha tenido la seguridad laboral en la vida familiar?

Los padres actualmente necesitan ser más inteligentes porque los chicos son más inteligentes. Los padres necesitan ver más allá de la escuela y de la seguridad en el trabajo porque los chicos pueden ver más adelante. Ellos pueden ver lo que la seguridad en el empleo ha hecho a su vida familiar. Pueden ver que sus padres tienen un empleo pero quizá no tienen una vida. Ese no es el futuro que muchos chicos quieren. Y para ser un padre exitoso con una relación exitosa con su hijo, un padre de familia debe mirar la bola de cristal; pero no su propia bola de cristal. Hoy en día, los padres de familia, deben mirar constantemente la bola de cristal de su hijo. Un padre de familia debe compartir la visión del futuro de su hijo, en vez de obligar a que el hijo vea la visión del futuro del padre, una visión que a menudo está basada en el pasado.

Afirmé anteriormente en este libro que muchas discusiones entre padres e hijos son enfrentamientos entre la fórmula ganadora de los padres y la fórmula ganadora del hijo; por ejemplo, el padre dice: "Debes ir a la escuela", y el hijo dice: "Voy a abandonar la escuela." Ese es un ejemplo de fórmulas ganadoras que se contraponen. Para tener una relación exitosa, los padres deben hacer su mejor esfuerzo para ver lo que el hijo ve, porque obviamente el hijo ve algo, y una buena educación puede no ser parte de la visión. En este punto no estoy diciendo que los padres deben rendirse y permitir que el hijo haga cualquier cosa que él o ella quieran hacer. Todo lo que digo es que los padres necesitan ver más allá del enfrentamiento entre las fórmulas ganadoras y hacer su mejor esfuerzo para averiguar cuál es la visión que existe en la cabeza del hijo. Yo sé que puede no ser fácil, pero considero que es mejor que pelear.

Una vez que el padre de familia ve lo que el hijo ve y adónde quiere ir este último, quizá exista una posibilidad de comunicación y de guía. Esto es crucial, porque en el momento en que el padre le dice al hijo: "No quiero que hagas eso", el hijo va a hacerlo o ya lo ha hecho. Compartir una visión y reducir los enfrentamientos entre fórmulas ganadoras es vital para una guía de largo plazo.

Una vez que se logra tener una buena comunicación, yo recomendaría que los padres comenzaran a compartir con sus hijos la idea de que muy probablemente tendrán muchas profesiones durante su vida, en vez de un trabajo sólo. Y si un hijo puede asimilar esa idea, él o ella pueden entonces tener un mayor respeto por la educación. Si un hijo puede obtener un mayor respeto por la educación y el aprendizaje a lo largo de la vida, puede ser un poco más fácil comunicar por qué es importante la idea de desarrollar una fórmula ganadora del aprendizaje y permanecer en la escuela. Yo considero que esto es importante porque no creo que ningún padre quiera que su hijo quede atascado en un empleo sin posibilidades de ascenso, y se vuelva menos valioso conforme envejece.

UNA COMPARACIÓN DE IDEAS

Era industrial	Era de la información
Trabajo seguro, cátedra	Agente libre, compañías virtuales
Antigüedad	Pago de acuerdo a resultados
Un empleo	Muchas profesiones

Trabajar hasta los 65 años	Retiro temprano
Checar tarjeta en el reloj	Trabajar cuando tenga interés en hacerlo
Escuelas	Seminarios
Grados académicos y credenciales	Talentos básicos
Antiguo conocimiento	Nuevas ideas
Plan de retiro de la compañía	Portafolios autodirigido
Plan de retiro del gobierno	No lo necesita
Plan médico del gobierno	No lo necesita
Trabajo en una compañía	Trabajo en casa

En resumen, usted y su hijo tendrán más opciones de las que jamás tuvieron sus padres. La lista que presentamos arriba, de opciones de la era industrial, no eran mejores ni peores que las enumeradas en la lista de opciones de la era de la información. Lo importante es que actualmente hay más opciones y los chicos lo saben. El reto actualmente es que nuestro sistema escolar y los padres preparen a sus hijos para tener las aptitudes de aprendizaje de manera que éstos puedan tener tantas opciones como sea posible. No creo que ningún padre desee que su hijo quede atascado como empleado en una zapatería porque el hijo siguió el consejo del padre: "Ve a la escuela con el fin de que consigas un empleo." Actualmente, los hijos necesitan tener mejor educación que esa.

Una anotación final

Yo enseño a los adultos. Cuando les digo que el consejo de "ve a la escuela y consigue un empleo" los tiene atrapados, muchas manos se levantan y piden que aclare la idea. Muchos comprenden que ese fue un buen consejo cuando eran niños pero es un mal consejo ahora que son adultos… pero ahora quieren saber más.

En una de mis clases en que tenía lugar esta discusión, un participante preguntó: "¿Pero cómo puede atraparle el hecho de tener un buen empleo?"

"Buena pregunta", le dije. "No es el empleo lo que le atrapa, es el estribillo que acompaña la afirmación de 've a la escuela y consigue un empleo'."

"¿El estribillo?" preguntó el participante. "¿Qué estribillo?"

"El estribillo que reza 'Juega a lo seguro y no cometas errores'."

CAPÍTULO 7

¿Podrá retirarse su hijo antes de cumplir 30 años de edad?

Un día le pregunté a mi padre rico por qué era tan rico. Su respuesta fue: "Porque me retiré temprano. Si no tienes que ir a trabajar, tienes mucho tiempo para volverte rico."

A través del espejo

En un capítulo anterior sobre la tarea, mi padre rico dijo: "Tú no te vuelves rico en el trabajo, tú te vuelves rico en casa. Por eso debes hacer tu tarea en casa." Mi padre rico hizo su tarea al enseñarme la fórmula para obtener una gran riqueza al jugar el juego del *Monopolio*. Al dedicar tiempo para jugar el juego con su hijo y conmigo, hizo su mejor esfuerzo para llevar nuestras mentes a un mundo que pocas personas ven. En algún momento entre las edades de 9 y 15 años crucé mentalmente la frontera entre el mundo de mi padre pobre y el mundo de mi padre rico. Era el mismo mundo que todos los demás podían ver, pero con una percepción diferente. Yo podía ver cosas que nunca había visto.

En *Alicia en el país de las maravillas*, de Lewis Carroll, Alicia atraviesa el espejo e ingresa a un mundo diferente. Mi padre rico me llevó a través de su espejo por medio del juego de *Mo-*

nopolio y me permitió ver el mundo a través de sus ojos... desde su perspectiva. En vez de decirme "ve a la escuela, obtén buenas calificaciones y consigue un trabajo seguro y confiable", siguió alentándome para que cambiara mi mente y pensara de manera diferente. Él siguió diciendo: "Compra cuatro casas verdes, véndelas y luego compra un hotel rojo. Esa es la fórmula que te hará rico cuando crezcas." Yo no sabía qué quería que yo viera, pero sabía que quería que yo supiera algo que yo no podía ver en ese momento.

Como yo era un niño, no comprendía lo que él trataba de hacer. Sólo sabía que pensaba que al comprar cuatro casas verdes, venderlas y luego comprar un hotel rojo era una idea muy importante. Al jugar constantemente el juego con mi padre rico y tratarlo como algo importante en vez de ser solamente un juego tonto para niños, comencé a cambiar mi manera de pensar. Comencé a ver las cosas de forma distinta. Entonces, un día, mientras estábamos visitando a su banquero, mi mente hizo la transición. Por un momento pude ver el interior de la mente de mi padre rico y ver el mundo que veía mi padre rico. Estaba atravesando el espejo.

Un cambio en la percepción de mí

El cambio mental comenzó cuando me senté en una reunión que mi padre rico tuvo con su banquero y su agente de bienes raíces. Ellos discutían unos cuantos detalles, firmaron algunos documentos, mi padre rico le entregó al banquero un cheque y a continuación tomó posesión de unas llaves del agente de bienes raíces. Entonces me di cuenta de que él acababa de comprar otra casa verde. Subimos a su automóvil el banquero, el agente de bienes raíces, mi padre rico, Mike y yo, y nos dirigimos a la propiedad para inspeccionar su nueva casa verde. En el camino comencé a pensar en el juego de mesa de *Monopolio*. Al bajarnos del automóvil miré cómo mi padre rico subía unos escalones, ponía la llave en la puerta, giraba la llave, empujaba la puerta, entraba a la casa y decía: "Es mía."

Como dije anteriormente, yo aprendo mejor al ver, tocar, sentir y hacer. No tengo tan buen desempeño cuando me siento, escucho, leo y presento exámenes por escrito. Cuando comprendí la relación tangible entre el juego, la pequeña casa verde y la casa que él recién había comprado, mi mente y mi mundo cambiaron porque la percepción que yo tenía de mí mismo estaba cambiando. Yo no era ya el niño pobre que provenía de una familia que tenía dificultades financieras, estaba convirtiéndome en un niño rico. La percepción de mí mismo estaba cambiando. Yo no tenía ya la esperanza de convertirme en rico. En el interior de mi alma yo comenzaba a saber con certeza que era rico. Yo era rico porque comenzaba a ver el mundo a través de los ojos de mi padre rico.

Cuando le vi extender el cheque, firmar algunos papeles y tomar las llaves, comprendí la relación entre el juego, los hechos y la pequeña casa verde. Me dije: Yo puedo hacer eso. No es difícil. No necesito ser tan inteligente para ser rico. No necesito siquiera tener buenas calificaciones. Sentí como si estuviera atravesando el espejo y entrando a otro mundo. Sin embargo, entrar a ese mundo también causó algunos problemas con el mundo que yo dejaba atrás. Yo había encontrado mi fórmula ganadora. Era una fórmula que requeriría una fórmula ganadora de aprendizaje, profesional y financiera. Era la fórmula que yo seguiría por el resto de mi vida. En ese momento yo sabía que iba a ser rico. Yo no tenía dudas. Yo comprendía el juego de *Monopolio*. Me gustaba el juego de *Monopolio*. Vi a mi padre rico jugar el juego con dinero real, y si él podía hacerlo yo también podía hacerlo.

Adelante y atrás entre dos mundos

Mentalmente yo estaba viajando hacia delante y atrás a través del espejo. El problema era que el mundo al que estaba entrando, el mundo de mi padre rico, parecía tener sentido. El mundo que yo estaba abandonando era el mundo que parecía absurdo. El mundo al que yo regresaba en los días de escuela parecía el mundo del Sombrerero Loco, de los naipes en marcha, del gato de Cheshire. Los lunes la maestra nos pedía nuestra tarea. A continuación nos entregaba nuevas tareas y nos pedía que estudiáramos cosas que yo no podía ver, tocar o sentir. Me pedía que estudiara temas que yo sabía que nunca utilizaría. Yo resolvería complejos problemas de matemáticas y sabía que probablemente nunca necesitaría fórmulas matemáticas tan complejas en la vida real. Yo vi cuántas matemáticas utilizó mi padre rico para comprar su casa verde y no usó ninguna fórmula de álgebra para adquirirlas. Sólo necesitó de sumas y restas. Yo sabía que adquirir esas cuatro casas verdes no era tan difícil. Una vez que tuve las cuatro casas verdes para vender, comprar un hotel rojo parecía fácil, incluso lógico; pero sólo tenía sentido si usted realmente quisiera volverse rico y tener más tiempo libre. Un gran hotel produce más dinero con menos esfuerzo. Yo estaba confundido, porque cada vez que atravesaba el espejo un lado me parecía mucho más cuerdo que el otro.

Nunca comprendí por qué estudiábamos materias que sabíamos que nunca utilizaríamos… o al menos que nunca nos dijeron cómo las utilizaríamos. Y a continuación tener que presentar exámenes sobre esas mismas materias en que yo no tenía interés, y ser etiquetado como inteligente o estúpido dependiendo de cuáles fueran mis resultados en esas pruebas, realmente me parecía como "el país de las maravillas" de Alicia.

¿Por qué estoy estudiando estas materias?

Un día decidí formular la pregunta que me había tenido intrigado durante años. Finalmente reuní el valor suficiente y le pregunté a mi maestra: "¿Por qué estoy estudiando y presentando exámenes sobre materias en que no tengo interés y que nunca utilizaré?"

Su respuesta fue: "Porque si no obtienes buenas calificaciones, no conseguirás un buen empleo."

Esa fue la misma respuesta que escuché de mi padre verdadero. Sonaba como un eco. El problema es que la respuesta no tenía mucho sentido. ¿Qué relación existía entre estudiar las materias en que no tenía interés y que no utilizaría y conseguir un empleo? Ahora que había encontrado mi fórmula ganadora para la vida, la idea de ir a la escuela y estudiar materias que no utilizaría para conseguir un empleo —un empleo que yo no planificaba conseguir— tenía incluso menos sentido. Después de pensar acerca de eso durante un rato, respondí: "¿Pero qué pasa si no quiero un empleo?"

Con lo anterior, recibí una sonora respuesta de "siéntate y vuelve a tu trabajo".

La escuela es importante

No estoy sugiriendo que saque a su hijo de la escuela y compre un juego de *Monopolio*. Una sólida educación es muy importante. La escuela enseña habilidades académicas y de aprendizaje básicas, y luego enseña habilidades profesionales. Aunque no estoy de acuerdo totalmente en la manera en que el sistema enseña o en lo que enseña, todavía resulta básico ir a la escuela y pasar por la universidad o la escuela de oficios para tener éxito en la vida.

El problema es que la escuela no enseña las aptitudes financieras básicas y debido a que no enseña esas aptitudes, muchos niños abandonan la escuela sin tener una fórmula financiera ganadora. De hecho, muchos abandonan la escuela con una fórmula financiera *perdedora*. Muchas personas jóvenes actualmente dejan la escuela con deuda en la tarjeta de crédito y deuda por los préstamos escolares. Muchos nunca salen de deudas. Muchos abandonan la escuela y comienzan a comprar automóviles, casas, yates, etcétera. Muchos morirán y pasarán la deuda a sus hijos. En otras palabras, abandonan la escuela bien educados, pero también abandonan la escuela sin una fórmula muy importante: la fórmula *financiera* ganadora para su vida.

Ambos padres estaban preocupados

Mi padre el maestro de escuela se dio cuenta de que algo faltaba en la educación, pero nunca identificó realmente qué era.

Mi padre rico sabía qué faltaba. Sabía que las escuelas no enseñan mucho, si es que enseñan algo, acerca del dinero. Él sabía que la falta de una fórmula financiera ganadora mantiene a mucha gente trabajando duro, aferrados a la seguridad laboral y sin salir adelante desde el punto de vista financiero. Cuando le conté la historia de mi padre sobre las plantaciones que utilizaban al sistema escolar para asegurarse un flujo constante de trabajadores, todo lo que dijo en voz baja es que no ha habido mucho cambio. Él sabía que las personas se aferraban a un empleo y trabajaban duro simplemente porque tenían que hacerlo. Sabía que siempre tendría un flujo constante de trabajadores.

Él también estaba preocupado acerca del bienestar financiero de quienes trabajaban para él. Le molestaba ver que la gente trabajaba duro para él, sólo para irse a casa y hundirse más en las deudas. Como él decía: "Usted no se vuelve rico en el trabajo. Usted se vuelve rico en casa. Por eso debe hacer su tarea en casa." Él también sabía que la mayoría de sus trabajadores no tenían la educación financiera básica para hacer su tarea financiera, eso le preocupaba y le entristecía.

La manera de enseñar de mi padre rico

Yo aprendí mucho de mi padre rico porque él tenía una manera única de enseñar, una manera de enseñar que funcionaba mejor para mí.

Una vez más me refiero a la historia que narré en *Padre rico, padre pobre*, cuando mi padre rico me pagó diez centavos por hora después de que prometió enseñarme la manera de volverme rico. Trabajé para él por tres sábados durante tres horas y gané un total de 30 centavos por día. Finalmente, muy molesto, acudí a su oficina y le dije que estaba aprovechándose de mí. Temblando y llorando, me paré frente a su escritorio, siendo un niño de nueve años que demandaba que cumpliera con su parte del trato.

"Usted me prometió que me enseñaría la manera de convertirme en rico. Yo he trabajado para usted por tres semanas y no le he visto del todo. Usted no va a observarme en el trabajo, mucho menos me enseña nada. Me paga 30 centavos y eso no va a volverme rico. ¿Cuándo va a enseñarme algo?"

Mi padre rico se meció en su silla y miró sobre su escritorio a un niño de nueve años que estaba muy enojado. Después de un muy largo minuto de silencio, sonrió y me dijo: "Estoy enseñándote algo. Estoy enseñándote la lección más valiosa que puedes aprender si quieres volverte rico. La mayoría de la gente trabaja toda su vida y nunca aprende la lección que tú estás aprendiendo, si es que la aprendes." Guardó silencio, se meció en su silla y siguió mirándome mientras yo estaba temblando, dejando que sus palabras surtieran efecto.

"¿Qué quiere usted decir con *si la aprendo*? ¿Si aprendo qué? ¿Qué se supone que debo aprender que otras personas nunca aprenden?" dije, limpiando mi nariz con la manga de mi camiseta. Yo estaba calmándome, pero me irritaba escucharle decir que me estaba enseñando algo. No le había visto desde que acordé trabajar, y ahora me decía que me estaba enseñando algo.

A lo largo de los años me daría cuenta de qué tan importante era la lección de que la mayoría de la gente no se vuelve rica al trabajar duro por el dinero y la seguridad en el empleo. Una vez que comprendí la distinción entre trabajar por el dinero y hacer que el dinero trabajara para mí, me volví un poco más inteligente. Me di cuenta que las escuelas nos enseñan a trabajar por el dinero, y si yo quería ser rico, necesitaba aprender la manera de hacer que el dinero trabajara para mí. Una pequeña distinción, pero cambió mis opciones en la educación y aquello en que escogí disponer mi tiempo de estudio. Como señalé anteriormente, la inteligencia es la capacidad de hacer distinciones precisas. Y la distinción que necesitaba aprender era cómo hacer que el dinero trabajara para mí si yo quería volverme rico. Mientras mis compañeros de clase estudiaban duro para conseguir un empleo, yo estudiaba duro para no necesitar un empleo.

Me di cuenta de lo que quería decir mi padre rico con "la mayoría de la gente nunca aprende esa lección". Mi padre rico me explicaría más tarde que la mayoría de la gente va a trabajar, cobra su cheque, va a trabajar, cobra su cheque, va a trabajar… para siempre… y nunca aprende la lección que él me estaba enseñando. Él decía: "Cuando tú me pediste que te enseñara cómo ser rico, pensé que la mejor manera de enseñarte tu primera lección era simplemente ver qué tanto tiempo tardarías en aprender que trabajar por el dinero no te volverá rico. Sólo te tomó tres semanas. La mayoría de la gente trabaja toda su vida y nunca aprende la lección. La mayoría de la gente regresa y pide un aumento y aunque pueden obtener más dinero, rara vez aprende la lección." Esa era la manera en que mi padre rico enseñaba sus lecciones y su estilo de enseñanza involucraba primero la acción, en segundo lugar los errores y en tercer lugar la lección. Y para aquellos de ustedes que leyeron el primer libro, recordarán que mi padre rico me quitó los diez centavos por hora y tuve que trabajar gratis. La siguiente lección había comenzado, pero sólo si yo la quería.

El otro lado de la mesa

Otra lección que influyó de manera importante en mi vida fue la lección que llamo frecuentemente "el otro lado de la mesa". Después de esa primera lección a los nueve años de edad, mi padre se dio cuenta de que yo verdaderamente quería aprender a ser rico, así que comenzó a invitarme para que lo viera hacer cosas diferentes, como cuando me llevó a que lo observara comprar una casa en arrendamiento. Aproximadamente cuando yo tenía 10 años de edad comenzó a invitarme a que me sentara con él cuando entrevistaba a la gente que solicitaba empleo. Yo me sentaba a su lado, del otro lado de la mesa, mientras él hacía preguntas a los aspirantes acerca de sus currículums o su actitud en relación con el trabajo en sus compañías. Se trataba siempre de un proceso interesante. Vi a gente que no había terminado la preparatoria dispuesta a trabajar por menos de un dólar por hora. Aunque yo sólo era un niño, sabía que era difícil mantener a una familia por menos de 8 dólares diarios, antes de pagar impuestos. Cuando observaba sus currículums o sus solicitudes de empleo y veía cuántos hijos tenían que mantener algunos de esos trabajadores, me conmovía. Me daba cuenta de que mi familia no era la única que tenía dificultades financieras. Yo quería ayudarles tanto como quería ayudar a mi familia, pero no sabía cómo.

El valor de una buena educación

Conocer la diferencia en las escalas de salario es una importante lección que obtuve al sentarme al lado de mi padre rico. Conocer la diferencia en la escala de salarios entre ser un trabajador que carecía de un grado de escuela preparatoria y un trabajador con grado universitario fue incentivo suficiente para mantenerme en la escuela. Después de eso, cada vez que pensaba en abandonarla, los recuerdos sobre las diferencias de salario básico regresaron para recordar por qué era importante contar con una buena educación.

Lo que me fascinaba más, sin embargo, era la persona que ocasionalmente tenía un grado de maestría o doctorado y que solicitaban empleos que tenían sueldos muy pequeños. Yo no sabía mucho, pero entendía que mi padre rico ganaba mucho más dinero al mes, cuando se incluían todas las fuentes diferentes de ingreso, que esos individuos bien educados. Yo también sabía que mi padre rico no había terminado la escuela preparatoria. Aunque existían diferencias de sueldo entre los trabajadores que tenían una buena educación y los que habían abandonado la preparatoria, yo también me daba cuenta de que mi padre rico sabía algo que esos graduados universitarios ignoraban.

Después de pasar por ese proceso de sentarme del otro lado del escritorio cerca de cinco veces, finalmente le pregunté a mi padre rico por qué me tenía sentado allí. Su respuesta fue: "Yo pensé que nunca preguntarías. ¿Por qué crees que te pedí que te sentaras y me observaras entrevistar a la gente?"

"No lo sé", respondí. "Pensé que sólo querías que te hiciera compañía."

Mi padre rico se rió. "Yo nunca te haría perder el tiempo de esa manera. Prometí que te enseñaría a ser rico y estoy dándote lo que me pediste. ¿Qué has aprendido hasta ahora?"

Sentado en el escritorio cerca de mi padre rico, en la oficina vacía y sin las personas que solicitaban empleo, me senté a reflexionar sobre su pregunta. "No lo sé", respondí. "Nunca pensé que esto fuera una lección".

Mi padre rico rió y dijo: "Tú estás aprendiendo una lección muy importante… si quieres ser rico. Nuevamente, la mayor parte de la gente nunca tiene la oportunidad de aprender la lección que yo quiero que tú aprendas, porque la mayor parte de la gente sólo ve el mundo desde el otro lado de la mesa." Mi padre rico señaló el asiento vacío que había frente a nosotros. "Muy pocas personas lo ven desde este lado del escritorio. Estás mirando el verdadero mundo; el mundo que la gente ve una vez que abandona la escuela. Pero tú tienes una oportunidad de verlo desde este lado del escritorio antes de abandonar la escuela."

"Así que si quiero ser rico, ¿necesito sentarme de este lado del escritorio?" le pregunté.

Mi padre rico asintió con la cabeza. De manera lenta y consciente me dijo: "Más que sólo sentarte de este lado de la mesa, tienes que estudiar y aprender lo que se necesita para sentarse de este lado de la mesa… y la mayor parte del tiempo, esas materias no se enseñan en la escuela. La escuela te enseña a sentarte de aquel lado de la mesa."

"¿Lo hace?" respondí, un poco confundido. "¿Cómo hace eso?"

"Bien. ¿Por qué razón te dice tu padre que debes ir a la escuela?" me preguntó mi padre rico.

"Para que vaya a buscar un empleo", le respondí en voz baja. "Y eso es lo que estas personas están buscando, ¿no es así?"

Mi padre asintió y dijo: "Y por eso es por lo que se sientan de aquel lado de la mesa. No estoy diciendo que un lado sea mejor que el otro. Todo lo que quiero señalar es que hay una diferencia. La mayor parte de la gente no puede ver la diferencia. Esa es la lección que quiero enseñarte. Todo lo que yo te ofrezco es la opción de en qué lado de la mesa te sentarás eventualmente. Si quieres ser rico desde joven, este lado de la mesa te da una mejor oportunidad de lograr esa meta. Si de verdad quieres convertirte en rico y no tener que trabajar toda tu vida, te enseñaré cómo hacerlo. Si quieres sentarte del otro lado de la mesa, entonces sigue el consejo de tu padre."

Lección aprendida

Esa fue una importante lección que dio dirección a mi vida. Mi padre rico no me dijo de qué lado sentarme. Me dio a escoger. Yo tomé mis propias decisiones. Escogí que quería estudiar en vez de pelear contra lo que se me pedía que estudiara. Y esa es la manera en que mi padre rico me enseñó a lo largo de los años. Eran primero las acciones, a continuación los errores y finalmente las lecciones. Después de la lección, me daba a escoger qué quería hacer con la lección que yo había aprendido.

A menudo usted no puede ver lo que tiene enfrente

La lección "del otro lado de la mesa" incluyó otras lecciones que cambiaron mi vida. La inteligencia es la capacidad para hacer distinciones precisas o de multiplicar al dividir. Al sentarme a la mesa comencé a hacer más distinciones, aprendí nuevas lecciones, al observar y aprender de lo que ocurría frente a mí. Me senté allí durante muchas horas, sólo observando pero sin aprender nada. Una vez que mi padre rico me señaló que había dos lados de la mesa, pude ver los diferentes mundos que había detrás de cada lado. Pude sentir la diferencia en percepciones que se requieren de cada lado de la mesa. A lo largo de los años me di cuenta de que las personas que se sentaban del otro lado de la mesa solamente hacían lo que les habían dicho que debían hacer, que era salir y buscar un empleo. Se les enseñó en la escuela a "conseguir las aptitudes que los empleadores buscan".

No se les enseñó a conseguir las aptitudes necesarias para que pudieran sentarse del otro lado de la mesa. Debido a esas instrucciones iniciales, la mayoría de la gente pasa su vida sentada del otro lado de la mesa. ¿Hasta que punto habrían sido diferentes sus vidas si se les hubiera dicho: "Consigue las aptitudes financieras para que puedas ser el dueño de la mesa"?

Las personas consiguen aquello para lo que han sido programadas

También aprendí que las personas buscan cosas diferentes. Mi padre rico me dijo: "La mayor parte de la gente abandona la escuela y busca un trabajo, y esa es la razón por la que encuentran un trabajo." Me explicó que aquello que buscas en tu mente es lo que encuentras en el mundo real. Me dijo: "La gente que va en busca de trabajo a menudo encuentra trabajo. Yo no busco trabajo. Yo no busco un empleo. He entrenado mi mente para que busque oportunidades de negocio y de inversión. He aprendido hace mucho tiempo que encuentras sólo aquello que tu mente ha sido entrenada para buscar. Si quieres ser rico, necesitas educar tu cerebro para buscar las cosas que te harán rico… y un empleo no te volverá rico, así que no vayas a buscar uno."

Cuando le digo a la gente que nuestro sistema educativo occidental proviene de Prusia, no presta atención a ese comentario. Pero cuando afirmo que el propósito del sistema prusiano era crear empleados y soldados, muchos de ellos se dan cuenta y responden a mis palabras con miradas de escepticismo cínico, en ocasiones hostil. La gente que se molesta más a menudo fue la que tuvo mejor desempeño en el sistema. Cuando se ven desafiados por la validez de mi comentario, a menudo les formulo la pregunta: "¿Cuál es una de las primeras cosas que los estudiantes buscan luego de abandonar la escuela?" La respuesta es: "Un empleo." Ellos buscan un empleo porque eso es para lo que han sido programados y reaccionan como buenos soldaditos. Digo lo anterior porque Prusia desapareció hace mucho tiempo, pero sus ideas centenarias perduran.

Nos encontramos ahora en la era de la información y es tiempo de enseñar a la gente a mirar más allá de la búsqueda de un empleo seguro y confiable. En la era de la información necesitamos ser educados más allá de *conseguir las aptitudes que los empleadores están buscando*. En la era de la información existen posibilidades de que sus hijos se vuelvan técnicamente obsoletos al cumplir 30 años de edad. Si eso es posible, ¿por qué no darles las aptitudes financieras para que puedan retirarse antes de cumplir los 30 años?

Usted no puede cambiar lo que no puede ver

No estoy diciendo que ser un empleado o ser un soldado sea bueno o malo, correcto o equivocado. Yo he sido ambas cosas. Simplemente afirmo que cuando mi padre, el maestro de escuela, se dio cuenta de que algo estaba mal en el sistema, comenzó a cambiar el sistema. Él quería encontrar maneras de preparar mejor a los estudiantes para el mundo real. El problema era que fue educado por el mismo sistema que deseaba cambiar, y no cambiar lo que no podía ver. Mi padre rico podía ver con ojos diferentes simplemente porque él no era un producto del sistema. Él abandonó la escuela a los 13 años de edad debido a que su padre murió y tuvo que hacerse cargo de los negocios de la familia. A la edad de 13 años había aprendido las habilidades que se requieren para sentarse del otro lado de la mesa.

Yo necesitaba aprender más para sentarme en un lado de la mesa

Una vez que me di cuenta de que había dos lados en la mesa, cobré mayor interés en educarme en lo que era necesario para sentarme del lado de la mesa en que se sentaba mi padre rico. No pasó mucho tiempo antes de que me diera cuenta que tenía mucho que estudiar. Me di cuenta de que no sólo tenía que estudiar las materias de la escuela, sino también necesitaba estudiar otras que no enseñaban en la escuela. Asumí un compromiso mayor con mi educación. Necesitaba aprender mucho más de lo que se enseñaba en la escuela si iba a ganarme el derecho de sentarme del otro lado de la mesa de aquellos que sólo asistieron a la escuela. Yo sabía que tenía que ser más listo que los niños inteligentes de la escuela si quería sentarme del otro lado de la mesa. Necesitaba aprender más que las aptitudes laborales que los empleadores estaban buscando.

Finalmente encontré algo que me retaba, que me daba una razón para estudiar, algo en que yo tenía interés por estudiar. Entre los 9 y 15 años de edad comencé mi verdadera educación. Me convertí en un estudiante de por vida, que sabía que la educación continuaría mucho tiempo después de abandonar la escuela. También había descubierto lo que mi padre verdadero estaba buscando, aquello que faltaba en el sistema educativo; un sistema que fue diseñado para mantener un flujo constante de trabajadores que buscaban un empleo seguro y confiable, pero que nunca les enseñaba aquello que los ricos, las personas que se sentaban del otro lado de la mesa, sabían en realidad.

Cuando hablo de la educación y el aprendizaje, a menudo utilizo el diagrama de la siguiente página al que llamo "la pirámide del aprendizaje". Es una síntesis de los 7 talentos diferentes de Gardner, y de algunas de mis experiencias personales como maestro de materias empresariales e inversión. Aunque la pirámide no se basa en una ciencia precisa, proporciona algunos puntos de referencia útiles para la discusión.

Yo personalmente aprendí tanto mediante el juego de *Monopolio* porque me involucraba mental, emocional y físicamente.

La Pirámide del Aprendizaje

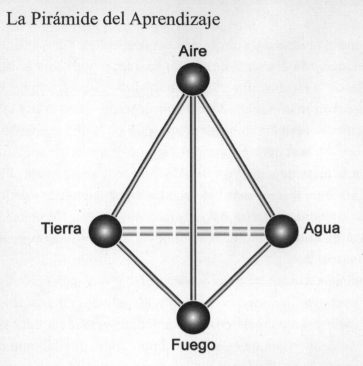

Practicar el juego me hacía pensar, mi estado emocional era de excitación y tenía que hacer algo físicamente. El juego concentraba mi atención porque involucraba una gran parte de mí, especialmente porque soy una persona competitiva.

Cuando estoy en un salón de clases y necesito sentarme quieto y escuchar a alguien que habla de un tema que no me interesa o que no comprendo en términos de relevancia personal, mis emociones oscilan de la ira al aburrimiento. Desde el punto de vista físico comienzo a aletargarme o trato de dormir tan sólo para escapar de mi dolor mental y emocional. Yo no tengo un buen desempeño cuando tengo que estar quieto, tratando de asimilar información mentalmente, especialmente si no estoy interesado o si el orador es aburrido. ¿Podría ser esa la razón por la que los padres y las escuelas están utilizando cada vez más drogas para mantener a los niños hiperactivos quietos en sus asientos? Los niños probablemente aprenden mejor mediante actividades físicas y no están interesados en aquello que se les pide que aprendan. Así que cuando se rebelan, ¿está drogándolos el sistema?

Cuando nos referimos al aprendizaje espiritual, no es necesariamente en un sentido religioso, aunque también puede presentarse de esa forma. A lo que me refiero es al sentimiento que experimentamos cuando asistimos a algo como los juegos "paraolímpicos" y vemos a jóvenes con impedimentos físicos que corren o empujan sus sillas de ruedas con todo su cuerpo, mente y alma. Yo asistí a un programa especial hace un año y el espíritu de esos jóvenes conmovió a toda la audiencia. También me puse de pie y festejé cuando observé a esos jóvenes que empujaban sus cuerpos con impedimentos físicos más fuerte de lo que yo empujaría mi cuerpo físico sano. Sus espíritus se extendieron y alcanzaron todos nuestros espíritus. Esos jóvenes espíritus nos recordaron quiénes éramos en realidad y de qué estábamos hechos. Esa es la clase de aprendizaje espiritual a la que me refiero.

Cuando yo estaba en Vietnam, vi a hombres jóvenes seguir peleando incluso cuando sabían que estaban muriendo. Era el espíritu que llevaban consigo, dando sus vidas para que su equipo pudiera sobrevivir. Yo también presencié en Vietnam cosas sobre las que no me atrevería a escribir por miedo a parecer demasiado excéntrico. Sin embargo, hubo ocasiones en que fui testigo de jóvenes que hicieron cosas que no pueden ser explicadas desde una perspectiva mental, emocional o física. Esa es la clase de poder espiritual a la que me refiero.

Cuando asisto a una boda y veo a dos personas que contraen matrimonio, en mi mente visualizo a dos seres físicos que se unen frente a Dios, espiritualmente. Es el compromiso de dos almas que se unen y avanzan en el mundo. Desafortunadamente, con la tasa de divorcios tan alta, parece que muchas personas están uniéndose mentalmente, emocionalmente, físicamente, pero no espiritualmente. Esa es la razón por la que cuando las cosas se ponen difíciles ellos se separan. De cualquier manera, en un sentido ideal, esa es la clase de educación espiritual a la que me refiero. No quiero ofender a nadie, ni deseo imponer a nadie mis puntos de vista personales sobre religión o aspectos espirituales. Simplemente hablo del poder que está más allá de los límites mentales, emocionales y físicos.

Un cambio de percepción

Entre los 9 y los 12 años de edad recuerdo haber atravesado por un cambio fundamental en mi pirámide de aprendizaje personal. Cuando vi a mi padre rico firmar los papeles, extender el cheque y tomar las llaves, algo cambió dentro de mí. Cuando eso ocurrió, la relación entre el juego de *Monopolio* y la vida real se hizo tangible. Después de años de sentirme mal acerca de mí mismo porque yo no era inteligente, al menos no tan inteligente como mi padre inteligente y como Andy *la Hormiga*, yo cambié. Me sentí bien. Yo sabía que podía tener éxito en la vida y que podía sobrevivir. Yo sabía que sería exitoso a mi manera. Sabía que no necesitaba de un empleo bien pagado o incluso de dinero para que me fuera bien desde el punto de vista financiero. Finalmente había visto algo en lo que yo quería ser bueno, y sabía que podía hacerlo bien. Había encontrado lo que yo quería estudiar. Como dije antes, algo cambió espiritualmente, y me sentí confiado, entusiasmado y bien. No me había sentido tan bien en la escuela o en casa al mirar a mi madre llorar mientras observaba una pila de cuentas sin pagar en la mesa de la cocina. Un sentimiento de calidez llenó mi corazón y luego el resto. Yo estaba seguro de quién era y en quién quería convertirme. Yo sabía que iba a ser un hombre rico. Yo sabía que encontraría la manera de ayudar a mi madre y a mi padre. Yo no sabía cómo iba a hacerlo, pero sabía que lo haría. Yo sabía que podía ser exitoso en algo en lo que quería realmente ser exitoso, en vez de intentar ser exitoso en lo que alguien más decía que yo sería exitoso. Había encontrado mi nueva identidad.

El cambio a los nueve años

Recientemente hablé con Doug y Heather, una pareja que forma parte de la junta de una escuela Waldorf en Alaska. Ellos fueron los amigos que me dieron a conocer el trabajo de Rudolf Steiner. Fueron ellos quienes me hablaron de una de sus teorías y obras sobre "el cambio a los 9 años". Cuando escuché lo que decían, encajaron más piezas del rompecabezas del aprendizaje.

Cuando Doug comenzó a relatarme lo que la escuela le estaba enseñando a su hijo, y la razón de ellos, las cosas comenzaron a tener más sentido para mí. Doug me explicó que la razón por la que la escuela hace que los niños utilicen martillos, sierras y clavos para construir pequeños refugios era que ellos querían que los niños supieran que podían sobrevivir en el mundo real. Esa es la misma razón por la que les enseñan a cultivar un jardín y a cultivar vegetales, cocinar y hornear. Es una educación física, mental, emocional y espiritual. Involucra a todo el niño en un período crítico de la vida que Steiner identificó como el cambio a los 9 años. Se trata de la etapa de la vida en que el niño o niña no quieren ya formar parte de la identidad de sus padres y desean buscar su propia identidad. Es una etapa solitaria y a menudo angustiante de la vida. Se trata de un período de incertidumbre. El niño se adentra en lo desconocido para descubrir quién es él o ella en realidad, no lo que quieren sus padres que sea. El aprendizaje mental, físico, emocional y espiritual que puede servirles para sobrevivir es una parte vital de la percepción que tienen los niños de sí mismos.

Ahora sé que muchos educadores no están de acuerdo con la obra de Steiner sobre el cambio de los 9 años, y yo no estoy aquí para hacerlos cambiar de parecer. Todo lo que puedo relatarles fielmente es mi propia experiencia. Sé que a la edad de 9 años yo comencé a buscar algo diferente. Sé que lo que mi madre y mi padre estaban haciendo no estaba funcionando y yo no quería seguir su ejemplo. Todavía tengo recuerdos del miedo en nuestra casa cada vez que se hablaba de dinero. Todavía recuerdo a mi padre y a mi madre discutiendo sobre dinero, y mi padre afirmando: "No me interesa el dinero. Yo trabajo tan duro como puedo. No sé qué más puedo hacer." Deseaba averiguar qué otra cosa podía yo hacer para no terminar como mis padres, al menos desde el punto de vista financiero. Yo sé de corazón, más que otra cosa, que quería ayudar a mi madre. Me rompía el corazón verla llorar por algo tan tonto como una pila de cuentas. Yo sabía que cada vez que escuchaba a mi padre decir "necesitas estudiar duro para que puedas conseguir un empleo", algo en mi interior rechazaba su consejo. Yo sabía que algo estaba faltando… y esa es la razón por la que fui en busca de nuevas respuestas y de mi propia realidad.

Al aprender las lecciones de mi padre rico y al jugar físicamente *Monopolio* una y otra vez, probablemente 50 veces al año, estaba cambiando la manera en que funcionaba mi mente. Yo sentía que estaba atravesando el espejo y comenzando a ver el mundo que mi madre y mi padre no podían ver, a pesar de que estaba frente a ellos. En retrospectiva, creo que ellos no podían ver el mundo que mi padre rico veía porque mentalmente les enseñaron a buscar un trabajo, emocionalmente les enseñaron a buscar la seguridad y físicamente les enseñaron a trabajar duro. Creo que debido a que carecían de una fórmula financiera ganadora, desde el punto de vista espiritual su percepción financiera de sí mismos se debilitó en vez de fortalecerse, y las cuentas se apilaron. Mi padre trabajaba cada vez más duro, obtuvo un aumento de sueldo tras otro, pero nunca logró realmente salir adelante desde el punto de vista financiero. Cuando su carrera alcanzó la cúspide a los 50 años de edad y ya no fue capaz de recuperarse de su decadencia profesional y su estancamiento, su espíritu se quebró.

Los estudiantes abandonan la escuela sin preparación

Las escuelas no enseñan las habilidades de supervivencia necesarias para el mundo actual. La mayoría de los estudiantes abandona la escuela con necesidades financieras y en busca de seguridad... una seguridad que no pueden encontrar afuera. La seguridad se encuentra en el interior. Muchos estudiantes dejan la escuela sin estar preparados mental, emocional, física y espiritualmente. El sistema escolar ha cumplido su obligación de proporcionar un flujo constante de empleados y soldados, en busca de un empleo, un trabajo en las grandes compañías y en el ejército. Mis dos padres estaban conscientes de ello, pero cada uno lo veía desde una perspectiva diferente. Uno de mis padres lo veía desde un lado de la mesa y el otro lo veía desde el lado opuesto.

Cuando digo a la gente que "no dependan de la seguridad en el empleo, ni de que la compañía se haga cargo de ustedes desde el punto de vista financiero, ni esperen que el gobierno se encargue de satisfacer sus necesidades cuando se retiren", a menudo hace muecas o se retuerce en su asiento. En vez de ver en ellos coraje o entusiasmo, veo más miedo. Las personas se aferran a la seguridad del empleo en vez de confiar en sus habilidades personales. Parte de esa necesidad de seguridad ocurre porque la gente nunca encontró su nueva identidad y no confía en su capacidad para sobrevivir por sí misma. Ellos siguen los pasos de sus padres, hacen lo que hicieron sus padres y siguen el consejo de sus padres de "ve a la escuela con el fin de obtener las aptitudes laborales que los empleadores están buscando". La mayoría encontrará un empleo, pero sólo unos cuantos encontrarán la seguridad que verdaderamente están buscando. Es difícil encontrar la verdadera seguridad cuando su supervivencia depende de alguien más, de alguien que se encuentra sentado del otro lado de la mesa.

En julio del año 2000, Alan Greenspan, presidente de la Junta de la Reserva Federal, habló acerca de la inflación. Dijo que la razón por la que la inflación no era tan alta como podía ser, dado este período de desempleo extremadamente bajo, era que la persona quería más la seguridad en el empleo que un aumento. Greenspan explicó que la mayoría de la gente, temerosa de la marcha de la tecnología y de que una computadora les quitara el empleo, como ha ocurrido en muchas industrias, prefiere guardar un bajo perfil y trabajar por menos dinero. Esa, dijo, era la razón por la que los ricos se volvían más ricos, pero la mayor parte de la gente no estaba compartiendo esa nueva riqueza. Greenspan dijo que era por miedo a perder su empleo. Yo creo que era porque mucha gente no aprendió que podían sobrevivir desde el punto de vista financiero por cuenta propia... así que siguieron el consejo de sus padres, y sus pasos.

Un reportero se molestó mucho por lo que dije acerca de la educación durante una entrevista reciente. Él había tenido un buen desempeño escolar y tenía un buen empleo, un empleo seguro. Me dijo en tono irritado: "¿Está usted diciendo que las personas no deberían ser empleados? ¿Qué ocurriría si no hubiera trabajadores? El mundo se detendría."

Yo estuve de acuerdo con él, jalé aire y comencé a responderle. "Estoy de acuerdo que el mundo necesita trabajadores. Y creo que cada trabajador desempeña una tarea valiosa. El presidente de la compañía no podría hacer su trabajo si el conserje no hace el suyo. Así que no tengo nada en contra de los trabajadores. Yo también soy un trabajador."

"¿Entonces que hay de malo con que el sistema escolar le enseñe a las personas a ser empleados o soldados?" preguntó el reportero. "El mundo necesita trabajadores."

Nuevamente estuve de acuerdo y le dije: "Sí. El mundo necesita trabajadores educados. El mundo no necesita esclavos educados. Pienso que es tiempo de que todos los estudiantes, no sólo los inteligentes que desean las grandes compañías y el ejército, reciban la educación que los hará libres."

No pida un aumento de sueldo

Si yo pensara que pedir un aumento de sueldo resolvería el problema, les diría a todos mis empleados que pidieran un aumento. Pero lo que dice Greenspan es verdad. Si un trabajador quiere demasiado dinero en relación con el servicio que él o ella proporciona a la compañía, el tipo del otro lado de la mesa debe buscar un nuevo trabajador. Si los gastos son demasiado altos, el futuro de la compañía puede ser amenazado. Muchas compañías han desaparecido debido a que no pudieron contener el costo de la mano de obra. Los negocios se trasladan a otros países porque buscan reducir sus costos de mano de obra. Y la tecnología está reemplazando muchos trabajos; trabajos como el de los agentes de viajes, los corredores de bolsa y otros. Así que Alan Greenspan está en lo correcto al afirmar que la gente está temerosa de perder su empleo si exigen salarios demasiado altos.

Pero la principal razón por la que digo que no pida un aumento de sueldo es que en la mayoría de los casos más dinero no resuelve el problema. Cuando la gente obtiene aumentos, el gobierno obtiene aumentos y entonces generalmente la gente se endeuda más. Mis libros y juegos educativos fueron escritos y creados para cambiar la percepción que la persona tiene de sí. Si la persona realmente desea encontrar la seguridad financiera, necesita tener lugar un cambio mental, emocional, físico y quizá, también espiritual. Una vez que la persona aprende mentalmente la adecuada educación financiera, comienzan a cambiar emocional, física y espiritualmente. Una vez que mejora la percepción que tienen de sí mismos, deben comenzar a entender que necesitan menos de su trabajo y entonces comenzarán a hacer su tarea... porque, como dijo mi padre rico: "Usted no se vuelve rico en el trabajo, se vuelve rico en casa." Yo también he descubierto qué cuando la percepción de usted mismo cambia y su confianza en sí mismo aumenta, los empleadores están más dispuestos a darle un aumento. Por eso es tan importante la tarea en casa.

Su tarea en casa

Les digo a los padres de familia que lo que ellos les enseñan a sus hijos en casa es tan importante como lo que la escuela les enseña. Una cosa que sugiero que los padres hagan es comenzar a alentar a su hijo a encontrar la manera de retirarse a los treinta años. No es que sea tan importante retirarse a los treinta años, pero al menos comienza a hacerlos pensar de manera ligeramente distinta. Si se dan cuenta de que sólo tienen unos cuantos años para trabajar y retirarse, pueden formularse preguntas como esta: "¿Cómo puedo retirarme a los treinta años?" En el momento en que se hacen esa pregunta, comienzan a atravesar el espejo. En vez de abandonar la escuela y buscar un mundo de seguridad en el empleo, buscarán un mundo de libertad financiera. ¿Y quién sabe?, podrían incluso encontrarla si hacen su tarea en casa.

Los resultados finales

El valor de la educación de una persona no se encuentra en su boleta de calificaciones. La mayoría de nosotros sabe que hay muchas personas que fueron estudiantes de 10 en la escuela y estudiantes que reprobaron al final de sus vidas.

Existen muchas maneras de evaluar qué tan buena fue la educación de una persona y una de las mejores medidas es cómo les fue desde el punto de vista financiero después de abandonar la escuela. Un fragmento de información interesante que conservo para mostrarle a la gente por qué necesitan complementar su educación formal proviene del Departamento de Salud, Educación y

Bienestar de los Estados Unidos, al que hice referencia anteriormente en este libro. El informe afirma que de cada cien personas estudiadas a la edad de 65 años, una es rica, cuatro están cómodas, cinco todavía trabajan, 56 necesitan apoyo del gobierno o de sus familias y el resto ha muerto.

En mi opinión, esa no es una buena boleta de calificaciones, si consideramos los miles de millones de dólares y horas que pasamos educando a la gente. Eso significa que de mi generación de graduación de 700 estudiantes, 7 serán ricos y 392 necesitarán apoyo del gobierno o de sus familias. Eso no es bueno. Y existe una distinción más en esas cifras: de los 7 que son ricos, aproximadamente 2 alcanzarán la posición más alta por medio de la herencia, no por sus propios esfuerzos.

El 16 de agosto de 2000 el periódico *USA Today* publicó el artículo "Dinero-no-tan-fácil" ("Not-So-Easy-Money"), en el que el analista Danny Sheridan calculó las posibilidades en contra de ganar 1 millón de dólares de siete formas diferentes:

Ser propietario de un pequeño negocio:	1 000 a 1
Trabajar para una empresa electrónica que cotize en la bolsa de valores:	10 000 a 1
Ahorrar 800 dólares al mes por 30 años:	1 500 000 a 1
Ganar en un programa de concurso:	4 000 000 a 1
Apostar en las máquinas tragamonedas de un casino:	6 000 000 a 1
Ganar la lotería:	12 000 000 a 1
Heredar $1 millón de dólares:	12 000 000 a 1

Esas estadísticas mostrarían que incluso menos personas se vuelven millonarias por medio de la herencia. Por mucho, la mejor oportunidad de su hijo de convertirse en millonario es al ser propietario de su negocio y construir su éxito.

Si usted puede enseñarle a sus hijos que pueden sobrevivir y mejorar financieramente por cuenta propia, sabiendo cómo manejar sus finanzas y no quedando atrapados por la deuda de consumo, sin necesitar jamás un empleo, los estará preparando para el mundo que se avecina.

Un sistema de educación que deja a a las personas dependientes al final de sus vidas no las está preparando para el mundo real. La idea de que una compañía o el gobierno se haga cargo de usted al final de su vida es una idea cuya vigencia ha pasado. Sus hijos necesitan de su ayuda si serán capaces de desarrollar las aptitudes financieras que requieren para el futuro.

En conclusión de la primera parte

La primera parte de este libro trató del dinero considerado simplemente como una idea. Lo mismo puede decirse de la educación. Las percepciones o ideas que los hijos tienen de sí desde el punto de vista académico y financiero a menudo determinan cómo operarán por el resto de sus vidas. Esa es la razón por la que el trabajo más importante de los padres consiste en supervisar, guiar y proteger la percepción que su hijo tiene de sí.

SEGUNDA PARTE

El dinero no le convierte en rico

Mi padre rico afirmó: "El dinero no le convierte en rico." A continuación agregaba que el dinero tiene el poder de volverle rico o pobre, y para la mayoría de la gente, mientras más dinero gana, más pobre se vuelve. Años más tarde, después de ver la popularidad de las loterías, dijo: "Si el dinero te vuelve rico, ¿por qué hay tantos ganadores de lotería que quiebran?"

Mi padre inteligente decía casi lo mismo acerca de las calificaciones.

Si un hijo abandona la escuela con buenas calificaciones, ¿significa eso que será exitoso en la vida? ¿El éxito académico de su hijo asegura su éxito en el mundo real? La primera parte de este libro estuvo dedicada a preparar mentalmente a su hijo para la escuela y los cambios que ocurren en la etapa temprana de su vida. La segunda parte está dedicada a preparar a su hijo para el éxito en el mundo real.

CAPÍTULO 8

Mi banquero nunca me ha pedido mi boleta de calificaciones

A la edad de 15 años reprobé inglés. Recibí una calificación reprobatoria porque no podía escribir, o debo decir que a mi maestra de inglés no le gustó lo que yo escribí, y mi ortografía era horrible. Eso significó que tuve que repetir el año. La pena emocional y la vergüenza vinieron de muchos frentes. Primero que nada, mi padre era el encargado de la educación. Él era el superintendente de educación de la isla de Hawai y estaba a cargo de cerca de 40 escuelas. Hubo muchas burlas y risas por los pasillos del medio educacativo cuando se difundió el rumor de que el hijo del jefe era un fracaso académico. En segundo lugar, mi fracaso significó que me uniría al grupo de mi hermana más joven. En otras palabras, ella estaba avanzando y yo retrocedía. En tercer lugar, significó que yo no recibiría mi carta atlética para jugar fútbol americano, el deporte en el que tenía puesto el corazón. El día que recibí mi boleta de calificaciones y vi la calificación de "F" en inglés, me fui detrás del edificio donde se encontraba el laboratorio de química para estar a solas. Me senté en una gélida losa de concreto, recogí mis rodillas contra mi pecho, recosté mi espalda contra el edificio de madera y comencé a llorar profusamente. Yo había esperado esa "F"durante meses, pero verla en el papel hizo brotar todas las emociones de manera repentina e incontrolable. Me senté a solas detrás del edificio del laboratorio por cerca de una hora.

Mi mejor amigo, Mike, el hijo de mi padre rico, también había recibido una "F". No era bueno que él también hubiera reprobado, pero era bueno que al menos yo tendría compañía en esa etapa triste. Le saludé cuando se dirigió a través del campus para alcanzar su transporte de regreso a casa, pero todo lo que hizo fue mover la cabeza mientras seguía caminando hacia el automóvil que le esperaba.

Después de que los demás niños se habían ido a la cama esa noche, le dije a mi madre y a mi padre que había reprobado inglés así como el primer año de la preparatoria. El sistema educativo tenía una política según la cual el estudiante que reprobara inglés o estudios sociales debía repetir todo el año. Mi padre conocía la política, porque era quien debía hacerla cumplir. Aunque esperaban las noticias, la confirmación de mi fracaso fue de cualquier manera una realidad difícil. Mi padre se sentó en silencio y asintió con la cabeza, sin expresión en el rostro. Mi madre, por otra parte, tuvo más dificultad para aceptar la noticia. Yo pude ver las emociones que se asomaban a su cara, emociones que iban de la tristeza a la ira. Al voltear hacia mi padre, ella dijo: "¿Qué va a ocurrir ahora? ¿Lo van a retener un año?" Todo lo que mi padre dijo fue: "Esa es la política. Pero antes de tomar cualquier decisión, estudiaré el asunto."

Durante los siguientes días mi padre, el hombre a quien me refiero como mi padre pobre, estudió efectivamente el asunto. Descubrió que de mi clase de 32 estudiantes, la maestra había reprobado a 15 alumnos. Había calificado como "D" a ocho estudiantes. Un estudiante obtuvo una "A", cuatro tuvieron "B" y el resto recibió "C". Al ver esa alta tasa de reprobación, mi padre intervino, intervino no como mi padre, sino como superintendente de educación. Su primer paso fue ordenar al director de la escuela que abriera una investigación formal. La investigación comenzó al entrevistar a muchos estudiantes de la clase y concluyó cuando la maestra fue transferida a otra escuela y se ofreció una clase especial de verano a los estudiantes que quisieran una oportunidad para mejorar sus calificaciones. Yo pasé tres semanas de mi verano trabajando para obtener una "D" y pasar al undécimo grado con el resto de mi clase.

En última instancia, mi padre decidió que había un aspecto correcto y equivocado en ambas partes, la de los estudiantes y la de la maestra. Lo que le perturbó fue que la mayoría de los estudiantes que habían reprobado eran los mejores del nivel y se dirigían a la universidad. Así que en vez de tomar partido por una de las partes, regresó a casa y me dijo: "Toma este fracaso académico como una lección muy importante en tu vida. Puedes aprender mucho o puedes aprender poco de este incidente. Puedes enojarte, culpar a la maestra y guardarle rencor. O puedes examinar tu propia conducta y aprender más sobre ti y crecer a partir de la experiencia. No creo que la maestra debió reprobar a tantos estudiantes. Pero creo que tú y tus amigos necesitan convertirse en mejores estudiantes. Espero que tanto los estudiantes como la maestra crezcan a partir de esta experiencia."

Debo admitir que yo le guardé rencor. Aún no me gusta la maestra y aborrecí volver a la escuela después de ese incidente. Nunca me gustó estudiar materias en que no tenía interés o que sabía que nunca volvería a utilizar una vez que terminara la escuela. A pesar de que mis heridas emocionales eran profundas, me esforcé un poco más, mi actitud cambió, mis hábitos de estudio mejoraron y me gradué en la escuela preparatoria en el tiempo programado.

Lo más importante es que acepté el consejo de mi padre y saqué lo mejor de una mala situación. Tras reflexionar, pude ver que reprobar el décimo grado era un hecho que tenía escondida una bendición. El incidente me hizo corregir mi actitud y mis hábitos de estudio. Me doy cuenta de que si no hubiera realizado esas correcciones en el décimo grado, seguramente hubiera reprobado en la universidad.

Mi madre estaba muy preocupada

Durante ese período mi madre estaba muy molesta. Me decía constantemente: "Tus calificaciones son muy importantes. Si no obtienes buenas calificaciones, no podrás asistir a una buena universidad y luego no conseguirás un buen empleo. Las buenas calificaciones son muy importantes en tu vida." Ella dijo lo mismo muchas veces. Pero durante este período traumático repetía lo que decía con mucho mayor temor y ansiedad en su voz.

Ese período también fue traumático para mí. No sólo obtuve una calificación reprobatoria, sino que me ví en la necesidad de asistir a la escuela de verano para reponer la calificación reprobatoria con el fin de pasar de año con el resto de mis compañeros. Fue la escuela de verano que mi padre estableció para los chicos que habían reprobado cn la clase de esa maestra. Yo odié la escuela de verano. La materia era aburrida, el salón era caliente y húmedo. Era difícil mantener mi atención en la materia de inglés. Mi mente vagaba frecuentemente cuando veía por la ventana, más allá de las palmeras de cocos, hacia el océano, donde mis amigos se deslizaban sobre las olas. Para empeorar las cosas, muchos de mis amigos se burlaban de nosotros, se reían y nos llamaban "los tontos" siempre que los encontrábamos.

Cuando la clase de cuatro horas de duración terminaba, Mike y yo atravesábamos el pueblo para ir a la oficina de su padre y hacer lo que él quería que hiciéramos durante unas horas. Un día, mientras esperábamos que llegara mi padre rico, Mike y yo estábamos discutiendo el impacto que las malas calificaciones tendrían sobre nuestros futuros. Reprobar y ser llamados "tontos" era muy traumático para nosotros.

"Nuestros amigos se ríen porque tienen mejores calificaciones que nosotros y asistirán a mejores universidades que nosotros", dijo Mike.

"Yo también he escuchado eso", le respondí. "¿Piensas que hemos fracasado y arruinado nuestras vidas?"

Habíamos cumplido recientemente 15 años de edad y sabíamos poco del mundo real; descubrimos que ser etiquetados como "tontos" y "fracasados" estaba pesando en nuestra psique. Estábamos heridos desde el punto de vista emocional, mentalmente dudábamos de nuestras aptitudes académicas y nuestro futuro parecía muy poco prometedor. Y mi madre parecía estar de acuerdo con nosotros.

Los comentarios de mi padre rico

Mi padre rico estaba consciente de nuestro fracaso académico. La calificación de "F" que obtuvo su hijo le perturbaba. Estaba agradecido de que mi padre hubiera intervenido y establecido un programa de escuela de verano para nosotros, con el fin de compensar nuestras calificaciones reprobatorias. Ambos padres veían el lado positivo de las cosas, y tenían lecciones que podíamos obtener de esa experiencia, aunque sus lecciones eran diferentes. Hasta ese punto mi padre rico no había dicho mucho. Creo que estaba observándonos para ver cómo reaccionaríamos ante nuestra situación. Ahora que había escuchado lo que estábamos pensando y sintiendo sobre nuestro contratiempo académico, era tiempo de que formulara un comentario. Mi padre rico tomó asiento en la habitación y dijo: "Las buenas calificaciones son importantes. El buen desempeño en la escuela es importante. Qué tanto aprenden y qué tan inteligentes son también es importante. Pero una vez que abandonen la escuela, las buenas calificaciones no son tan importantes."

Cuando le escuché decir eso, me recliné contra el respaldo de mi asiento. En mi familia, una familia donde casi todos eran empleados del sistema escolar, desde mi padre a mis hermanos y hermanas, decir que las calificaciones no eran importantes era casi algo sacrílego. "¿Pero que hay acerca de nuestras calificaciones? Esas calificaciones nos acompañarán por el resto de nuestras vidas", agregué impactado y con un ligero tono de queja.

Mi padre rico sacudió su cabeza y luego se inclinó hacia delante para decir con voz grave. "Miren, Mike y Robert. Voy a decirles un gran secreto." Mi padre rico hizo una pausa para asegurarse de que estábamos escuchando atentamente su comunicación. Entonces dijo: "Mi banquero nunca me ha pedido que le enseñe mi boleta de calificaciones."

Ese comentario me sobresaltó. Durante meses Mike y yo habíamos estado preocupados por nuestras calificaciones. En la escuela las calificaciones lo son todo. Mis padres, mis parientes y nuestros amigos pensaban que las buenas calificaciones lo eran todo. Ahora las palabras de mi padre rico me estaban sacando de mi cadena de pensamiento… la cadena de pensamiento que decía que mi vida estaba arruinada debido a las malas calificaciones. "¿Qué estás diciendo?" respondí, sin comprender totalmente hacia dónde se dirigía con esa afirmación.

"Ustedes me oyeron", dijo mi padre rico, balanceándose en su asiento. Él sabía que le habíamos oído y ahora dejaba que asimiláramos su afirmación.

"¿Tu banquero nunca te ha pedido que le enseñes tu boleta de calificaciones?" repetí suavemente. "¿Estás diciendo que las calificaciones no son importantes?"

"¿Dije eso?" Preguntó sarcásticamente mi padre rico. "¿Dije que las calificaciones *no son* importantes?"

"No", dije mansamente. "Tú no dijiste eso."

"¿Entonces qué dije?" preguntó.

"Dijiste que tu banquero nunca te ha pedido que le enseñes tu boleta de calificaciones", respondí. Era algo difícil de decir para mí porque en mi familia de educadores las buenas calificaciones, los resultados de las pruebas significaban todo.

"Cuando voy a ver a mi banquero" comenzó a decir nuevamente mi padre rico, "él no me dice: 'Enséñeme sus calificaciones'." Mi padre rico preguntó nuevamente: "¿Me pregunta mi banquero si fui un estudiante que obtenía sólo "A"? ¿Me pide que le muestre mi boleta de calificaciones? ¿Dice 'Oh, usted tuvo buenas calificaciones. Permítame prestarle un millón de dólares'? ¿Dice el banquero cosas como esas?"

"No lo creo", dijo Mike. "Al menos él nunca te ha pedido que le enseñes tu boleta de calificaciones cuando yo he estado presente contigo en su oficina. Y yo sé que no te presta dinero con base en tus calificaciones."

"¿Entonces qué es lo que me pide?" preguntó mi padre rico.

"Te pide tus estados financieros", respondió tranquilamente Mike. "Siempre te pide tus estados financieros actualizados. Él desea ver tu estado de pérdidas y ganancias y tu hoja de balance."

Su boleta de calificaciones luego de que usted deje la escuela

Asintiendo, mi padre rico continuó. "Los banqueros siempre piden los estados financieros. Los banqueros le piden a todos sus estados financieros. A los banqueros no les importa si eres rico o pobre, educado o ignorante. Sin importar quién eres, ellos desean ver tus estados financieros. ¿Por qué piensas que los banqueros hacen eso?"

Mike y yo sacudimos nuestras cabezas en silencio y esperamos una respuesta. "Nunca he pensado realmente en eso" dijo Mike finalmente. "¿Nos lo dirás?"

"Porque tus estados financieros son tu boleta de calificaciones una vez que abandonas la escuela", dijo mi padre rico en voz baja pero firme. "El problema es que la mayoría de la gente abandona la escuela y no tiene idea de qué son los estados financieros."

"¿Mis estados financieros son mi boleta de calificaciones cuando abandono la escuela?" preguntó con desconfianza. "¿Quieres decir que es la boleta de calificaciones de los adultos?"

Mi padre rico asintió con la cabeza. "Es la boleta de calificaciones de los adultos. Nuevamente, el problema es que la mayoría de los adultos no saben realmente qué cosa son los estados financieros."

"¿Es la única boleta de calificaciones que tienen los adultos?" pregunté. "¿Existen otras boletas de calificaciones?"

"Sí, existen otras boletas de calificaciones. Tus estados financieros son una parte importante de tu boleta de calificaciones, pero no son tu única boleta de calificaciones. Otras boletas de calificaciones son tu revisión de salud anual, que por medio de las pruebas de sangre y otros procedimientos importantes te dice qué tan bien estás y qué necesitas hacer para mejorar. Otra boleta de calificaciones es la tarjeta de marcador en tu juego de golf o de boliche. En la vida existen muchos tipos diferentes de boletas de calificaciones, y los estados financieros de una persona son un tipo importante."

"De manera que una persona puede obtener sólo 'A' en su boleta de calificaciones de la escuela, y luego tener 'F' en los estados financieros de su vida?" le pregunté. "¿Es eso lo que estás diciendo?"

Mi padre rico asintió. "Eso ocurre todo el tiempo."

Las buenas calificaciones cuentan en la escuela, los estados financieros cuentan en la vida

El hecho de recibir una calificación reprobatoria en inglés a la edad de 15 años resultó ser una experiencia muy valiosa para mí, porque pude darme cuenta de que había desarrollado una mala actitud hacia la escuela y mis estudios. La calificación reprobatoria fue una llamada de alerta para corregir mi actitud y mis hábitos de estudio. También me di cuenta a edad temprana en mi vida que aunque las calificaciones son importantes en la escuela, los estados financieros serían mi boleta de calificaciones una vez que abandonara la escuela.

Mi padre rico me dijo: "En la escuela, los estudiantes reciben boletas de calificaciones una vez cada tres meses. Si el niño está en problemas, el niño al menos tiene tiempo para hacer las correcciones necesarias, si elige hacerlo. En la vida real, la mayoría de los adultos nunca recibe una *boleta de calificaciones financiera* trimestral, por lo que muchas personas enfrentan dificultades financieras. Muchos adultos no revisan su situación financiera hasta que pierden su empleo, tienen un accidente, piensan en el retiro o hasta que es demasiado tarde. Debido a que la mayoría de los adultos no tiene una boleta de calificaciones financiera trimestral, muchos adultos no realizan las correcciones financieras necesarias que los conduzcan a una vida financiera segura. Es posible que tengan un empleo bien pagado, una gran casa, un automóvil bonito y que les vaya bien en el trabajo, pero tienen calificaciones financieras reprobatorias. Muchos estudiantes inteligentes que tienen buenas calificaciones en la escuela pueden pasar su vida obteniendo calificaciones financieras reprobatorias. Ese es el precio de no tener una boleta de calificaciones financiera, al menos una vez cada tres meses. Yo deseo ver mis estados financieros con el fin de saber en dónde estoy teniendo un buen desempeño, en dónde tengo un mal desempeño, y qué necesito mejorar."

Las boletas de calificaciones indican dónde se necesita mejorar

Esa calificación reprobatoria resultó ser una cosa positiva a largo plazo porque tanto Mike como yo nos esforzamos un poco más en la escuela, a pesar de que nunca fuimos grandes estudiantes. Yo recibí nominaciones del Congreso por parte del senador de mi estado para asistir a la Academia Naval de los Estados Unidos en Annapolis, Maryland, y la Academia de la Marina Mercante de los Estados Unidos en Kings Point, Nueva York. Mike decidió permanecer en Hawai para seguir como aprendiz de su padre, así que asistió a la Universidad de Hawai, de donde se graduó en 1969, el mismo año en que yo me gradué de Kings Point. A largo plazo, esa calificación reprobatoria resultó no tener precio, porque ocasionó que tanto Mike como yo cambiáramos nuestra actitud hacia la escuela.

En la academia me sobrepuse a mi miedo de escribir y de hecho aprendí a disfrutar de esa labor, a pesar de que todavía soy un mal escritor desde el punto de vista técnico. Le agradezco al doctor A. A. Norton, mi maestro de inglés durante dos años en la academia, por ayudarme a superar mi falta de confianza, mis miedos pasados y mis resentimientos. Si no fuera por el doctor Norton y por Sharon Lechter, mi coautora, dudo que hubiera podido convertirme actualmente en un autor de libros que se encuentran en la lista de los mejor vendidos de *The New York Times* y *Wall Street Journal*. En ocasiones pienso que si no hubiera recibido esa calificación reprobatoria a los 15 años y no hubiera tenido el apoyo de mi familia durante ese duro período, no hubiera realizado los cambios en mi vida ni me hubiera convertido en un autor de libros. Esa es la razón por la que las boletas de calificaciones son importantes, especialmente si son malas.

Al final me di cuenta de que las boletas de calificaciones miden no lo que sabemos, sino lo que necesitamos mejorar en nuestras vidas, esto también es verdadero para su estado financiero personal. Es su boleta de calificaciones en lo que se refiere a su desempeño financiero. Es su boleta de calificaciones de la vida.

Su hijo necesita una boleta de calificaciones financiera ahora

Yo recibí un buen inicio financiero a la edad de nueve años. Ese fue el año en que mi padre rico me dio a conocer mi boleta de calificaciones financiera. Aquellos que leyeron *Padre rico, padre pobre* recordarán que la lección número dos de mi padre rico es la importancia de la educación financiera, o la habilidad de leer estados financieros una vez que usted abandona la escuela.

Yo no me di cuenta de que mi padre rico nos estaba preparando, a su hijo y a mí, para el mundo real, el mundo al que ingresamos una vez que dejamos la escuela. Él nos estaba preparando al enseñarnos los conceptos básicos de la educación financiera, una materia que generalmente no se enseña a los niños en la escuela, ni a los adultos en todo caso. La comprensión de estados financieros básicos me proporcionó una enorme confianza financiera y madurez con respecto al tema del dinero. Yo comprendí la diferencia entre los activos y los pasivos; entre los ingresos y los gastos, y aprendí la importancia del flujo de efectivo. Muchos adultos no conocen las sutiles diferencias y esa carencia de educación ocasiona que trabajen más duro y ganen mucho dinero, pero no salgan adelante.

Sin embargo yo obtuve algo más que sólo confianza al comprender la manera en que funcionan los estados financieros. Mi padre rico se refería frecuentemente a las tres "C", que son la confianza, el control y la corrección.

Él nos diría a su hijo y a mí: "Si ustedes comprenden la manera en que realmente funcionan los estados financieros, tendrán más confianza en sus finanzas, tendrán más control sobre sus finanzas y, lo que es más importante, serán capaces de realizar correcciones cuando las cosas no salgan como ustedes desean desde el punto de vista financiero. La gente que carece de educación financiera simplemente tiene menos confianza financiera, así que pierde el control y rara vez hace las correcciones hasta que es demasiado tarde."

En una etapa temprana comencé a aprender mental, emocional, física y luego espiritualmente, todos los detalles de las tres "C". No las comprendí cabalmente entonces y todavía no las comprendo totalmente. Sin embargo, la educación financiera básica es la base para el aprendizaje financiero constante, a lo largo de toda la vida. Esta educación financiera básica me proporcionó un buen inicio financiero en la vida… y todo comenzó con la comprensión de los estados financieros.

Mis primeros dibujos

Mi padre rico comenzó con dibujos sencillos.

Una vez que comprendimos los dibujos, quería que comprendiéramos las palabras, las definiciones y las relaciones. Yo aprendí la manera en que se relacionan las palabras y los diagramas. Cuando hablo con personas que tienen capacitación financiera, me dicen que a pesar de que estudiaron contabilidad en la escuela, no comprenden verdaderamente la relación entre las palabras; y como dijo mi padre rico, "son las relaciones lo que resulta más importante".

Dónde comienzan los problemas financieros

Mi padre pobre decía a menudo que nuestra casa es un activo. Y es allí donde comenzaban la mayoría de los problemas financieros. Es ese simple malentendido o la carencia de una distinción más precisa en la definición, lo que ocasionaba que mi padre y la mayoría de la gente tuvieran problemas financieros. Cuando usted arroja un guijarro a un estanque, las ondas se difunden a partir del punto donde cayó el guijarro. Cuando una persona comienza su vida sin comprender la diferencia entre un activo y un pasivo, las ondas causan problemas financieros por el resto de su vida. Y por eso mi padre rico decía que la relación era lo más importante.

A pesar de que he cubierto este tema en mis otros libros, es importante repasarlo una vez más. Es un primer paso importante para darle a su hijo un buen inicio financiero en la vida.

¿Qué define a un activo o a un pasivo?

¿Qué define a un activo y qué define a un pasivo? Cuando busco las definiciones en el diccionario, sólo quedo más confundido. Ese es el problema con el aprendizaje de cosas que se limitan a lo mental y no incluye el aprendizaje físico de una definición. El diagrama sencillo de los estados financieros nos proporciona cierto aprendizaje físico de la definición, incluso si sólo se trata de algunas líneas trazadas sobre una hoja de papel.

Para ilustrar mi argumento, he aquí la definición de activo de uno de mis diccionarios:

> **Ac-ti-vo**. A) La propiedad de una persona fallecida. B) La totalidad de las propiedades de todos los tipos de una persona, asociación, corporación. C) Los rubros de una hoja de balance que muestran el valor en libros de una propiedad.

Para las personas que tienen un alto coeficiente y talento verbal-lingüístico, una definición como esa puede ser adecuada. Es posible que puedan leer más allá de las palabras y comprender lo que realmente es un activo. Pero para un niño de 9 años de edad las palabras por sí solas no tienen mucho sentido. Para un niño de 9 años que está aprendiendo a ser rico, la definición en el diccionario es inadecuada y confusa. Si la inteligencia es la función que consiste en realizar distinciones más precisas, para ser rico yo requería distinciones mucho más precisas que las proporcionadas por el diccionario y las necesitaba en una forma distinta a las palabras.

Mi padre rico añadía las distinciones al agregar masa física y movimiento a la definición, con el fin de que yo pudiera hacer distinciones más precisas capaces de cambiar mi vida. Él lo hacía utilizando una hoja de papel y mostrándome la relación entre la declaración de ingresos y la hoja de balance. Decía: "Lo que determina si algo es realmente un activo, y no sólo un trozo de basura que enumeras en tu hoja de balance, es tu flujo de efectivo. El flujo de efectivo puede ser la palabra más importante en el mundo del dinero, y sin embargo es frecuentemente la palabra menos comprendida. Tú puedes ver efectivo, pero la mayoría de la gente no ve el flujo. Por lo tanto, es el flujo de efectivo lo que determina si algo es realmente un activo, un pasivo o un pedazo de basura."

La relación

"Es el flujo de efectivo entre la declaración de ingreso y la hoja de balance lo que verdaderamente define qué es un activo o un pasivo" dijo mi padre rico una y otra vez.

Si quiere usted darle a su hijo un buen inicio financiero en la vida, memorice esa frase y repítala una y otra vez a su hijo. Su hijo debe comprender esa afirmación y repetirla frecuentemente para que le quede grabada. Si sus hijos no comprenden esa afirmación, hay muchas posibilidades de que salgan, compren palos de golf, los guarden en su cochera y los enumeren como un activo cuando llenen una hoja de estados financieros para el banco cuando solicitan un préstamo. En el mundo de mi padre rico, un juego de palos de golf guardados en la cochera no es un activo. Pero en muchas solicitudes de crédito usted puede contar esos palos de golf —que son una bolsa de basura— como activos. Están enumerados en la columna de activos, en una sección denominada "Efectos personales." Es allí donde usted puede enumerar sus zapatos, sus bolsas, sus corbatas, sus muebles, sus platos y sus viejas raquetas de tenis como activos en la columna de activos; y esa es la razón por la que la mayoría de la gente no se vuelve rica. No conocen la relación entre la declaración de ingresos y la hoja de balance.

Así que este es el patrón del flujo de efectivo de un activo:

En otras palabras, el activo es dinero que fluye hacia el interior de la columna de ingresos.

En la siguiente página podemos ver el patrón del flujo de efectivo de un pasivo:

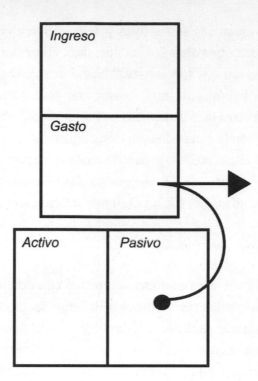

En otras palabras, el pasivo es dinero que fluye hacia el exterior de la columna de gastos.

Usted no necesita ser un científico especializado en cohetes para comprender que hay una diferencia entre el dinero que ingresa y el dinero que sale. Para reforzar esa idea básica en Mike y en mí, mi padre rico decía a menudo: "Los activos ponen dinero en tu bolsillo y los pasivos sacan el dinero de tu bolsillo." Cuando yo era un niño de 9 años comprendí eso. Muchos adultos no lo comprenden.

Conforme crecí y comprendí que muchos adultos se aferran a la seguridad en el empleo, mi padre rico amplió esa definición. Él decía: "Si usted pierde su empleo, los activos le alimentarán y los pasivos se lo comerán." También decía: "La mayoría de mis empleados no pueden dejar de trabajar porque están adquiriendo pasivos que creen que son activos y se los comen vivos cada mes cuando tiene que pagar las cuentas para alimentar esos pasivos que ellos creen que son activos." Nuevamente, se trataba de una definición ligeramente más sofisticada, pero cuando yo estaba sentado del otro lado de la mesa mientras las personas solicitaban empleo o lloraban cuando eran despedidas, comprendí por qué la diferencia entre activos y pasivos era tan importante. Yo comprendí la importancia de conocer las definiciones antes de tener 15 años de edad. Ese fue un gran inicio financiero en mí.

Los siguientes pasos

De manera que el primer paso comenzó con dibujos sencillos y el refuerzo de las repeticiones a lo largo de cierto número de años. Actualmente la gente todavía discute si su casa es un activo. Y nuevamente, en cierto nivel de sofisticación financiera, eso puede ser verdadero. Pero si la inteligencia es la capacidad de hacer distinciones más precisas, entonces para cualquiera que desee ser rico, conocer las distinciones más precisas con base en los estados financieros y observar en realidad cómo fluye el efectivo tiene una importancia vital. Considero que una de las razones por las que sólo una de cada 100 personas es rica a la edad de 65 años es que la mayoría de la gente no conoce la diferencia entre un activo y un pasivo. La gente trabaja duro para lograr seguridad en el empleo y colecciona pasivos que cree que son activos.

Si sus hijos adquieren pasivos que creen que son activos, existen muchas posibilidades de que no sean capaces de retirarse antes de cumplir 30 años. Si insisten en adquirir pasivos que ellos creen que son activos, existen muchas posibilidades de que trabajarán duro toda su vida, sin salir adelante desde el punto de vista financiero, sin importar en qué escuela se gradúen, qué tan buenas o malas hayan sido sus calificaciones, qué tan duro trabajen o cuánto dinero ganen. Esa es la razón por la que la educación financiera es tan importante. Conocer algo tan sencillo como la diferencia entre un activo y un pasivo es como un guijarro que golpea el agua de un estanque. Las ondas se difundirán por el resto de la vida de su hijo.

No estoy diciendo que no compren una casa; no estoy diciendo que liquiden su hipoteca. Todo lo que digo es que para que las personas se vuelvan ricas, necesitan tener mayor inteligencia financiera, que es la habilidad de hacer distinciones más precisas que las que realiza una persona promedio. Si desea hacer más distinciones por sí mismo, revise mis otros libros, que dedican mucho tiempo al tema de la educación financiera:

Padre rico, padre pobre.
El cuadrante del flujo del dinero del padre rico.
La guía para invertir de mi padre rico.
La guía para volverse rico del padre rico (libro electrónico).

Cada libro ofrece aspectos diferentes o distinciones más profundas sobre el tema de la educación financiera, que ayuda a incrementar su inteligencia financiera. Si usted está mejor informado tiene una mejor oportunidad de influir en el futuro financiero de su hijo. Después de todo, una de las razones por las que los ricos se enriquecen, los pobres se empobrecen y la clase media está agobiada por las deudas y paga más que la parte que le corresponde en impuestos es que el dinero es un tema que se enseña en casa, no en la escuela. La educación financiera es transmitida de padre a hijo.

Mi banquero sabe qué tan inteligente soy

El primer paso para prepararme para el mundo real fue familiarizarme con la boleta de calificaciones del mundo real, que son los estados financieros, un informe que está compuesto de la declaración de ingresos y la hoja de balance. Como decía mi padre rico, "Mi banquero nunca me ha pedido que le enseñe mi boleta de calificaciones. Todo lo que mi banquero quiere ver son mis estados financieros." A continuación agregaba: "A mi banquero no le interesa qué tan inteligente era yo desde el punto de vista académico. Mi banquero quiere saber qué tan inteligente soy desde el punto de vista financiero."

Los siguientes capítulos tratan de las maneras más específicas de incrementar las posibilidades de que sus hijos se vuelvan más inteligentes desde el punto de vista financiero antes de entrar al mundo real.

CAPÍTULO 9

Los niños
aprenden jugando

Un día mi padre y yo observábamos a dos gatitos que jugaban. Estaban mordiéndose mutuamente el cuello y las orejas, clavándose las uñas, gruñían y ocasionalmente se pateaban uno al otro. Si no hubiéramos sabido que estaban jugando, hubiera parecido como si estuvieran peleando.

Mi padre inteligente dijo: "Los gatitos se están enseñando uno al otro habilidades de supervivencia que vienen codificadas en sus genes. Si alguna vez dejáramos a estos gatos en libertad y no los alimentáramos nunca más, las habilidades de supervivencia que están aprendiendo como gatitos los mantendrían vivos en la naturaleza. Ellos aprenden y conservan esas habilidades mediante el juego. Los humanos aprendemos de la misma forma."

Aptitudes de supervivencia financiera para el mundo real

Una de las cosas más difíciles que he tenido que hacer fue cerrar mi fábrica y despedir a 35 empleados fieles. Escribí sobre esa ordalía personal durante los años setenta en otro libro. Tuve que cerrar mi fábrica porque no pude enfrentar más la competencia con Asia y con México. Mis costos de mano de obra y los costos para dar cumplimiento con las regulaciones gubernamentales eran demasiado altos. En vez de combatir a la competencia, decidí unirme a ella, lo que provocó que mi fábrica fuera trasladada a otro país. Yo gané, pero mis empleados perdieron. Cuando la gente me pregunta por qué escribo sobre dinero cuando no necesito hacerlo, a menudo pienso en el día en que tuve que despedirme de mis empleados... y esa es cuanta razón necesito.

Cuando cerré la fábrica yo estaba pagándoles a mis trabajadores menos de 3.50 dólares por hora. Hoy en día, 24 años después, esos mismos trabajadores estarían ganando apenas un poco más de 5 dólares por hora, o el salario mínimo. Es posible que incluso hubieran recibido aumentos de sueldo, pero no creo que éstos les hubieran servido de mucho. Las únicas habilidades de supervivencia que hubieran desarrollado, incluso si hubieran ganado más dinero, consistirían en ir de un trabajo a otro, trabajar duro y tratar de ganar más dinero. Como mi padre rico me enseñó, "el dinero por sí solo no le vuelve a usted rico, de la misma forma en que un empleo seguro y confiable no necesariamente le hace a usted sentir seguro".

Con el fin de sobrevivir y sentirse seguras desde el punto de vista financiero, las personas necesitan desarrollar sus habilidades de supervivencia financiera antes de entrar al mundo real. Si no tienen esas habilidades, el mundo real tiene otras lecciones sobre el dinero que quiere enseñarle a su hijo. Y hoy en día eso incluye al sistema escolar. No sólo ocurre que los jóvenes están abandonando la escuela con deuda de tarjetas de crédito, sino que además muchos dejan la escuela con la deuda correspondiente a sus préstamos escolares. Es importante enseñar a su hijo acerca de la administración del dinero tan temprano como sea posible. La mejor manera de enseñar esas habilidades consiste en jugar con sus hijos, porque parece que es mediante el juego como Dios o la naturaleza quisieron que todos los jóvenes aprendieran... incluso los pequeños gatitos.

Diviértase enseñándole a su hijo a ser rico

Yo aprendí mucho de mi padre rico acerca del dinero porque él hizo que el aprendizaje fuera divertido. Siempre hacía juegos y no trataba de retacarme información a través de mi garganta. Si yo no quería aprender algo, él me dejaba pasar a alguna otra cosa que me interesara... o hacía que aquello que trataba de enseñarme fuera más interesante. Generalmente tenía algo tangible del mundo real, algo físico para que yo lo viera, lo tocara y lo sintiera, como una parte de la lección. Y lo que era más importante, él no intentó quebrar mi espíritu. En vez de ello alentó a que mi espíritu se fortaleciera y no se debilitara. Cuando yo cometía un error, me desafiaba a que aprendiera una lección en vez de darme la respuesta *correcta*. Él tenía paciencia para enseñarme con cariño. Hizo su mejor esfuerzo para sacar a la luz el niño inteligente que había en mi interior, en vez de percibirme como incompetente, lento, o etiquetarme como si tuviera una discapacidad para el aprendizaje debido a que me tardaba más en comprender algo. Me enseñó de acuerdo a mi propio programa de aprendizaje y mi deseo de aprender, y no conforme a la necesidad de que yo pasara una prueba. Definitivamente no estaba preocupado porque yo compitiera contra otros chicos por las mejores calificaciones, como lo están muchos padres de familia. Mi padre inteligente me enseñó de una manera muy similar.

Los maestros necesitan ayuda

El sistema educativo actual no permite que los maestros enseñen de esa manera, ni permiten que los maestros tengan el tiempo necesario para darle a cada niño la atención que este necesita. El sistema quiere que los maestros movilicen a los niños a lo largo de una especie de programa de producción en masa. El sistema escolar es una fábrica que funciona de acuerdo con el programa de producción de la fábrica y no conforme al programa de aprendizaje del niño. Muchos maestros han tratado de cambiar el sistema, pero como dije anteriormente, el sistema de educación es como un cocodrilo, una criatura diseñada para sobrevivir y no para cambiar. Esa es la razón por la que la tarea que realizan en casa los padres e hijos es tan importante, más que la tarea escolar que los niños llevan al hogar.

Yo escuché decir a un profesor de una importante universidad que decía: "Sabemos, al momento en que el niño tiene 9 años, si tendrá o no un buen desempeño en nuestro sistema. Sabemos si el niño tiene las cualidades que deseamos y si es lo suficientemente inteligente para manejar los rigores de nuestro sistema. Desafortunadamente, no contamos con un sistema alternativo para los niños que no hayan sido diseñados para participar en nuestro sistema."

Cuando yo era niño, mi casa estaba llena de gente que formaba parte del mundo de la educación. Muy buenas personas. Cuando yo iba a casa de mi padre rico, su casa estaba llena de gente del mundo de los negocios. Esas eran también muy buenas personas. Pero yo podía advertir que no necesariamente eran la misma gente.

Permítase tener también un buen inicio

Cuando yo estaba creciendo, mucha gente me preguntaba si iba a seguir los pasos de mi padre, para convertirme en maestro. Cuando era niño recuerdo que decía: "De ninguna manera. Yo voy a ingresar a los negocios." Años después he descubierto que en realidad amo la enseñanza. En 1985 comencé a enseñar negocios e inversión a los empresarios, y me gustó mucho. Disfruto porque enseño mediante el método por el que aprendo mejor. Yo aprendo mejor por medio de juegos, la competencia cooperativa, las discusiones en grupo y las lecciones. En vez de castigar por los errores, aliento a que se cometan errores. En vez de pedir a los estudiantes que presenten pruebas individuales, pido a los participantes que presenten las pruebas en equipo. En vez de silencio, el salón es un ambiente ruidoso por las discusiones y la música de fondo de rock and roll. Es decir, las acciones primero, en segundo lugar los errores, las lecciones en tercer lugar, y en cuarto la risa.

En otras palabras, utilizo un método opuesto a la enseñanza del sistema escolarizado. Enseño de la misma forma en que mis dos padres me enseñaron en casa. He descubierto que muchas personas prefieren aprender de esta manera y he ganado mucho dinero como maestro, cobrando frecuentemente miles de dólares por estudiante. He aplicado los estilos de enseñanza de mis dos padres, con las lecciones de mi padre rico sobre dinero e inversión. He descubierto una profesión a la que juré que nunca ingresaría. Es posible que me encuentre en la profesión de la enseñanza, pero atiendo a las personas que aprenden de la manera en que yo aprendí. Como dicen en los negocios, "encuentre un nicho y llénelo". Yo encontré un gran nicho, uno de personas que deseaban que la educación fuera divertida y excitante.

Al crear esta compañía educativa a mediados de la década de 1980, mi esposa Kim y yo buscamos a otros instructores que amaran la enseñanza de la misma manera. Nuestro primer requisito era encontrar instructores exitosos en el mundo real y a quienes también les gustara enseñar. Dichos individuos son difíciles de encontrar. En el mundo real existe mucha gente a quien le gusta enseñar, pero muchos de ellos no tienen éxito en los negocios, el dinero y la inversión. Existe también gente que es buena en el dinero y los negocios, pero que no son buenos maestros. La clave era encontrar gente que fuera buena en ambas cosas.

Estudiantes genios

Tuve el privilegio de estudiar con un hombre llamado doctor R. Buckminster Fuller. Se le conoce como el estadounidense con mayores logros en nuestra historia, debido a que nadie tiene más patentes que él. A menudo se le llama "el genio amigable de nuestro planeta". Es reconocido como un gran arquitecto por el Instituto Americano de Arquitectos, a pesar de que no era un arquitecto. La Universidad de Harvard a menudo se refiere a él como uno de sus graduados más destacados, aunque Fuller nunca se graduó en Harvard. Fue expulsado en dos ocasiones y nunca terminó sus estudios. Durante una de las semanas en que estudié con él, dijo: "Los estudiantes serán genios si el maestro sabe de qué está hablando." Nuestro trabajo no era encontrar a un maestro. Nuestro trabajo era encontrar personas que supieran de qué estaban hablando y alentarlos a enseñar.

Volverse inteligente al enseñar

Más allá del placer de la enseñanza y de ganar dinero al hacerlo, descubrí algo aún más benéfico que la diversión y el dinero. Me dí cuenta que yo aprendía más mediante la enseñanza. Cuando yo enseño, tengo que indagar muy adentro de mí mismo para encontrar las lecciones que la clase necesita. He aprendido mucho sobre la interacción de los participantes conforme compartimos nuestras opiniones y descubrimientos personales. Debido a ese fenómeno, recomiendo que los padres dediquen tiempo a enseñar a sus hijos, porque los padres de familia frecuentemente aprenden aún más. Y si el padre de familia desea mejorar su situación financiera personal, una manera consiste en buscar nuevas ideas financieras y transmitirlas al hijo. Busque nuevas ideas financieras antes de enseñar a sus hijos sus viejas ideas sobre el dinero. Muchas personas tienen problemas financieros porque usan antiguas ideas financieras, a menudo transmitidas por sus padres. Pueden enseñar esas mismas ideas sobre el dinero a sus hijos. Eso quizá explica por qué los pobres permanecen en la pobreza y la clase media se hunde más frecuentemente en las deudas después de graduarse de la escuela. Ellos hacen lo que aprendieron de sus padres.

Por lo tanto, una de las mejores maneras de aprender algo es enseñar lo que usted quiere aprender a otros. Como enseñan en la escuela dominical: "Da y recibirás." Mientras más tiempo invierta usted personalmente en la enseñanza de sus hijos sobre el dinero, más inteligentes se volverán todos ustedes.

Tres pasos de aprendizaje

Mi padre rico me enseñó tres pasos para el aprendizaje acerca del dinero:

> **Paso número uno: dibujos sencillos.** Mi educación comenzó con dibujos sencillos de líneas con énfasis en la comprensión de las definiciones.

Paso número dos: juego. Como dije antes, yo aprendo mejor al hacer algo, así que durante muchos años mi padre rico, a manera de juego nos hizo llenar estados financieros. En ocasiones cuando jugábamos al *Monopolio* hacía que utilizáramos nuestras cuatro casas verdes y un hotel rojo y los apuntáramos en nuestros estados financieros.

Paso número tres: la vida real. La vida real comenzó para Mike y para mí alrededor de los 15 años, cuando tuvimos que llenar nuestros estados financieros y someterlos a consideración de mi padre rico. Como haría cualquier buen maestro, él los calificó, nos mostró lo que estábamos haciendo bien y lo que necesitábamos mejorar. Yo he continuado mi educación y mis estados financieros en la vida real por cerca de 40 años.

Cómo comenzar a enseñar a su hijo acerca del dinero

Yo recomiendo que muchos padres comiencen en el paso número dos. A pesar de que mi padre rico me hizo iniciar en el paso número uno —los dibujos de líneas— yo sería muy cuidadoso al llevar a la mayoría de los niños a abstracciones mentales como las declaraciones de ingresos y las hojas de balance. Cuando utilizo esos dibujos con algunos adultos, sus ojos se ponen vidriosos. De hecho, yo posiblemente no hablaría del paso número uno hasta que tuviera la certeza de que el niño tiene interés o está listo para aprender conceptos como éstos. A mí me enseñaron de la manera señalada en la lista porque yo era curioso, por lo que ésta fue la secuencia que mi padre rico escogió para mí.

Yo suelo recomendar que se comience con el juego de *Monopolio*. He notado que a algunos niños realmente les gusta, mientras que otros niños practican el juego pero no están realmente interesados en el tema. Muchos de mis amigos que son inversionistas o empresarios me dicen que también han jugado *Monopolio* por horas y han quedado fascinados con él. Sin la fascinación, yo no obligaría a los jóvenes a abordar el tema del dinero, la inversión, y mucho menos, los estados financieros.

CASHFLOW para niños

En 1996, luego de desarrollar el juego *CASHFLOW 101*, que es un juego de mesa que enseña los principios de los estados financieros a los adultos, la respuesta del mercado indicó que se necesitaba un juego similar para los niños. A fines de 1999 presentamos *CASHFLOW para niños*. Nuestros juegos de mesa son los únicos juegos que enseñan a los niños los principios fundamentales de los estados financieros, la boleta de calificaciones del niño después de que abandona la escuela y la administración del flujo de efectivo.

Utilizado en las escuelas

Un maestro muy innovador de Indianápolis, Indiana, Dave Stephens, comenzó a utilizar *CASHFLOW 101* en las clases de la escuela preparatoria, con tremendo éxito. De hecho advirtió que el juego cambió las actitudes ante la vida de muchos de sus estudiantes. Un estudiante en particular del que nos habló Dave estaba a punto de abandonar la escuela debido a las malas calificaciones y sus inasistencias constantes. Jugar *CASHFLOW* logró una gran diferencia en su vida. En palabras del propio estudiante:

> Pasé de ser una persona muy desordenada, por ejemplo fumaba marihuana, me emborrachaba, etcétera, ¡a ser un estudiante preparatoriano muy enfocado y decidido, con ambiciones de ser algún día tan exitoso como el hombre cuyo juego estoy prac-

ticando y del que estoy aprendiendo! ... No recuerdo mucho de los primeros días, pero recuerdo que jugaba *CASHFLOW*. ¡Era un juego maravilloso que llevó los conceptos de ganar dinero a una realidad desconocida para mí en esa época, expresando ideas de simplicidad y genio! El juego me ha abierto las puertas como no lo ha hecho ninguna otra cosa en mi vida hasta este momento. ¡Me dio una razón para ir a la escuela y el deseo de participar! Desde que he jugado el juego he ingresado al Consejo Estudiantil, donde soy tutor de estudiantes de la escuela secundaria (y les transmito ideas expresadas en *CASHFLOW*) y me convertí en presidente del Congreso Juvenil del Condado de Marion, he asumido un papel de liderazgo en la Academia de Finanzas, logré el primer lugar en la competencia DECA del estado y he competido nacionalmente. Fundé un club japonés y BPA en nuestra escuela y actualmente, con la cooperación de otros inversionistas, estoy trabajando en la construcción del Centro Comunitario del Lado Este en mi propia comunidad. Como puede usted ver, me ha dado nuevas energías para conducir mi éxito. De la misma forma, mis calificaciones, mi actitud y mi estilo de vida han cambiado considerablemente. Ahora miro hacia el futuro con deseos de aprender y enseñar a todo el que quiera aprender lo que yo sé. ¡En ocasiones usted arroja los dados y eso cambia todo!

Al señor Kiyosaki le doy las gracias y mis felicitaciones; algún día usted verá los resultados de todo lo que hace y espero ser uno de los primeros en demostrar que sus métodos funcionan y funcionan bien. Esto se ha convertido casi en un lugar común, pero resume con exactitud mi historia: "Dos caminos se separan en el bosque; yo tomé el menos transitado y eso hizo toda la diferencia."

Todo lo que puedo responder a este estudiante es: ¡Guau! ¡qué joven tan impresionante! Constituye para mí un gran honor saber que nuestros productos sirvieron para ayudar a este joven a cambiar la dirección de su vida de manera tan positiva.

El apoyo de Dave Stephen no termina allí. Cuando escuchó acerca del desarrollo de *CASHFLOW para niños,* aportó otra idea innovadora. Además de tener un grupo de muchachos de entre 16 y 18 años especialistas en *CASHFLOW 101*, estableció un programa mediante el que los estudiantes de preparatoria acudieron a las escuelas elementales para enseñar a niños de entre 7 y 9 años *CASHFLOW para niños.* Los resultados fueron espectaculares.

En primer lugar, la maestra de escuela elemental estaba encantada de tener aproximadamente 8 estudiantes de preparatoria que le ayudaran durante una tarde. Cada estudiante de preparatoria jugaría *CASHFLOW para niños* con cuatro estudiantes de la escuela elemental. En vez de una maestra para 30 alumnos, la proporción fue de 1 a 4. Y nuevamente los resultados fueron espectaculares. Los niños de la escuela elemental se divirtieron mucho, así como los muchachos de la preparatoria. El aprendizaje fue mucho más personal y específico. Tanto los estudiantes de la preparatoria como los de la escuela elemental aprendieron mucho en ese breve período.

Los maestros presentes estaban emocionados con el trajín del aprendizaje activo. En vez de la monotonía de la lección o el ruido del caos, existía el sonido de un aprendizaje divertido y muy enfocado. Cuando el juego terminó, todos los niños dijeron: "¡Oh, juguemos otra vez!"

Un atractivo adicional

Algo más ocurrió que yo no había previsto, un atractivo adicional. Cuando los estudiantes de la escuela preparatoria se marchaban, muchos de los niños más pequeños corrieron a abrazar a sus nuevos maestros o a estrechar sus manos. Estos niños de la escuela elemental presentaban una nueva conducta. En vez de algunos de los estudiantes más cuestionables, que tienen gran parte de la publicidad y la atención hoy en día, los alumnos de Dave Stephens estaban bien arreglados, se comportaban bien, eran brillantes y estaban enfocados tanto en su educación como en su futuro.

Cuando los estudiantes de la escuela preparatoria decían adiós a los niños de la escuela elemental, pude sentir que los niños más pequeños estaban observando a sus nuevos maestros... posiblemente diciéndose a sí mismos: "Quiero ser como ellos." Cuando observé a los jóvenes estudiantes que decían adiós, recordé mi infancia y recordé a algunos de los adolescentes que me influenciaron. Durante dos horas, esos niños de la escuela elemental tuvieron la oportunidad de interactuar con modelos de conducta muy positivos; en vez de modelos de conducta más cuestionables con los que pueden entrar en contacto fuera de la escuela.

Los comentarios de los estudiantes de preparatoria

Cuando pregunté a los estudiantes de preparatoria qué habían ganado con ese ejercicio, sus comentarios fueron los siguientes:

* "Realmente descubrí que disfruto al enseñar. Quizá considere dedicarme ahora a la enseñanza como profesión."
* "Aprendí mucho al enseñar a los niños pequeños. Cuando tengo que enseñar, aprendo mucho más."
* "Me sorprendió lo rápido que pueden aprender los niños."
* "En casa trataré a mis hermanos y hermanas más jóvenes de manera diferente."

Comparto con usted esos comentarios porque estoy asombrado de que los estudiantes de preparatoria puedan ser tan maduros.

Currículum en nuestra página de Internet

Dave Stephens es director de una de nuestras academias patrocinada por la *National Academy Foundation*. También nos ayuda escribiendo la currícula para uso de los maestros en el juego *CASHFLOW* 101 de acuerdo a los requerimientos del salón.

Resumen del paso número dos

De manera que la clave del paso número dos es divertirse, jugar y comenzar a despertar el interés en el aprendizaje sobre el dinero, la administración del dinero y los estados financieros. Al ver la pirámide del aprendizaje en el diagrama siguiente, usted puede ver cómo el aprendizaje puede ser más efectivo.

Debido a que un juego es una herramienta educativa tangible, involucra los cuatro puntos principales de la pirámide del

La Pirámide del Aprendizaje

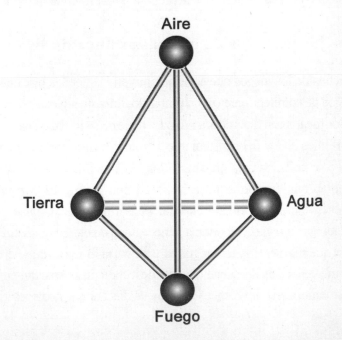

aprendizaje. Los juegos le dan, a quienes aprenden más fácilmente con actividades físicas, una oportunidad igual de aprender junto a los niños que son buenos al aprender con actividades mentales o mediante la abstracción. Involucra las emociones porque es divertido y excitante. Los juegos de mesa utilizan dinero falso en vez de dinero verdadero, así que los errores son menos dolorosos emocionalmente. Muchos adultos dejan la escuela con miedo de cometer errores, especialmente errores financieros. Los juegos permiten que los estudiantes de todas las edades cometan errores fiscales y aprendan de ellos sin la pena de perder dinero real. Si usted apoya las ideas de Rudolf Steiner sobre el cambio que tiene lugar a los nueve años, entonces un niño que sabe que puede sobrevivir financieramente tendrá más confianza y será menos dependiente de la idea de la seguridad en el trabajo o la seguridad financiera. El niño puede ser menos susceptible de hundirse más profundamente en una deuda de consumo cuando sea adulto. Lo que es más importante, aprender cómo manejar el dinero y cómo funcionan los estados financieros, puede reforzar la confianza en sí mismo del niño, conforme se prepara para enfrentar el mundo real.

Los juegos han sido utilizados durante siglos

Muchos de los juegos que se adquieren en las tiendas hoy en día son juegos de entretenimiento. Sin embargo, durante siglos se han utilizado los juegos con fines educativos. La realeza los utilizaba para enseñar a sus hijos el arte del pensamiento estratégico utilizando el ajedrez. El juego se utilizaba para preparar a los hijos ante la posibilidad de que tuvieran que encabezar un ejército en una guerra. El *backgammon* también fue utilizado para enseñar pensamiento estratégico. Alguna vez leí que la realeza reconocía la necesidad de ejercitar sus cuerpos al igual que sus mentes y los juegos constituían la forma en que ejercitaban sus mentes. Ellos deseaban que sus descendientes pensaran en vez de que memorizaran las respuestas. Hoy en día, aunque no necesariamente estamos capacitando a nuestros hijos para que vayan a la guerra, necesitamos enseñar a nuestros hijos a pensar de manera estratégica respecto al dinero. El juego de ajedrez y los juegos de *CASHFLOW* son similares, en tanto se trata de juegos que no tienen respuestas. Son juegos diseñados para hacer que usted piense de manera estratégica y planifique para el futuro. Son juegos que tienen un resultado diferente cada vez que los practica. Con cada movimiento o cambio, la estrategia inmediata debe cambiar, con el fin de tener un plan de trabajo de largo plazo.

Los juegos ayudan a su hijo a ver el futuro

Un día, mientras jugaba *Monopolio*, mi padre rico hizo un comentario interesante que nunca olvidé. Señalando a uno de los costados del tablero, dijo "¿Cuánto tiempo crees que demore adquirir todas las propiedades de ese lado del tablero y colocar hoteles rojos en él?"

Tanto Mike como yo nos encogimos de hombros. No comprendimos cuál era el propósito de la pregunta. "¿Quieres decir en el juego?", pregunté.

"No, no, no", dijo mi padre rico. "Quiero decir en la vida real. Hemos estado jugando por cerca de dos horas. Yo finalmente poseo todas las propiedades de ese lado del tablero y tengo hoteles rojos en ellas. Mi pregunta es, ¿cuánto tiempo creen que eso tardaría en la vida real?"

Nuevamente, Mike y yo nos encogimos de hombros. A los once años de edad teníamos poca experiencia en cuánto tiempo tardaban las cosas en la vida real. Ambos miramos el lado del tablero de mi padre rico y pudimos ver seis hoteles rojos monopolizando ese lado. Sabíamos que cada vez que nos aproximáramos a esa parte del tablero había muchas posibilidades de que tendríamos que aterrizar en alguna de sus propiedades y tendríamos que pagarle mucho. "No lo sé", dijo finalmente Mike.

"Yo considero que cerca de 20 años", dijo mi padre rico.

"¡Veinte años!" exclamamos Mike y yo. Para un par de adolescentes, veinte años era una cantidad inimaginable.

"Los años pasan rápidamente", dijo mi padre rico mientras iniciaba su siguiente lección. "Mucha gente deja que esos años pasen y nunca comienzan. Repentinamente tienen más de cuarenta años, a menudo están hundidos en la deuda y tienen niños que están listos para ir a la universidad. De manera que muchos nunca comienzan. Pasan la mayor parte de sus vidas trabajando duro por el dinero, hundiéndose profundamente en la deuda y pagando cuentas."

"Veinte años", repetí.

Mi padre rico asintió con la cabeza y dejó que asimiláramos la idea. Finalmente dijo: "Su futuro comienza hoy." Mirándome, dijo: "Si tú haces lo que tu padre está haciendo, que es trabajar duro para pagar sus cuentas, terminarás dentro de veinte años a partir de ahora donde él se encuentra actualmente."

"Pero veinte años", me quejé. "Yo quiero volverme rico rápidamente."

"Y eso mismo quiere la mayoría de la gente", dijo mi padre rico. "El problema es que la mayoría de la gente simplemente hace lo que le enseñaron, que es ir a la escuela y luego obtener un trabajo. Eso se convierte en su futuro. La mayoría trabajará por veinte años y no tendrá nada que mostrar después de todos esos años de trabajo."

"O podemos jugar este juego por veinte años" dijo Mike.

Mi padre rico asintió. "Niños, ustedes escogen. Este puede ser un juego de dos horas, pero también podría ser su futuro por los próximos veinte años."

"Nuestro futuro es hoy", dije tranquilamente, mientras miraba los seis hoteles rojos de mi padre rico.

Mi padre rico asintió. "¿Es sólo un juego o es tu futuro?"

Un retraso de cinco años

En *La guía para invertir de mi padre rico*, comienzo con mi regreso de Vietnam y cuando finalmente fui liberado del Cuerpo de Marines en 1974. Yo había planificado comenzar mi plan de veinte años en 1969, el año en que me gradué de la academia, pero la Guerra de Vietnam ocasionó un retraso de cinco años en mis planes de comenzar a jugar el juego en la vida real. En 1994, exactamente veinte años después de comenzar el juego, mi esposa y yo adquirimos uno de nuestros grandes "hoteles rojos" y nos retiramos. Yo tenía 47 años de edad y ella tenía 37. El juego *Monopolio* me permitió ver hacia mi futuro. El juego había comprimido veinte años de educación en dos horas.

La ventaja que yo tuve

Creo que la ventaja que tuve sobre los demás niños que también jugaban *Monopolio,* fue que comprendí la declaración de ingresos y la hoja de balance; es decir, los estados financieros. Yo sabía la diferencia entre activos y pasivos, negocios, acciones y obligaciones. En 1996 desarrollé mi juego de mesa *CASHFLOW* para que sirviera como un puente entre *Monopolio* y el mundo real. Si a usted o a su hijo le gusta el juego de *Monopolio* y está interesado en crear un negocio o invertir, entonces mis juegos son la siguiente etapa en el proceso educativo. Mis juegos educativos son un poco más difíciles y pueden tardar un poco más en aprenderse y dominarse. Pero una vez que usted los ha aprendido, también puede ver su futuro en sólo unas horas.

Sus estados financieros son las calificaciones de la vida real.

Como decía frecuentemente mi padre rico: "Mi banquero nunca me ha pedido ver mi boleta de calificaciones." También decía: "Una de las razones por las que la gente tiene dificultades financieras es que abandona la escuela sin saber qué cosa son los estados financieros."

Los estados financieros son fundamentales para la riqueza

Un aspecto fundamental para crear y conservar una gran riqueza son los estados financieros. Usted tiene estados financieros, sin importar si lo sabe o no. Un negocio tiene estados financieros. Una propiedad de bienes raíces tiene estados financieros. Antes de que usted adquiera una acción de la compañía, se recomienda que analice los estados financieros de la compañía. Los estados financieros son fundamentales en todos los aspectos relacionados con dinero. Desafortunadamente la mayoría de la gente abandona la escuela sin saber qué son los estados financieros. Esa es la razón por la que, para la mayoría de la gente, el *Monopolio* es sólo un juego. Yo desarrollé mis juegos de *CASHFLOW* para enseñar a las personas interesadas qué cosa eran los estados financieros, cómo se usan y cómo esas personas pueden asumir el control de su futuro mientras se divierten. Mis juegos son el puente entre *Monopolio* y el mundo real.

En las siguientes páginas, usted verá ejemplos de estados financieros utilizados en *CASHFLOW para niños* y de estados financieros usados en *CASHFLOW 101* y *202*, que son los juegos utilizados para enseñar a los adultos. Usted podrá advertir que aunque ambos son estados financieros, uno es ligeramente más adecuado para las mentes de los niños que se acercan a la juventud.

En conclusión

El paso número dos es la parte más importante del aprendizaje. Es importante que lo aprenda al mismo tiempo que se divierte. Es mucho mejor aprender mientras se divierte que aprender acerca del dinero por medio del temor a perderlo. En vez de que el dinero se relacione con la diversión y la emoción, a menudo escucho a los padres reforzar el miedo y los pensamientos negativos en lo que se refiere al dinero. La razón más frecuente de discusión en los hogares actualmente es acerca del dinero. Un niño aprende a asociar el miedo y la ira con el dinero. En muchos hogares un niño aprende que el dinero es escaso y difícil de conseguir y que usted debe trabajar duro para ganarlo. Eso es lo que yo aprendí cuando estaba en casa con mis padres. Cuando estaba con mi padre rico, aprendí que ganar dinero es sólo un juego y él se divertía jugando el juego. Yo escogí que el dinero fuera un juego en mi vida y decidí divertirme mientras jugaba el juego.

En los siguientes capítulos abordaré el paso número tres, que incluye ejercicios más vinculados con la vida real —¿o debo decir con el dinero real?— que usted puede utilizar con sus hijos para prepararlos para el mundo real.

CAPÍTULO 10

Por qué los ahorradores son perdedores

Tengo una amiga que recientemente me pidió consejo financiero. Cuando le pregunté cuál era su problema, me respondió: "Tengo mucho dinero, pero tengo miedo de invertirlo." Había trabajado duro toda su vida y había ahorrado cerca de 250 000 dólares.

Cuando le pregunté por qué tenía miedo de invertirlo, me respondió: "Porque tengo miedo de perderlo." A continuación agregó: "Es el dinero que me costó trabajo ganar. He trabajado durante años para ahorrarlo, pero ahora que estoy lista para retirarme, creo que no será suficiente para mantenerme por el resto de mi vida. Sé que necesito invertir para obtener una mejor retribución, pero si lo pierdo todo, a mi edad, no seré capaz de trabajar para reponerlo. Se me acabó el tiempo."

Una antigua fórmula ganadora

El otro día estaba mirando el televisor y un psicólogo infantil, convertido en asesor financiero, dijo en un programa: "Es importante enseñar a su hijo a ahorrar dinero." La entrevista continuó con la burla usual sobre comenzar a edad temprana los buenos hábitos financieros, así como la serie usual de lugares comunes como "un centavo ahorrado es un centavo ganado" y "ahorrar para un día lluvioso."

Mi madre solía decir a sus cuatro hijos: "No sean deudores ni prestamistas." Y mi padre solía decir: "Me gustaría que tu madre dejara de pedir dinero prestado a los prestamistas para que pudiéramos poner algún dinero en nuestros ahorros."

Escucho a muchos padres que le dicen a sus hijos: "Ve a la escuela, obtén buenas calificaciones, obtén un buen trabajo, compra una casa y ahorra dinero." Esa era una buena fórmula ganadora para la era industrial, pero ese consejo podría ser una fórmula perdedora en la era de la información. ¿Por qué?, simplemente porque en la era de la información su hijo necesitará de información financiera más sofisticada; mucho más que simplemente guardar dinero en el banco o en sus planes de ahorro para el retiro.

La lección de mi padre rico sobre ahorros

Mi padre rico diría: "Los ahorradores son perdedores." No es que estuviera en contra de los ahorros. La razón por la que decía que los ahorradores son perdedores, era por que él quería que Mike y yo miráramos más allá. En *Padre rico, padre pobre*, la lección número uno de mi padre rico era: "Los ricos no trabajan por dinero." En vez de que nosotros trabajáramos por dinero, él quería que Mike y yo aprendiéramos cómo hacer que el dinero trabajara duro para nosotros. Y mientras los ahorros son una forma de hacer que el dinero trabajara para nosotros, en su mente, el concepto de ahorrar dinero y tratar de vivir únicamente de los intereses era un juego para perdedores y él podía demostrarlo.

A pesar de que abordé este tema en mis libros anteriores, es lo suficientemente importante para repetirlo. Explicar la razón por la que mi padre rico decía: "Los ahorradores son perdedores." También puede reforzar la idea de que enseñar a su hijo que comprenda los estados financieros a edad temprana, es muy importante.

Yo amo a mi banquero

Primero que nada, yo amo a mi banquero. Digo esto porque después de mis lecciones anteriores sobre el tema, mucha gente piensa que estoy en contra de los bancos y los banqueros. Nada puede estar más alejado de la verdad. La realidad es que amo a mi banquero porque mi banquero es mi socio en cuestiones de dinero y me ayuda a enriquecerme… y tiendo a querer a la gente que me ayuda a enriquecerme. De lo que estoy en contra es de la ignorancia financiera, porque es la ignorancia financiera lo que ocasiona que mucha gente utilice a su banquero como un socio para empobrecerse.

Cuando un banquero le dice que su casa es un activo, la cuestión es: ¿le está mintiendo su banquero o le está diciendo la verdad? La respuesta es que su banquero le está diciendo la verdad. Pero no le está diciendo para quién constituye su casa un activo. Su casa es un activo del banco. Si usted puede leer un estado financiero, es fácil comprender por qué es verdadera esa afirmación.

Cuando usted atraviese la ciudad para ir al banco y observe los estados financieros del banco, comenzará a ver y comprender cómo funcionan en realidad los estados financieros.

Los estados financieros de su banco tienen el siguiente aspecto:

El banco

Ingreso
Gasto

Activo Su hipoteca	Pasivo

Al inspeccionar los estados financieros de su banco, usted pronto advertirá que su hipoteca, que está enumerada en su columna de pasivos, también está enumerada en la columna de activos del banco. En ese punto usted comienza a comprender cómo funcionan en realidad los estados financieros.

La imagen completa

Cuando la gente me dice que eso no prueba nada e insiste en que su casa es un activo, recurro a la prueba definitiva del flujo de efectivo, posiblemente la palabra más importante en los negocios y la inversión. Por definición, si el dinero fluye hacia el interior de su bolsillo, entonces lo que usted tiene es un activo, y si el dinero fluye hacia el exterior de su bolsillo, entonces lo que usted tiene es un pasivo.

Observe el ciclo completo del flujo de efectivo. La imagen vale más que mil palabras.

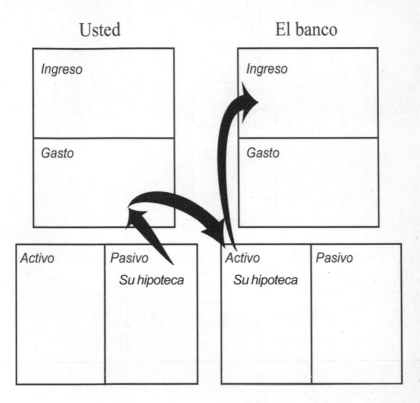

¿Y qué hay con los ahorros?

La siguiente pregunta es: ¿Qué tiene que ver esto con que los ahorros sean para los perdedores? Nuevamente la respuesta se encuentra en los estados financieros.

Sí, sus ahorros son un activo. Pero para ver una imagen verdadera, necesitamos seguir el rastro que deja el flujo de efectivo para mejorar nuestra inteligencia financiera.

En la página siguiente podrá observar sus estados financieros:

Usted

Los estados financieros de su banco fueron mostrados en la gráfica.

El banco

Nuevamente, al aplicar la prueba definitiva de la manera en que fluye el efectivo, usted puede ver que la prueba que se define un activo y un pasivo sigue siendo verdadera.

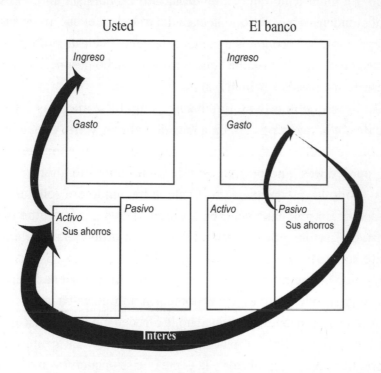

Los incentivos fiscales para que usted se endeude y el castigo fiscal por sus ahorros

Al comenzar el año 2000 muchos economistas estaban alarmados ante la tasa de ahorros negativa en Estados Unidos. Una tasa de ahorros negativa significa que, como nación, tenemos más deuda que efectivo en los bancos. Los economistas comenzaron a decir que necesitábamos alentar a que la gente ahorrara dinero. Comenzaron a hacer sonar las campanas de alarma de que, como nación, habíamos pedido demasiado dinero prestado de los bancos asiáticos y europeos, y que nuestra nación está al borde de un desastre económico. En un artículo que leí, un destacado economista dijo: "Los estadounidenses han perdido la ética del trabajo y el ahorro de sus antepasados." El economista culpó a "la gente" de este problema, en vez de culpar "al sistema" que creamos mucho después de que nuestros antepasados habían muerto.

Todo lo que uno tiene que hacer es analizar nuestras leyes fiscales, y la razón por esa baja tasa de ahorros y alto endeudamiento se vuelve obvia. Mi padre rico decía: "Los ahorradores son perdedores", no porque estuviera en contra de ahorrar dinero. Todo lo que mi padre rico estaba haciendo era señalar lo evidente. En muchas naciones occidentales la gente recibe incentivos fiscales por incurrir en deuda. En otras palabras, a la gente se le ofrecen incentivos para endeudarse más. Esa es la razón por la que mucha gente toma su deuda de tarjeta de crédito y la convierte en deuda hipotecaria sobre sus casas.

Además de lo anterior, a usted no le ofrecen incentivos fiscales por sus ahorros. Ocurre exactamente lo opuesto. La gente que ahorra debe pagar impuestos y la gente que se encuentra en deuda recibe incentivos fiscales. No sólo eso. La gente que trabaja más duro y que recibe menos dinero es la que paga los porcentajes más altos de impuestos, no los ricos. Me parece obvio que el sistema haya sido diseñado para castigar a quienes trabajan y ahorran y para recompensar a quienes piden prestado y gastan. Y mientras más fracasa el sistema educativo en lo que se refiere a enseñarle a los niños acerca de los estados financieros, más tenemos una nación que no puede leer los números para darse cuenta de lo que en realidad está ocurriendo.

La recompensa por ahorrar

Mi padre rico dijo una vez: "Le pagan a usted 4 por ciento por sus ahorros, pero la inflación crece al 4 por ciento, por lo que usted no está superándola. Entonces el gobierno le cobra impuestos por sus intereses, de manera que el resultado neto es que usted está perdiendo dinero con sus ahorros. Por eso los ahorradores son perdedores."

Mi padre rico rara vez habló de ahorrar dinero después de esa afirmación. En vez de ello comenzó a enseñarnos a hacer que el dinero trabajara duro para nosotros… y eso era mediante la adquisición de activos, o lo que él llamaba "convertir el dinero en riqueza." Mi madre y mi padre convertían su dinero en deuda, pensando que era un activo y no les quedaba nada que ahorrar. Y a pesar de que trabajaban más duro y no tenían dinero para ahorrar, seguían diciéndole a sus hijos: "Consigue un empleo, trabaja duro y ahorra dinero." Tal vez fue un buen consejo en la era industrial, pero es un mal consejo durante la era de la información.

¿Qué tan rápido se mueve su dinero?

Mi padre rico no estaba en contra de ahorrar dinero. Pero en vez de aconsejarnos ciegamente que *ahorráramos* dinero, mi padre rico hablaba a menudo de la *velocidad* del dinero. En vez de aconsejarnos que guardáramos nuestro dinero y ahorráramos para el retiro, a menudo hablaba de "retribución sobre la inversión" y "tasas internas de retribución", que era otra manera de decir: "¿Qué tan rápido regresa mi dinero?"

He aquí un ejemplo muy simplificado:

Digamos que adquiero una casa para renta por 100 000 dólares y utilizo 10 000 dólares de mis ahorros como pago inicial. Después de un año, el ingreso por rentas menos el pago de la hipoteca, los impuestos y otros gastos resultan en la cifra neta de 10 000 dólares. En otras palabras, recuperaré mis 10 000 dólares de ahorros y tendré la casa, un activo que me pagará otros 10 000 dólares adicionales al año.

A continuación puedo tomar esos 10 000 dólares y adquirir otra propiedad o acciones o un negocio.

A eso se refiere la gente cuando habla de "velocidad del dinero", o como decía mi padre: "¿Qué tan rápido regresa mi dinero o cuál es mi retribución sobre la inversión?" Las personas sofisticadas desde el punto de vista financiero quieren recuperar su dinero con el fin de seguir adelante e invertir en otro activo, lo cual constituye otra razón por la que los ricos se enriquecen mientras todos los demás están tratando de ahorrar para un día lluvioso o ahorrar los centavos o ahorrar para el retiro.

Jugar con dinero real

Al comenzar este capítulo relaté la historia de una antigua amiga mía que estaba acercándose a la edad de retiro, tenía cerca de 250 000 dólares en ahorros y se preguntaba qué hacer a continuación. Ella sabía que necesitaba cerca de 35 000 dólares al año para vivir y los intereses sobre sus 250 000 dólares no le proporcionarían ese nivel de ingreso. Yo utilicé el mismo ejemplo sencillo de tomar 10 000 dólares de sus ahorros y comprar una casa de 100 000 dólares para explicar cómo la inversión podía ayudar a resolver sus problemas financieros. Desde luego, ella necesitaba aprender cómo invertir en una propiedad y encontrar primero una inversión como esa. Cuando le expliqué lo que significaba "la velocidad del dinero" y la "retribución sobre la inversión", ella se congeló mental y emocionalmente. Aunque las cosas tenían sentido para ella, el miedo de perder el dinero que le había costado tanto esfuerzo ganar le hacía cerrar la mente ante la posibilidad de una nueva fórmula ganadora. Todo lo que ella sabía era cómo trabajar duro y ahorrar dinero. Hoy en día su dinero todavía está en el banco y recientemente, cuando la vi otra vez me dijo: "Me gusta mi trabajo, así que creo que trabajaré durante unos años más. Eso me mantendrá activa." Conforme se alejaba, yo podía escuchar a mi padre rico que decía: "Una de las principales razones por las que la gente trabaja tan duro es que nunca aprendieron cómo hacer que su dinero trabajara duro. Así que trabajan duro toda su vida y su dinero descansa."

Enseñe a su hijo a hacer que su dinero trabaje duro

Las siguientes son algunas ideas que usted quizá desee utilizar para enseñar a sus hijos a hacer que el dinero trabaje duro para ellos. Nuevamente, advierto a los padres que no deben obligar a los hijos a aprender esto si ellos no desean aprender. El truco de ser padres de familia es encontrar maneras para que un niño quiera aprender, en vez de obligarlo.

El sistema de las tres alcancías

Cuando yo era un niño pequeño, mi padre rico me pidió que comprara tres alcancías. Estaban etiquetadas como sigue:

Diezmo: mi padre rico creía en donar a las iglesias e instituciones caritativas. Él tomaba el 10 por ciento de su ingreso bruto y lo donaba. A menudo decía: "Dios no necesita recibir, pero los humanos necesitamos dar." A lo largo de los años he descubierto que muchas de las personas más ricas del mundo comenzaron sus vidas con el hábito de dar diezmo.

Mi padre rico estaba seguro de que debía gran parte de su buena fortuna financiera al diezmo. Él decía también: "Dios es mi socio. Si usted no le paga a su socio, su socio deja de trabajar y usted tiene que trabajar diez veces más duro."

Ahorros: la alcancía número dos era para los ahorros. Como regla general, mi padre rico creía que él debía tener suficientes ahorros para cubrir un año de gastos. Por ejemplo, si el total de sus gastos anuales era de 35 000 dólares, él pensaba que era importante tener 35 000 dólares en ahorros. Después de que tenía esa cantidad en ahorros, donaba el resto. Si sus gastos aumentaban, entonces la cantidad que él tenía ahorrada tenía que aumentar de manera correspondiente.

Inversión: En mi opinión, es la alcancía que me proporcionó un buen inicio en la vida. Es la alcancía que proporcionó el dinero por medio del cual yo aprendería a asumir riesgos.

Mi amiga que tenía 250 000 dólares en ahorros debió haber tenido esta alcancía a la edad de 9 años. Como afirmé anteriormente, cuando un niño tiene 9 años de edad, comienza a buscar su propia identidad. Pienso que aprender a no necesitar dinero, a no necesitar un empleo y a invertir a esa edad, me ayudó a forjar mi identidad. Aprendí a tener confianza financiera en vez de la necesidad de tener seguridad financiera.

En otras palabras, fue de esa tercera alcancía de donde obtuve el dinero real para comenzar a asumir riesgos, cometer errores, aprender lecciones y ganar la experiencia que me haría pararme con firmeza por el resto de mi vida.

Una de las primeras cosas en las que comencé a invertir fue en monedas raras, una colección que todavía conservo. Después de las monedas invertí en acciones y luego en bienes raíces. Pero más que los activos en los que estaba invirtiendo, estaba invirtiendo en mi educación. Actualmente, cuando hablo de la velocidad del dinero y de la retribución sobre la inversión, hablo con más de 40 años de experiencia. Mi amiga con 250 000 dólares ahorrados y cerca de la edad del retiro, todavía tiene que comenzar a ganar experiencia. Y es esa falta de experiencia lo que le hace tener miedo de perder el dinero que ganó con tanto esfuerzo. Son mis años de experiencia lo que me dan la ventaja en esta materia.

Al hacer que su hijo tenga tres alcancías, usted puede darles el capital inicial para comenzar a obtener esa experiencia sin precio cuando todavía son jóvenes. Una vez que tengan las tres alcancías y desarrollen buenos hábitos, usted quizá desee llevar a sus hijos a una casa de corretaje y hacer que abran una cuenta, adquieran fondos mutualistas o acciones con el dinero que hayan vaciado de la alcancía etiquetada como "ahorros." Le recomiendo que permita que sus hijos hagan eso con el fin de que obtengan de ese proceso una experiencia mental, emocional y física. Conozco a muchos padres de familia que hacen ese servicio por sus hijos. En ese caso, a pesar de que usted esté ayudando a que sus hijos obtengan un pequeño portafolio, les estará privando de la experiencia, y en el mundo real, la experiencia es tan importante como la educación.

Páguese primero a usted mismo

Recientemente asistí a un programa de televisión de Oprah Winfrey y una de las principales preguntas del auditorio era: "¿Cómo se paga usted primero?" Quedé impactado cuando me di cuenta de que para muchos adultos, la idea de pagarse primero a sí mismos era nueva y difícil de comprender. La razón por la que era difícil era que muchos adultos se encuentran tan hundidos en deudas que no pueden pagarse primero a sí mismos. Después de dejar el programa, me di cuenta de que al comenzar mi vida con el sistema de las tres alcancías, mi padre rico estaba enseñándome a pagarme primero a mí. Hoy en día, como adulto, mi esposa y yo todavía tenemos las tres alcancías en nuestra recámara y todavía damos diezmo, ahorramos e invertimos.

Cuando estudio las vidas de personas muy ricas, veo que la idea de pagarse primero a sí mismos era fundamental en sus mentes, para sus vidas. Recientemente escuchaba al gurú de la inversión y gerente de fondos *Sir* John Templeton, quien dijo que hace su mejor esfuerzo por vivir del 20 por ciento de su ingreso bruto y ahorrar, donar e invertir el 80 por ciento de su ingreso bruto. Muchas personas viven con el 105 por ciento de su ingreso bruto y no dejan nada para pagarse a sí mismas. En vez de pagarse primero a sí mismas, les pagan a todos los demás primero.

El papeleo

Mi padre rico llevó la idea de las tres alcancías un paso adelante. Él deseaba asegurarse de que Mike y yo podríamos relacionar nuestras alcancías con nuestros estados financieros. Mientras continuábamos llenando nuestras alcancías, él también nos hizo llevar la cuenta de cada una mediante estados financieros rudimentarios. Esta es la manera por medio de la cual nos hacía llevar la cuenta de nuestras alcancías:

Si sacamos algo de dinero de nuestra cuenta de banco, tenemos que responder por ello. Por ejemplo, si sacamos 25 dólares de mi cuenta para el diezmo y lo donamos a la iglesia o a la caridad, tengo que responder por ello en mis estados financieros mensuales.

Mis estados financieros tendrían el siguiente aspecto durante el mes:

Al tener tres alcancías y hacerme responsable por mi dinero en mi estado financiero, he ganado años de educación y experiencia financiera que, muchos adultos, ya no digamos los niños, nunca reciben. Mi padre rico diría: "La palabra contabilidad se relaciona con la palabra *responsabilidad*. Si vas a ser rico, necesitas ser responsable de tu dinero."

No puedo expresarle qué tan importante es la idea de la responsabilidad y la contabilidad en mi vida actual. Y es importante para todos. Cuando un banco amablemente rechaza su solicitud de préstamo, en muchas formas está diciendo que está preocupado por su falta de responsabilidad por la forma que administra su dinero. Cuando el Fondo Monetario Internacional (FMI) afirma que un país no es lo suficientemente "transparente", en muchas formas está pidiendo que ese país le muestre estados financieros más claros. La transparencia significa claridad, tal, que cualquier parte interesada pueda ver fácilmente de dónde fluye el efectivo y hacia quién está fluyendo. En otras palabras, el FMI hace responsable a toda una nación, de la manera en que mi padre rico nos hizo responsables a Mike y a mí.

Así que, ya sea usted un niño pequeño, una familia, un negocio, una iglesia o una gran nación, la capacidad de manejar su dinero y de ser responsable, es una habilidad importante en la vida, que vale la pena aprender.

Éste es el comienzo

La simple idea de utilizar juegos de mesa, tres alcancías y estados financieros sencillos es la manera en la que mi padre rico hizo que su hijo y yo nos iniciáramos en el mundo real del dinero. Aunque se trataba de un concepto sencillo, no necesariamente era fácil de seguir. Una de las lecciones más importantes que aprendí de este proceso, fue el valor de la disciplina financiera. Sabía que una vez al mes tenía que reportar mis finanzas a mi padre rico, entonces, sabía que sería responsable de todo mi dinero. Hubo meses en los que definitivamente deseaba correr y esconderme, pero en retrospectiva, los peores meses fueron aquellos en los que aprendí más... porque aprendí más acerca de mí mismo. También sé que esa disciplina me ayudó en la escuela, debido a que fue mi falta de disciplina, no mi falta de inteligencia, lo que me hizo meterme en la mayoría de mis problemas académicos.

Ésta es la manera en que mi padre rico nos enseñó a su hijo y a mí a manejar el dinero en el mundo real. En los siguientes capítulos referiré algunos ejercicios más avanzados que usted puede intentar y otras lecciones que pueden ser aprendidas a lo largo del camino. Fue importante aprender las siguientes lecciones porque hoy en día limitarse a ahorrar su dinero para un día lluvioso es una manera segura de quedarse rezagado desde el punto de vista financiero. En la era industrial, ahorrar dinero fue quizá una buena idea, pero en la era de la información ahorrar dinero es una idea que no mantiene la velocidad del cambio causado por los cambios en la información. En la era de la información, usted desea saber qué tan rápido se mueve su dinero y qué tan duro está trabajando para usted.

CAPÍTULO 11

La diferencia entre la deuda buena y la mala

Mi madre y mi padre pasaron la mayor parte de sus vidas haciendo su mejor esfuerzo por liberarse de las deudas.

Mi padre rico, por su parte, pasó la mayor parte de su vida tratando de contraer más y más deudas. En vez de aconsejar a Mike y a mí que evitáramos la deuda y pagáramos las cuentas, a menudo decía: "Si quieren ser ricos, deben conocer la diferencia entre la deuda buena y la deuda mala." No se trataba tanto de que mi padre rico estuviera interesado en el tema de la deuda. Él quería que conociéramos la diferencia entre el bien y el mal desde el punto de vista financiero. Mi padre rico estaba más interesado en hacer que saliera a la luz nuestro genio financiero.

¿Conoce usted la diferencia entre el bien y el mal?

En la escuela, los maestros enfocan la mayor parte de su tiempo en buscar las respuestas correctas y las respuestas equivocadas. En la iglesia, gran parte de la discusión es acerca de la batalla entre el bien y el mal. En lo que se refiere al dinero, mi padre rico también nos enseñó a su hijo y a mí a conocer la diferencia entre el bien y el mal.

El pobre y los bancos

Cuando era niño conocí a muchas familias pobres que no confiaban en los bancos ni en los banqueros. Muchas personas pobres se sentían incómodas cuando hablaban con un banquero vestido de traje. Así que en vez de ir al banco, muchos de ellos simplemente escondían su dinero bajo el colchón o en otro sitio de resguardo... en tanto no se tratara del banco.

Si alguien necesita dinero, la gente se reúne, juntan su dinero y prestan la cantidad combinada al miembro del grupo que lo necesita. Si ellos no pueden encontrar a algún amigo o miembro de la familia que les preste dinero, los pobres utilizan las casas de empeño como su banco. En vez de colocar su casa como garantía colateral, colocan su sierra eléctrica o su televisor y les cobran tasas de interés muy altas. Hoy en día, el pobre puede pagar tasas de interés de más de 400 por ciento en préstamos de corto plazo en algunos estados de los Estados Unidos. Frecuentemente se les llama "préstamos del día de pago." Muchos estados regulan la cantidad máxima de interés que puede ser cobrada, pero aún se trata de un precio muy alto por pedir prestado dinero. Cuando me di cuenta de qué tan mal tratan al pobre este tipo de instituciones financieras, supe por qué muchas personas pobres desconfían de los hombres de traje... y también sé que la falta de confianza es recíproca. Para ellos, todos los bancos y banqueros eran malos y estaban listos para explotarlos, y los bancos y banqueros a menudo tenían una visión similar de ellos.

La clase media y los bancos

Mis padres, por otra parte, como gran parte de la clase media, veían a los bancos como un sitio seguro para guardar el dinero. A menudo decían a sus hijos: "Es tan seguro como el dinero en el banco." De manera que percibían a los bancos como un buen lugar para guardar su dinero, pero también consideraban que pedir prestado demasiado dinero era malo. Esa era la razón por la que mi madre y mi padre siempre trataban de pagar sus cuentas a tiempo. Una de sus metas era pagar totalmente su casa y ser totalmente dueños de la misma. Para resumir su visión, ellos pensaban que los bancos eran buenos, que los ahorros eran buenos y que los préstamos eran malos. Por eso mi madre decía constantemente: "No sean ni deudores ni prestamistas."

El rico y los bancos

Mi padre rico, por otra parte, nos enseñó a Mike y a mí a ser más inteligentes desde el punto de vista financiero. Como afirmé anteriormente en este libro, una de las definiciones de la inteligencia es la capacidad de hacer distinciones más precisas o de multiplicar al dividir. De forma más específica, mi padre rico no pensaba ciegamente que ahorrar dinero fuera bueno o que la deuda fuera mala. En vez de ello pasó mucho tiempo enseñándonos la diferencia entre los buenos ahorros y los malos ahorros, los buenos gastos y los malos gastos, la deuda buena y la deuda mala, las buenas pérdidas y las malas pérdidas, el buen ingreso y el mal ingreso, los buenos impuestos y los malos impuestos, las buenas inversiones y las malas inversiones. Mi padre rico nos enseñó a pensar y elevar nuestra inteligencia financiera al hacer distinciones más precisas. En otras palabras, mientras más pueda usted señalar la diferencia entre la deuda buena y la deuda mala, los buenos ahorros y los malos ahorros, mayor será su coeficiente intelectual financiero. Si usted ve algo como la deuda, tan sólo como algo bueno o malo, entonces eso significa que su coeficiente intelectual financiero podría ser más alto.

Este libro no trata de las diferencias específicas entre lo bueno y lo malo de esas categorías. Pero si usted está interesado en averiguar más, el libro número tres, la *Guía para invertir de mi padre rico* le explicará más ampliamente algunas de las diferencias entre la deuda buena y la mala, los gastos, las pérdidas, los impuestos, etcétera.

El propósito de este libro es prevenir a los padres sobre decir cosas como:

- Sal de deudas.
- Ahorra dinero.
- Paga tus cuentas.
- Destruye tus tarjetas de crédito.
- No pidas dinero prestado.

Repitiendo lo que se dijo anteriormente, el pobre tiende a pensar que los bancos son malos y los evita; la clase media piensa que algunos servicios de los bancos son buenos y algunos servicios de los bancos son malos; y mi padre rico nos enseñó a distinguir el bien y el mal en todo. Al alentarnos a ver tanto el bien como el mal en la mayoría de los temas financieros, incrementamos nuestra capacidad para hacer distinciones más precisas y por lo tanto, elevamos nuestra inteligencia financiera.

Desarrollar el genio financiero de su hijo.

Una de las lecciones más importantes que nos enseñó nuestro padre rico fue la lección que llamó: "Piensa como un banquero." También le llamaba "la alquimia del dinero, cómo convertir el plomo en oro." O "cómo ganar dinero con nada."

Aquellos que leyeron *Padre rico, padre pobre,* recordarán la historia del libro de tiras cómicas. Fue una historia acerca de cómo aprendí a pensar como banquero o como un alquimista, que es una persona que puede convertir el plomo en oro.

En vez de percibir al banco como malo, como lo hace la mayoría de los pobres, o que algunas partes del banco son buenas y otras son malas, como lo hace la mayoría de la clase media, mi padre rico quería que Mike y yo comprendiéramos cómo funciona un banco. Durante ese período de nuestro desarrollo él ocasionalmente nos llevaría a su banco y nos haría sentarnos en el vestíbulo y observar a las personas que iban y venían. Finalmente, después de haber hecho ese ejercicio cierto número de veces, nos preguntaba. "Bien… ¿Qué ven ustedes, niños?"

Como teníamos 14 años de edad, no veíamos mucho. Mike y yo nos encogíamos de hombros y teníamos aspecto aburrido, como muchos adolescentes cuando se les formula una pregunta. "Gente que sale y entra", dijo Mike.

"Sí", respondí. "Eso es todo lo que veo."

"Muy bien", dijo mi padre rico mientras nos guiaba hacia la ventanilla del cajero. En ese sitio nos hizo observar a una mujer que hacía un depósito. "¿Ven eso?", preguntó.

Asentimos con la cabeza.

"Bien", dijo y entonces nos condujo a un escritorio donde se sentaba uno de los funcionarios del banco. "¿Qué ven aquí?"

Mike y yo observamos a un hombre vestido de traje que estaba llenando unos estados financieros y hablando con el banquero. "No lo sé, en realidad", respondí. "Pero si tuviera que adivinar, diría que está pidiendo dinero prestado."

"Bien", dijo mi padre rico, indicando que era tiempo de que nos marcháramos. "Finalmente vieron lo que yo quería que vieran."

Al subirse al automóvil, que estaba muy caliente debido al sol hawaiano, Mike preguntó: "¿Qué vimos?"

"Buena pregunta", respondió mi padre rico. "¿Qué vieron?"

"Vi gente entrar y depositar dinero en el banco", afirmé. "Y luego vi a otras personas entrando al banco para pedir dinero prestado. Eso es todo lo que vi."

"Muy bien", dijo mi padre rico. "¿Y de quién era ese dinero? ¿se trataba del dinero del banco?"

"No", dijo Mike. "Era el dinero de la gente. El dinero gana dinero con el dinero de otra gente. Ellos aceptan el dinero y lo prestan, pero no se trata de su dinero."

"Bien", dijo nuevamente mi padre rico. A continuación volteó a verme y dijo "¿Y qué tratan de hacer tus padres cada vez que van al banco?"

Después de pensar un momento, respondí: "Tratan de hacer su mejor esfuerzo para ahorrar dinero. Y si piden dinero prestado, entonces hacen su mejor esfuerzo para pagar la deuda del dinero que han tomado prestado. Ellos consideran que los ahorros son buenos y que la deuda es mala."

"Muy bien", dijo mi padre rico. "Eres muy observador."

Jalando hacia atrás mi gorra de béisbol, me encogí de hombros, diciendo para mis adentros "no importa", mientras regresábamos a la oficina de mi padre rico.

Sentado en su escritorio, mi padre rico sacó su bloc de hojas amarillas y dibujó el siguiente diagrama de un estado financiero.

El banco

Ingreso
Gasto

Activo Préstamos 6 %	Pasivo Ahorros 3%

"¿Comprenden esta ilustración financiera?", nos preguntó mi padre rico mientras empujaba el bloc frente a nosotros.

Mike y yo lo estudiamos por un momento. "Sí, lo comprendo", dijo Mike mientras yo asentía. Para entonces habíamos pasado por tantos de esos diferentes escenarios financieros que era fácil comprender la manera de pensar de mi padre rico. "El banco toma prestado o acepta el dinero y paga 3 por ciento al ahorrador, y luego lo presta al 6 por ciento al deudor."

Mientras asentía, mi padre rico preguntó: "¿Y de quién es el dinero?"

"Es dinero del ahorrador", respondí rápidamente. Tan pronto como ingresa, el banquero quiere prestarlo. Mi padre rico asintió. Después de un largo período de silencio, que nos permitió digerir lo que él quería que comprendiéramos, dijo: "Cuando juego *Monopolio* con ustedes, a menudo les digo que están buscando la fórmula para obtener una gran riqueza, ¿correcto?"

Asentimos con la cabeza. "Cuatro casas verdes, un hotel rojo", respondí tranquilamente. "Bien" dijo mi padre rico. "La única cosa buena acerca de los bienes raíces es que puedes verlos. Pero ahora que eres mayor, quiero que veas lo que tus ojos no pueden ver."

"¿Lo que los ojos no pueden ver?" repetí, ahora confundido. Mi padre asintió con la cabeza. "Eres mayor ahora. Tu cerebro está más desarrollado. Deseo comenzar a enseñarte a ver con tu cerebro lo que los pobres y la clase media rara vez ven... y que a menudo no ven porque no están familiarizados con los estados financieros y la manera en que funcionan", dijo.

Mike y yo nos sentamos tranquilamente a esperar. Sabíamos que él estaba a punto de enseñarnos algo sencillo, pero profundo; sin embargo, sería profundo solamente si podíamos ver más allá de la sencillez.

Mi padre rico tomó nuevamente su bloc de hojas y trazó el siguiente diagrama.

Los estados financieros de mi padre rico:

Padre rico

Ingreso
Gasto

Activo	Pasivo
Préstamo al consumidor 12 por ciento	Préstamo bancario 6 por ciento

Mike y yo simplemente nos sentamos y miramos el diagrama por largo rato. Como dije antes, era un diagrama sencillo, pero sería profundo si dejábamos que la lección fuera presentada a pesar de su simplicidad. Finalmente dije: "Así que tú pides prestado el dinero y lo vuelves a prestar, de la misma forma que hace el banco."

"Eso es correcto", dijo mi padre rico. "¿Sabes que tus padres dicen frecuentemente: 'No seas deudor ni prestamista'?" Asentí.

"Por eso pasan problemas con el dinero", dijo mi padre rico. "Primero se enfocan en ahorrar el dinero. Si piden dinero prestado, lo hacen por pasivos que ellos creen que son activos —cosas como las casas y los automóviles—, cosas en las que el flujo de efectivo sale en vez de entrar. A continuación trabajan duro para pagar su deuda con el fin de poder decir: "Soy totalmente dueño de esto."

"¿Es malo que hagan eso?", pregunté.

"No", dijo mi padre rico. "No se trata de que sea bueno o malo, se trata de la educación."

"¿La educación?" respondí. "¿Qué tiene que ver la educación con esto?"

"Bien", dijo mi padre rico. "Dado que tus padres no están bien educados en lo que se refiere al dinero, la mejor manera de ahorrar dinero y sacar el mejor provecho es pagar la deuda rápidamente. Debido a su nivel de educación financiera, o lo que yo llamo 'sofisticación financiera', ese tipo de administración del dinero es el mejor para ellos."

"Pero si ellos quisieran hacer lo que tú haces, tendrían que incrementar su educación financiera.", dijo Mike.

Mi padre rico asintió con la cabeza. "Y eso es lo que quiero hacer con ustedes dos antes de que salgan de la escuela. Si no aprenden lo que estoy a punto de enseñarles antes de abandonar la escuela, existen muchas posibilidades de que nunca lo aprendan. Si dejan la escuela sin esta educación, existen posibilidades de que el mundo se aproveche injustamente de ustedes simplemente porque no saben mucho acerca de dinero."

"¿Quieres decir que el mundo real nos educará?" pregunté.

Mi padre rico asintió.

"Así que tú pides prestado dinero para ganar dinero", dije.

"Eso es correcto", dijo mi padre rico.

"Y mis padres trabajan por el dinero y luego tratan de ahorrar dinero y no piden dinero prestado."

Mi padre rico asintió. "Y es por eso que les cuesta trabajo volverse ricos."

"Debido a que trabajan duro por el dinero", agregué, tratando de lograr mayor claridad. Al asentir, mi padre rico dijo: "Y hay límites. Qué tan duro puedes trabajar y qué tanto te pueden pagar por tu trabajo. Para la mayoría existe un límite: cuánto dinero puede producir el trabajo duro."

"Así que hay un límite a la cantidad que puedes ahorrar", añadió Mike. "Como dijiste, los impuestos se apoderan de una gran parte de los salarios de los empleados aun antes de que el empleado reciba su pago", agregó.

Mi padre rico se recostó en su silla en silencio. Él podía ver que la lección se desarrollaba bien.

Al volver al diagrama en el bloc de mi padre rico, señalé las columnas de activos y pasivos.

"De manera que tú haces exactamente lo que hace el banco:

Padre rico

Ingreso
Gasto

Activo	Pasivo
Préstamo al consumidor, 12 por ciento	Préstamo bancario, 6 por ciento

pides dinero prestado del banco y luego encuentras la manera de hacer que ese dinero prestado gane más dinero."

Mi padre rico me miró y dijo: "Ahora veamos los estados financieros de tus padres."

Con esa afirmación, me recosté en mi silla. Yo sabía adonde quería llegar. Era tan claro como el agua. Con ayuda de su bloc, él dibujó los estados financieros de mis padres.

Mi padre rico, Mike y yo nos sentamos a observar las diferen-

Padre pobre

Ingreso
Gasto

Activo	Pasivo
Ahorro, 3 por ciento	Hipoteca 6, por ciento

cias entre los dos estados financieros. Yo realmente no sabía qué tan importante sería esa sencilla lección para mi vida, y sin embargo, afectó la manera en que miraba al mundo después de ese día. Existían tantas lecciones que aprender de ese ejemplo sencillo… Y sigo aprendiendo las lecciones hoy en día.

Muchas de las lecciones están escondidas. Sugiero que se siente con sus amigos y discuta el impacto de las diferencias sutiles que pueden tener a lo largo de la vida. Sugiero invertir tiempo para discutir los siguientes temas:

- ¿Qué ocurre a la gente si su mente financiera permite que los activos ganen menos que el costo de sus pasivos a lo largo de sus vidas?
- ¿Cuánto tiempo tardaría en ahorrar el dinero en vez de pedirlo prestado? Por ejemplo, ¿cuánto tiempo se tardaría en ahorrar 100 000 dólares en vez de pedir prestado 100 000 dólares si usted sólo gana 50 000 dólares al año y tiene una familia que alimentar, vestir y educar?
- ¿Qué tan rápido puede salir adelante si puede pedir dinero prestado y ganar dinero, en vez de trabajar duro y ahorrar dinero y luego tratar de ganar dinero con lo que usted ahorró?
- ¿Cómo fue que un padre tomó un activo, sus ahorros, y los convirtió en un pasivo (los ahorradores son perdedores), mientras que el otro convirtió la deuda en un activo?
- ¿Qué habilidades financieras necesita usted para ser una persona que puede pedir prestado dinero para ganar más dinero?
- ¿Cómo puede aprender a obtener esas habilidades?
- ¿Cuáles son los riesgos de largo y corto plazo de ambos tipos de estados financieros?
- ¿Qué les enseñamos a nuestros niños?

Si usted invertirá tiempo para discutir estas preguntas, pienso que verá por qué unas cuantas personas se vuelven ricas y por qué la mayoría de la gente tiene dificultades financieras toda su vida. Muchas de las dificultades financieras y de las ganancias financieras de la vida giran en torno al tema del dinero, los ahorros y la deuda.

Unas palabras de precaución: empiece en pequeño

Mi padre rico decía siempre: "Trata toda deuda de la manera en que manejarías un arma cargada." La razón por la que mi padre rico decía frecuentemente que era importante conocer la diferencia entre la deuda buena y la mala era que la deuda tiene el poder de convertirle a usted en rico o en pobre. Al igual que un arma cargada puede protegerle o matarle, lo mismo ocurre con la deuda. Actualmente en los Estados Unidos las deudas de tarjetas de crédito están ahogando la vida de muchas familias, incluso de familias bien educadas.

El propósito principal de este capítulo es proporcionarle algún tiempo para pensar lo que le está enseñando a sus hijos acerca de la deuda. Si usted desea que su hijo crezca y tenga la oportunidad de volverse rico en un período breve, entonces como padre necesita enseñarle a su hijo las habilidades básicas de la deuda y el manejo de deuda. Esa educación comienza con los estados financieros.

Si usted les enseña a sus hijos poco o nada acerca de la deuda, existen posibilidades de que sus hijos tengan problemas financieros durante la mayor parte de sus vidas, hagan su mejor esfuerzo por trabajar duro, ahorrar dinero y salir de deudas.

Los siguientes capítulos tratan de la manera en que los padres pueden comenzar a incrementar el coeficiente intelectual financiero de su hijo. Un hijo con un alto coeficiente intelectual financiero será más capaz de controlar el impresionante poder que se encuentra en la deuda. Como decía mi padre rico: "Trata siempre a la deuda como un arma cargada." Y: "Debes conocer la diferencia entre la deuda buena y la mala."

Cuando usted comience a enseñar a su hijo acerca de la deuda buena y la mala, los gastos buenos y los gastos malos, usted comenzará a sacar a la luz el genio financiero de su hijo.

CAPÍTULO 12

Aprender con dinero real

Cuando mi madre y mi padre anunciaron que no tenían dinero para enviarme a la universidad, todo lo que dije fue: "Está bien. No necesito dinero para ir a la escuela. Encontraré mi propia manera de pagar por mi educación." Yo pude decir eso con confianza porque ya había comenzado a ganar mi propio dinero. Pero no era el dinero que yo ganaba lo que me iba a permitir asistir a la escuela. Eran las lecciones que aprendí al ganar el dinero lo que me permitió asistir a la escuela. Todo comenzó con la lección que me dio mi padre rico cuando dejó de pagarme diez centavos por hora. A la edad de 9 años yo estaba aprendiendo que podía sobrevivir por cuenta propia.

Dejé de ayudar a mi hijo y comencé a enseñarle

Un padre de familia se acercó a mí recientemente y me dijo: "Yo creí que mi hijo sería el próximo Bill Gates. Brian sólo tiene 14 años de edad, pero ya tiene un poderoso interés en los negocios y la inversión. También me di cuenta después de leer sus libros que yo lo estaba consintiendo demasiado. Al querer ayudarlo, de hecho, me estaba interponiendo en su camino. Así que cuando acudió a mí y me dijo que quería nuevos palos de golf, le ofrecí un nuevo desafío."

"¿Cómo se estaba usted interponiendo en su camino?", le pregunté.

"Le estaba enseñando a trabajar por el dinero", me dijo el padre. "Normalmente, si se hubiera acercado a mí y me hubiera pedido los palos de golf, yo le hubiera dicho que ganara el dinero para comprar los palos de golf. Luego de leer sus libros me di cuenta de que estaba programándolo para convertirse en un consumidor que trabajaba duro. Él estaba siendo programado para ser un trabajador en vez de un hombre rico que sabe que su dinero trabaja duro para él."

"¿Qué hizo usted de manera diferente?", le pregunté.

"Bien, le dije que fuera a caminar por el vecindario y buscara trabajos que necesitaran ser realizados. Normalmente le hubiera dado el dinero por medio de una mesada y le hubiera dicho que ahorrara lo suficiente para comprar los palos de golf."

"Eso es interesante", le respondí. "En vez de enseñarle que merecía automáticamente el dinero, usted le dijo que buscara oportunidades y ganara dinero", agregué.

Asintiendo, el orgulloso padre me dijo: "Yo creí que se enojaría, pero en realidad se emocionó con la idea de comenzar su propio negocio, algo que hacer por cuenta propia en vez de pedirme el dinero. Así que se marchó y cortó el césped de las casas durante el verano y pronto obtuvo 500 dólares, que hubieran sido más que suficientes para pagar sus palos de golf. Pero entonces hice algo más, que fue diferente."

"¿Qué hizo?", pregunté.

"Lo llevé a una casa de corretaje y adquirió unidades de fondos mutualistas de alto crecimiento por 100 dólares. Le dije que ese dinero serviría para pagar su educación universitaria."

"Eso está bien", dije. "¿Entonces le permitió comprar sus palos de golf?"

"Oh, no", dijo el padre, rebosante de orgullo. "Entonces hice algo que su padre rico hubiera hecho."

"¿Y qué fue eso?", pregunté cautelosamente.

"Tomé sus 400 dólares y le dije que los conservaría en mi poder hasta que él encontrara un activo que sirviera para comprarle los palos de golf."

"¿Qué?", pregunté. "¿Le pidió usted que comprara un activo? ¿así que usted retrasó su necesidad de gratificación todavía más tiempo?"

"Sí", dijo el padre. "Usted dijo que retrasar la gratificación era un aspecto importante para desarrollar la inteligencia emocional. Así que tomé su dinero y retrasé su gratificación."

"¿Y qué ocurrió entonces?", pregunté.

"Bien, él se enojó por cerca de media hora y luego se dio cuenta de lo que yo estaba haciendo. Una vez que se dio cuenta de que estaba tratando de enseñarle algo, comenzó a pensar. Y una vez que comprendió lo que yo estaba haciendo, comprendió la lección", dijo el padre.

"¿Y cual era la lección?", pregunté.

"Él regresó a verme y dijo: 'Estás tratando de preservar mi dinero, ¿no es así? tú no quieres que yo vaya a gastarlo en un juego de palos de golf. Quieres que obtenga mis palos de golf y conserve mi dinero. Eso es lo que tú quieres que aprenda, ¿no es así?'" dijo el padre, rebosante. "Él comprendió la lección. Comprendió que podía ahora conservar el dinero que le había costado tanto trabajo ganar y obtener sus palos de golf. Yo estaba tan orgulloso de él", agregó el padre.

"Guau", fue todo lo que pude decir. "A la edad de 14 años comprendió que podía conservar su dinero y obtener sus palos de golf."

"Así es", dijo el padre. "Comprendió que podía tener ambas cosas".

Nuevamente, todo lo que pude decir fue "Guau". Entonces agregué: "La mayoría de los adultos nunca aprenden esa lección. ¿Qué hizo entonces?"

"Comenzó a leer los anuncios clasificados de los periódicos. A continuación fue a la tienda de artículos de golf y habló con los dueños para averiguar qué necesitaban y querían. Un día regresó a casa y me dijo que necesitaba su dinero. Había encontrado una manera de conservar su dinero y obtener sus palos de golf."

"Dígame", le dije, ansioso de conocer la respuesta.

"Encontró una persona que vendía máquinas expendedoras de dulces. A continuación fue a la tienda de artículos de golf y preguntó si podía colocar dos máquinas en la tienda. El dueño le dijo que sí, regresó a casa y me pidió que le diera su dinero. Regresó con el vendedor de dulces, adquirió dos máquinas y una provisión de nueces y dulces por cerca de 350 dólares y colocó las máquinas en la tienda de artículos de golf. Una vez a la semana acudió a la tienda de artículos de golf y recogió el dinero de la máquina y la reabasteció. Después de dos meses había ganado suficiente dinero para comprar sus palos de golf. Así que ahora tiene sus palos de golf y un ingreso estable de seis máquinas, que son sus activos."

"Seis máquinas", dije. "Pensé que sólo había comprado dos máquinas expendedoras de dulces."

"Así fue", dijo el padre. "Pero tan pronto como se dio cuenta de que sus máquinas eran activos, salió y compró más activos. Así que ahora su fondo para los estudios universitarios se está incrementando de manera constante, sus máquinas expendedoras de dulces están aumentando y él tiene tiempo y dinero para jugar todo el golf que quiera porque no tiene que trabajar para ganar dinero y pagar sus juegos. Él quiere ser el próximo Tiger Woods y no tiene que pagar por ello. Lo que es más importante, está aprendiendo mucho más que si yo solamente le hubiera dado el dinero."

"Suena como si se acercara una mezcla de Tiger Woods y Bill Gates."

El orgulloso padre se rió. "¿Sabe?, en realidad no importa. Lo que importa es que sabe que puede crecer para convertirse en cualquier cosa que desee."

Él puede convertirse en lo que quiera ser

Discutimos ampliamente la importancia de que su hijo sepa que puede crecer para convertirse en lo que quiera ser. "Mi padre dijo 'El éxito consiste en convertirte en quien tú quieres ser'… y parece que su hijo ya es exitoso."

"Bien, está contento", dijo el padre. "Él no forma parte del grupo que es 'popular' en la escuela. Él parece seguir el ritmo de otro tambor, como reza el dicho. Así que ahora que tiene su propio negocio y su dinero, tiene su propia identidad… un sentido de seguridad personal. No está intentado ver qué tan popular puede ser con el resto del grupo 'popular'. Pienso que al tener la seguridad sobre su propia identidad le proporciona tiempo para pensar más acerca de lo que quiere convertirse, en vez de tratar de ser lo que sus amigos piensan que es 'popular'. Él ha obtenido mucha confianza en sí mismo durante este proceso."

Asentí mientras reflexionaba sobre mi época en la preparatoria. Recuerdo dolorosamente haber sido *uno de los de afuera* y no *uno de los de adentro*. Recuerdo no haber estado con el grupo de los que eran "populares" y qué tan solitario me sentía por no ser reconocido ni aceptado por los chicos "populares." Al mirar hacia atrás me di cuenta de que el aprendizaje al lado de mi padre rico me dio un sentido de seguridad personal y confianza, a pesar de no tener una identidad "tan popular." Sabía que a pesar de que no era el chico más inteligente o popular de la escuela, al menos algún día sería rico… y esa era la identidad que más quería.

"Dígame", preguntó el padre, arrancándome de mis recuerdos preparatorianos, "¿Qué más agregaría usted a la educación de mi hijo? Ha llegado hasta este punto, le está yendo bien, pero todavía puede aprender más. ¿Qué me sugiere?"

"Oh, esa es una buena pregunta", respondí. "¿Cómo es su papeleo?"

"¿Papeleo?", preguntó el padre.

"Sí, sus registros... sus estados financieros... ¿Están actualizados?"

"No. Él me informa verbalmente de manera semanal y me muestra el dinero que recoge de sus máquinas y sus recibos por la compra de los dulces con que llena las máquinas. Pero no hay estados financieros formales. ¿No es eso demasiado difícil?"

"No necesariamente. Puede ser muy simple. De hecho, es mejor si al principio son realmente sencillos."

"¿Quiere usted decir verdaderos estados financieros, de la manera en que lo hace cuando juega *CASHFLOW*?" preguntó el padre.

"Sí", le dije. "Ni siquiera tan difíciles. Lo que es más importante es que vea la imagen general de lo que hacen los estados financieros y luego pueda agregar de manera lenta, pero segura, más detalles, distinciones más precisas. Cuando lo haga, su coeficiente intelectual financiero se incrementará más y más y su éxito financiero crecerá."

"Podemos hacer eso", dijo el padre. "Le enviaré a usted una copia de los primeros estados financieros que elaboremos."

Estrechamos las manos y seguimos nuestro camino. Cerca de una semana después recibí en el correo una copia de los estados financieros de su hijo. Tenían el siguiente aspecto:

**Estados financieros del negocio de
Brian durante el mes de junio
(cifras en dólares)**

Ingreso	
Ingreso de 6 expendoras de dulces	450

Gasto	
Dulces y nueces	85
Salario de Brian	100
Fondo universitario	150
Ahorros	130

Activo		Pasivo
Ahorros	680	0
Fondo universitario	3 700	
6 máquinas expendedoras	1 000	

Envié de regreso mis felicitaciones y comentarios. Mis comentarios fueron: "¿Dónde están sus gastos personales?" Su padre respondió por correo electrónico: "Él lleva actualmente sus gastos personales en estados financieros separados. No quiere confundir los gastos de su negocio con sus gastos personales."

Respondí por correo electrónico: "Gran entrenamiento. Es importante saber la diferencia entre las finanzas personales y las finanzas de los negocios. ¿Y qué hay de los impuestos?"

Su padre me respondió: "No quiero impactarlo todavía. Abordaremos ese tema el próximo año. Por el momento le estoy dejando ganar. Pronto aprenderá sobre impuestos."

Ocho meses después

Cerca de ocho meses después, su padre me envió un correo electrónico con una copia de los últimos estados financieros de Brian. "Sólo quiero hacerle saber el progreso de Brian. El fondo mutualista en que tiene su fondo universitario ha tenido buen desempeño, incluso, a pesar de que el mercado pasa por un mal momento, él tiene ahora casi 6 000 dólares en ese fondo. Tiene nueve máquinas expendedoras de dulces y está pensando en comprar un negocio, un negocio automático de máquinas tragamonedas... Justo como en los juegos de cartas de *CASHFLOW*. Ha contratado a un ayudante de medio tiempo porque su papeleo se volvió demasiado complicado. Ahora es tiempo de que hable con él acerca de los impuestos y le presente a un contador. Ha cumplido 15 años y creo que está listo para el mundo real. Su boleta de calificaciones financiera luce bien, así como su boleta de calificaciones de los estudios. Conforme aumenta su confianza en sí mismo, lo mismo ocurre con sus calificaciones."

Al final de la nota estaba escrito: "Posdata: Brian incluso ahora tiene novia y le está enseñando lo que él ha aprendido. Ella dice que le gusta Brian porque no es como los otros muchachos y piensa que tiene futuro. Además, creo que ella está más interesada en el negocio de lo que está él. Su autoestima y su confianza en sí mismo anda por los cielos ahora. La cosa más importante que está aprendiendo es cómo convertirse en lo que quiere convertirse... en vez de tratar de ser lo que los demás chicos piensan que debe ser. Gracias. El padre de Brian."

La parte más satisfactoria de mi trabajo

La mayor parte del correo que recibo, electrónico o en papel, es muy positivo y satisfactorio. Agradezco a todos ustedes que nos dirigen palabras de amabilidad. Como compañia nos anima a seguir adelante. Mientras el 99 por ciento de nuestras cartas son positivas, existen algunas que son negativas. Hemos recibido comentarios como: "Están equivocados, no estoy de acuerdo con ustedes" o "ustedes ofenden mis creencias." Como dije antes, la gran mayoría de la correspondencia que recibimos es positiva y les agradecemos, porque es el apoyo positivo lo que nos proporciona energía para seguir adelante. Eso no quiere decir que no agradezcamos a las personas que señalan nuestros errores. Así que sigan enviando esos comentarios, positivos y negativos. Nosotros los agradecemos.

Otra respuesta que recibo constantemente es: "Desearía haber leído sus libros y practicado sus juegos hace veinte años." Y a esas personas les digo: "Nunca es demasiado tarde y los felicito por admitir que pudieron haber hecho las cosas de manera diferente." Algunas personas defienden lo que han hecho en el pasado y me acusan de insultar sus creencias, luego siguen adelante con lo que hicieron en el pasado, a pesar incluso, de que lo que hicieron ya no funciona. Esas personas a menudo tuvieron una fórmula ganadora que funcionó en el pasado, pero que no está funcionando hoy en día… Y continuar con una vieja fórmula ganadora, que no funciona más, es la manera en que un perdedor vive su vida.

La parte más satisfactoria de mi trabajo consiste en escuchar a los padres de los hijos que están aprendiendo a ser seguros, independientes y a tener confianza desde el punto de vista financiero. Los hijos que no están esperando veinte años para comenzar su educación financiera hacen que este trabajo valga la pena.

Los hijos que reciben la oportunidad de obtener cierto grado de seguridad y confianza financiera a edad temprana tienen una gran oportunidad de crear una vida exactamente como desean que sea.

Una sólida base financiera no le proporciona a su hijo las respuestas para la vida. Una base es sólo eso, una base. Sin embargo, si la base es fuerte, los hijos pueden crecer y encontrar las respuestas que necesitan con el fin de tener la libertad de vivir la vida exactamente de la manera en que quieren vivirla.

Futuros jóvenes millonarios

Desde que fue publicado *Padre rico, padre pobre*, más y más padres orgullosos acuden a mí para contarme historias como las tres que siguen a continuación. Cada historia, que ilustra la iniciativa y la creatividad de un hijo, me sorprende.

Un chico de 16 años de edad de Adelaide, Australia, se acercó a mí y me dijo: "Después de leer su libro y de jugar el juego de *CASHFLOW*, compré mi primera propiedad inmobiliaria, vendí una parte y me embolsé 100 000 dólares." A continuación dijo que con ayuda de su padre, un abogado, celebró el trato a través de su teléfono celular mientras estaba en la escuela. "Mi madre está preocupada de que yo pueda dejar que el dinero se me suba a la cabeza, pero no ocurrirá. Yo sé la diferencia entre activos y pasivos, y planifico utilizar los 100 000 dólares para comprar más activos… no pasivos."

Una joven de sólo 19 años de edad, de Perth, Australia, luego de leer mi libro, comenzó a comprar propiedades para renta con su madre como socia. Ella me dijo: "Yo estoy ganando ya más dinero de las rentas de lo que podía ganar como empleada en una tienda. No pienso detenerme. Mientras la mayoría de mis amigos están bebiendo en los bares, yo estoy buscando más inversiones."

Una madre soltera de 26 años de edad asistió a una de mis sesiones de firma de libros en Auckland, Nueva Zelanda, y me dijo: "Yo estaba en la asistencia pública hasta que una amiga que es médico me dio su libro y me dijo: 'Lee esto'. Después de leerlo, fui con mi amiga y le dije: 'Hagamos algo juntas'. Y lo hicimos. Compramos la clínica médica en que ella era empleada con un pago inicial de sólo 1 000 dólares, y financiamos el resto con el flujo de efectivo de la clínica médica. En una transacción pasé de ser una madre que vivía de la asistencia pública a una madre que era libre desde el punto de vista financiero. Hoy en día observo a doctores que trabajan para mi clínica médica mientras permanezco en casa con mi hijo. Mi amiga y yo estamos en busca de otras inversiones, porque ahora tenemos tiempo para buscar."

Aliente y proteja la creatividad de su hijo

Usted quizá haya advertido que la mayoría de estos jóvenes no tienen miedo de utilizar la deuda para volverse ricos. Ellos no dicen: "Juega a lo seguro y no corras riesgos." Ellos no aprendieron a tener miedo de cometer errores o de fracasar. En vez de ello fueron alentados a correr riesgos y aprender. Cuando se le enseña a un hijo a tener miedo de cometer errores, la creatividad del hijo es dañada, incluso aplastada. Lo mismo ocurre cuando los padres dicen: "Hazlo a mi manera." Y cuando son alentados a pensar por sí mismos, correr riesgos y buscar sus propias respuestas, los genios de los niños se ponen en funcionamiento y su creatividad es alentada y protegida.

Siempre estoy asombrado qué tan creativos son los jóvenes. Las historias anteriores son ejemplos de esa creatividad. Aliente la creatividad financiera de su hijo cuando es joven. En vez de decirles a los niños lo que deben hacer, permita que utilicen su creatividad natural y déjelos encontrar sus propias maneras de resolver sus problemas financieros y de crear exactamente la vida que desean.

El riesgo más grande de todos

Uno de los comentarios que recibo más frecuentemente de los padres que juegan mi juego de mesa *CASHFLOW* con sus hijos es: "Los niños siempre me derrotan. Ellos aprenden mucho más rápido que los adultos." Existen muchas razones por las que esto puede ocurrir. Una razón es que los niños no han sido condicionados aún por el miedo. Son jóvenes y saben que si se caen, pueden levantarse. Parece que para la mayoría de nosotros, mientras más viejos nos volvemos, más parecemos temer a las caídas.

Dado que la manera en que aprendemos es al cometer errores, el riesgo más grande de todos es esperar demasiado para comenzar a cometer esos errores. Tengo amigos que han estado haciendo las mismas cosas durante veinte años y muchos de esos amigos están en problemas financieros. La razón por la que están en problemas es que no cometieron suficientes errores cuando eran más jóvenes. Ahora a muchos de ellos se les acabó el tiempo y el dinero, y de los dos, el tiempo es mucho más importante. Así que por favor aliente a sus hijos a comenzar a jugar con dinero real y a aprender hábitos financieros que incrementen su bienestar financiero conforme envejezcan. Porque el riesgo más grande de todos consiste en no correr riesgos y aprender de sus errores cuando usted es joven. Mientras más viejo sea usted, más grandes serán los errores.

CAPÍTULO 13

Otras formas de incrementar el coeficiente intelectual financiero de su hijo

En junio del año 2000, un reportero local de Phoenix, Arizona, estaba entrevistándome. Se trataba de un individuo agradable aunque escéptico, algo cínico. Ambos teníamos aproximadamente la misma edad y orígenes similares. Su padre era un respetado juez de Boston, donde él había crecido. A pesar de que éramos de la misma edad y del mismo origen socioeconómico y académico, había una tremenda diferencia en nuestras situaciones financieras en la vida. A los 53 años de edad él tenía muy poco dinero para retirarse. Me dijo: "He planeado escribir mi gran novela una vez que me retire, pero ahora parece que siempre necesitaré trabajar como periodista independiente tan sólo para pagar mi hipoteca y poner comida en la mesa."

Yo le pregunté: "¿Por qué no comienza a invertir? ¿por qué no adquiere algunas propiedades para renta aquí en Phoenix y se toma el tiempo que necesita para escribir la gran novela que lleva dentro?"

Su respuesta fue: "Usted ya no puede encontrar buenos tratos aquí en Phoenix. Eso podía hacerlo hace 10 años, pero los buenos tratos ya no existen. El mercado está demasiado caliente. Así que cuando el mercado de valores entre en crisis, el mercado de bienes raíces probablemente también entrará en crisis. Creo que invertir es demasiado arriesgado."

Con ese comentario supe que él terminaría trabajando toda su vida. Yo pude sentir que él probablemente continuaría con su fórmula ganadora para el resto de su vida. Podía decirlo tan sólo con base en las palabras que había utilizado. Si él no cambiaba las palabras, no podría cambiar su vida.

Un vocabulario rico

Al tener dos padres, pude comparar las semejanzas y diferencias entre ellos. Tenía cerca de 14 años de edad cuando comencé a darme cuenta de que a pesar de que ambos hablaban inglés, no hablaban el mismo lenguaje. Uno de ellos hablaba el lenguaje de un maestro de escuela y el otro hablaba el lenguaje de un hombre de negocios e inversionista. Ambos hablaban inglés, pero lo que decían era muy diferente.

Yo presto atención cuidadosa al vocabulario de una persona. Tan sólo con escuchar sus palabras puedo aprender mucho acerca de la gente. Por ejemplo, tengo un amigo a quien realmente le gustan los deportes. Él y yo podemos tener una gran conversación cuando hablemos de deportes. Sin embargo, si le pregunto: "¿Cuál es la proporción entre la deuda y el valor patrimonial de tu casa?", sus ojos se ponen vidriosos, a pesar de que se trata de una pregunta sencilla. Si yo le planteara la misma pregunta de manera diferente, él me comprendería mejor. En vez de preguntarle acerca de la proporción entre deuda y valor, yo podría preguntar: "¿Cuánto debes por tu casa y cuánto consideras que vale tu casa?" Al hacer la pregunta en esos términos, le estoy preguntando casi lo mismo y estoy buscando casi la misma respuesta. La diferencia es que él puede comprenderme cuando utilizo ciertas palabras pero no cuando utilizo palabras diferentes. Y de eso trata este capítulo: del poder de las palabras.

Nada es complicado si usted utiliza palabras sencillas

Ambos padres me enseñaron que nunca dejara pasar una palabra que no comprendiera. Ambos padres me alentaron a detener a una persona a la mitad de una oración para pedirle que me explique la palabra o palabras que yo no comprenda. Por ejemplo, yo estaba en la oficina del abogado de mi padre rico cuando el abogado utilizó palabras que mi padre rico no podía comprender. Mi padre rico dijo tranquilamente: "Deténgase un momento, no comprendí lo que usted dijo. Por favor explíqueme esa palabra en mi lenguaje." Mi padre rico llevó esa práctica al extremo, especialmente con su abogado, a quien le gustaba utilizar palabras rimbombantes. Cuando su abogado decía: "la partida de la primera…" Mi padre rico le detenía y le preguntaba: "¿De qué clase de *partida* está usted hablando? ¿una partida formal o una partida casual en mi casa?"

Mi padre inteligente decía: "Muchas personas creen que si utilizan palabras impresionantes, que nadie entiende, ellos suenan más inteligentes. El problema es que pueden sonar inteligentes, pero no logran comunicarse."

Siempre que yo tenía problemas con algunos términos financieros, mi padre rico me decía: "Nada es complicado si utilizas palabras sencillas."

Muchas personas se encuentran en problemas financieros simplemente porque utilizan palabras que no comprenden. Dos ejemplos clásicos son las definiciones de las palabras *activos* y *pasivos*. En vez de darme la definición del diccionario, que es confusa, mi padre rico me daba una definición que yo podía comprender. Simplemente decía: "Los activos introducen dinero en tu bolsillo, y los pasivos extraen dinero de tu bolsillo." Para agregar mayor énfasis, también decía: "Si dejas de trabajar, los activos te alimentarán y los pasivos te comerán."

Al examinar las definiciones de mi padre rico más cuidadosamente, usted podrá advertir que utiliza una actividad física para su definición, en vez de expresar una definición verbal o mental, como la definición de *activo* del diccionario *Webster's*: "Rubros en la hoja de balance que muestran el valor en libros de la propiedad."

Cuando usted observa la definición del diccionario, no es de sorprender que tanta gente piense que su casa es un activo. En primer lugar, la mayoría de la gente nunca se ha tomado la molestia de buscar la palabra. En segundo, muchas personas tienden a aceptar ciegamente la definición cuando escuchan a alguien que perciben como una autoridad, alguien como un banquero o un contador, que les dice: "Su casa es un activo." Como dije antes, cuando su banquero le dice que su casa es un activo, no está mintiendo. Su banquero sólo no le está diciendo *para quién* es un activo. También dije que la inteligencia es la capacidad de hacer distinciones más precisas. De manera que tener múltiples definiciones es otra manera de hacer distinciones más precisas. En tercer lugar, si usted tiene una experiencia física o personal con una palabra, usted tiende a comprenderla mejor.

Cuando usted observe la pirámide del aprendizaje en la siguiente página, comenzará a comprender por qué tanta gente acepta ciegamente sólo las definiciones mentales de las palabras.

Gran parte del sistema educativo actual, después del tercer grado o aproximadamente cuando el niño tiene nueve años, tiende a ser solamente aprendizaje mental. Los juguetes y bloques de armar desaparecen y los estudiantes comienzan a estudiar de manera mental. Para hacer más rápido el proceso de aprendizaje, se les pide a los niños que acepten casi a ciegas, como un hecho, cuanto leen y escuchan de una figura de autoridad como una maestra. El sistema, en este punto, está enfocado en casi solamente aprendizaje mental. Emocionalmente el niño aprende a tener miedo de cometer errores y miedo a cuestionar o desafiar lo que le dicen. El aprendizaje físico, excepto por el arte y la educación física en el gimnasio o en el campo de atletismo, es casi inexistente. Los niños que son estudiantes verbal-lingüísticos tienen buen desempeño, pero los niños que aprenden por medios físicos o que tienen mayor inclinación artística se quedan rezagados. En esta etapa frecuentemente se les pide a los niños que acepten conceptos mentales como hechos sin una prueba física. Esa puede ser la razón por la que, cuando un banquero dice: "Su casa es un activo", la mayoría de las personas simplemente asiente y acepta esa declaración como un hecho sin una prueba física. Después de todo, esa es la manera en que nos enseñan a aprender después de cumplir 9 años.

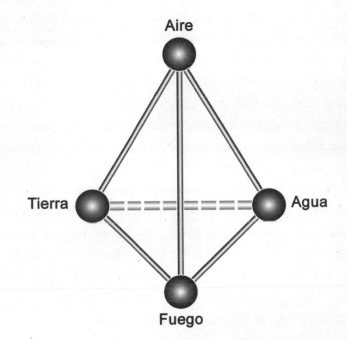

El poder de los nombres y los verbos

Mi padre rico hizo su mejor esfuerzo para que nosotros asociáramos físicamente cada nueva palabra o concepto. Por eso sus definiciones de activos y pasivos siempre tenían alguna referencia física como "dinero" y "bolsillo", y algún tipo de actividad, tal como: "Introducir dinero en el bolsillo." Él utilizaba nombres como "dinero" y "bolsillo", y palabras como "introducir" en su descripción; nombres y verbos que Mike y yo comprendimos. Mientras usted invierte tiempo para enseñar a sus hijos acerca de dinero, por favor tenga el cuidado de utilizar palabras que puedan comprender. Si ellos aprenden mejor mediante medios físicos, tenga cuidado especial en utilizar definiciones que sus hijos puedan ver, tocar y sentir, sin importar qué tan grandes sean. Los juegos son grandes maestros porque proporcionan un aspecto físico al nuevo vocabulario financiero que su hijo está aprendiendo.

El poder de las palabras

Al inicio de este capítulo mencioné mi conversación con el reportero. Se trataba de un hombre brillante, éramos aproximadamente de la misma edad y disfruté el tiempo que pasé con él. Compartimos muchos intereses en la vida, pero cuando se trataba del dinero, abordábamos el tema desde puntos de vista muy diferentes. Dos aspectos me hicieron comprender inmediatamente que yo debía ser cuidadoso con lo que decía en su presencia, porque podía malinterpretar lo que yo decía acerca del dinero. El primer aspecto es que el dinero es un tema muy emocional y el segundo es que tengo un enorme respeto por el poder de la prensa. La prensa tiene el poder de crearlo a usted y tiene el poder de destruirlo... Así que fui especialmente cuidadoso de lo que le dije en lo que se refiere a mis puntos de vista sobre el dinero.

Un ejemplo de la entrevista sería el siguiente:

Reportero: "¿Por qué invierte usted en bienes raíces en vez de fondos mutualistas?"

RTK: "Bien, yo invierto en ambos, pero es verdad que tengo más dinero en bienes raíces. En primer lugar, cada tipo de inversión tiene fortalezas y debilidades diferentes. Una de las fortalezas que me gusta de los bienes raíces es que me dan un control más grande cuando pago mis impuestos."

Reportero: "¿Está usted diciendo que la gente debe *evitar* el pago de impuestos? ¿no es eso ligeramente riesgoso?"

RTK: "Yo no dije *evitar*. Dije que los bienes raíces me dan mayor *control* sobre mis impuestos."

Tan sólo la diferencia entre las definiciones y conceptos de las palabras *evitar impuestos* y *control sobre los impuestos* es muy grande. Me tardé 20 minutos en explicar las diferencias entre las palabras *evitar* y *controlar*. Con el fin de explicar las diferencias, necesité explicar diferencias entre las leyes fiscales para un empleado y las leyes fiscales para un inversionista. También tuve que explicar las diferencias entre las leyes fiscales de los fondos mutualistas y las leyes fiscales de los bienes raíces. La esencia del problema de comunicación era el hecho de que, como empleado, él tenía muy poco control sobre sus impuestos. Dado que tenía poco control, la palabra *evitar* sonaba como *evadir* y muchos de nosotros sabemos que la evasión de impuestos es ilegal. Así que cuando dije "control sobre impuestos", él escuchó "evasión de impuestos" y todas las banderas rojas se levantaron y él se puso a la defensiva. Como señalé anteriormente, "una onza de percepción a menudo requiere una tonelada de educación para cambiar." En este caso, no se necesitó una tonelada de educación, pero tardó cerca de veinte minutos de explicación para calmar la situación. Yo definitivamente no deseo enfrentar el enorme poder de la prensa debido a un simple malentendido entre la definición de dos palabras.

Después de eso, la entrevista volvió a su cauce:

Reportero: "El problema con su mensaje es que usted ya no puede comprar bienes raíces. Los precios aquí en Phoenix son simplemente demasiado altos. Además, ¿cómo puedo encontrar una propiedad, comprarla barata, arreglarla y venderla?, no tengo tanto tiempo."

RTK: "Bien, yo no comercio bienes raíces. Yo invierto en bienes raíces."

Reportero: "¿Está usted diciendo que arreglar una propiedad y venderla para recibir una utilidad no es invertir?"

RTK: "Bien, de acuerdo con la definición más amplia de invertir, creo que usted podría decir que comprar y vender bienes raíces es invertir. Pero en el mundo de la inversión la gente que compra algo que no tiene intenciones de usar o poseer es frecuentemente llamada 'comerciante'. Ellos compran para vender. Un inversionista generalmente compra para conservar y utilizar el activo con fines de obtener un flujo de efectivo y ganancias sobre el capital. Se trata sólo de una distinción más precisa."

Reportero: "¿Pero no tiene usted que vender su propiedad para obtener sus ganancias sobre el capital?"

RTK: "No. Un verdadero inversionista hará su mejor esfuerzo para obtener sus ganancias sobre el capital sin vender o comerciar con la propiedad. Verá, el primer objetivo de un inversionista es comprar y conservar, comprar y conservar, comprar y conservar. El principal objetivo de un verdadero inversionista es incrementar sus activos, no venderlos. Puede venderlos, pero éste no será su principal objetivo. En la mente de un verdadero inversionista, toma mucho tiempo encontrar una buena inversión, así que prefiere comprar y conservar. Un comerciante compra y vende, compra y vende, con la esperanza de incrementar su base de efectivo en cada ocasión. Un inversionista compra para conservar, y un comerciante compra para vender."

El reportero se sentó durante un rato, sacudiendo su cabeza. Finalmente dijo: "Suena como mucha palabrería para mí."

Yo me sentía mal porque me estaba adentrando en áreas de discusión que debí haber evitado. Estaba haciendo mi mejor esfuerzo por utilizar un lenguaje sencillo, pero podía darme cuenta de que no lo estaba haciendo bien. A pesar de mi intento de hacer distinciones más precisas, podía darme cuenta de que sólo estaba haciendo que las cosas fueran más confusas.

Entonces volvió a la entrevista y me formuló la siguiente pregunta.

Reportero: "¿Está usted diciendo que no busca propiedades inmobiliarias en mal estado que usted pueda arreglar y vender para obtener una ganancia?."

RTK: "Es posible que busque esas propiedades, especialmente si puedo comprarlas y conservarlas. Pero la respuesta es 'no'. No necesariamente busco propiedades en mal estado que necesiten ser reparadas."

Reportero: "¿Qué busca usted?"

RTK: "En primer lugar, generalmente busco un vendedor motivado. La gente a menudo necesita vender rápidamente, de manera que están dispuestos a negociar un buen precio. O bien, acudo a los bancos en busca de propiedades en estado de liquidación."

Reportero: "Parece que usted está buscando aprovecharse de personas que están en problemas. Eso no parece justo."

RTK: "Bien, en primer lugar, la persona necesita vender. Él o ella están encantados de tener un comprador interesado. Y en segundo, ¿no ha querido usted alguna vez deshacerse de algo que ya no necesita y se ha contentado con recibir dinero a cambio?"

Reportero: "Bien, me parece que usted está en busca de personas de las que pueda aprovecharse. De no ser así, ¿por qué comprar en liquidación? ¿no ocurre que la razón de que alguien esté en liquidación es que atraviesa por una mala época económica?"

RTK: "Bien, puedo ver por qué lo ve usted de esa manera, y desde ese punto de vista, tiene usted razón. Pero el otro lado de la moneda es que el banco hizo la liquidación de la persona porque esa persona no cumplió con su acuerdo con el banco. Yo no los liquido; el banco lo hace."

Reportero: "Muy bien, comprendo lo que usted dice, pero todavía pienso que se trata de otro caso en que un rico saca provecho del pobre y el débil. Así que después de encontrar a un vendedor motivado o una liquidación bancaria, ¿qué más busca usted?"

RTK: "Bien, lo siguiente que hago es hacer mis cuentas y ver si la tasa interna de retribución tiene sentido."

Reportero: "¿La tasa interna de retribución? ¿Por qué es importante?"

Inmediatamente después de decir "tasa interna de retribución" supe que estaba otra vez en problemas. Quizá debí decir "retribución sobre la inversión" o "efectivo en retribución." Sin embargo, pude darme cuenta de que no estaba ganando la simpatía de ese reportero. Necesitaba salir de allí rápidamente. Necesitaba utilizar las definiciones sencillas que mi padre rico utilizaba con el fin de volver a la comunicación:

RTK: "Como dije anteriormente, mi objetivo como inversionista es comprar y conservar. La tasa interna de retribución es importante porque mide qué tan rápido puedo recuperar mi capital inicial, a menudo llamado 'pago inicial'. Yo deseo recuperar rápidamente mi capital inicial porque quiero salir nuevamente a comprar otro activo con él."

Reportero: "¿Y qué pasa con la deuda? ¿No está interesado en pagar la deuda?"

En ese punto supe que la entrevista estaba perdida. Dejé de tratar de ser un maestro y simplemente repetí la fórmula de inversión que tenía en mi cabeza y le dejé decidir lo que iba a hacer con el artículo periodístico:

RTK: "No. Mi objetivo no es pagar mi deuda. Mi objetivo es incrementar mi deuda."

Reportero: "¿Incrementar su deuda? ¿Por qué querría usted incrementar su deuda?"

Como dije, al llegar a ese punto yo supe que la entrevista estaba perdida. Me hundí todavía más cuando le expliqué el riesgo fiscal implícito con las pérdidas de fondos mutualistas. No le gustó lo que dije acerca de éstos simplemente porque toda su cuenta para el retiro estaba en fondos mutualistas. La brecha en nuestra comunicación se estaba ampliando en vez de cerrarse. Yo podía decir que en lo que se refiere al tema de la inversión, no sólo estábamos utilizando palabras diferentes, sino que estábamos en lados opuestos de la barda.

Al final, sin embargo, escribió un recuento sorprendentemente fiel de mis ideas sobre la inversión, a pesar de que no necesariamente estaba de acuerdo con ellas. Incluso me envió una copia del artículo para mi aprobación antes de enviarlo a prensa. Le envié una carta de agradecimiento por su objetividad, así como mi aprobación por el artículo. El artículo estaba tan bien escrito, que yo no tenía cambios que hacer. Sin embargo, él me llamó más tarde para decirme que su editor no editaría el artículo por razones inexplicables.

Por qué no se necesita dinero para ganar dinero

A menudo me preguntan "¿Se necesita dinero para ganar dinero?" Y mi respuesta estándar es "No. El dinero es sólo una idea… y las ideas se definen mediante palabras. Así que mientras más cuidadoso sea el vocabulario que usted use, mejores probabilidades tendrá de mejorar su situación financiera."

Recuerdo haber escuchado al doctor R. Buckminster Fuller en los años 80. Durante una de las clases, Bucky comenzó a hablar acerca del poder de las palabras. "Las palabras son las herramientas más poderosas jamás inventadas por los seres humanos." Al ser un estudiante que reprobó inglés en la preparatoria, yo tenía una mala impresión sobre el tema de las palabras hasta que escuché a este gran hombre hablando sobre su poder. Fue su plática lo

que me ayudó a darme cuenta que la diferencia entre mi padre
rico y mi padre pobre comenzaba con la diferencia entre sus palabras. Como dije anteriormente, mi padre verdadero tenía el vocabulario de un maestro de escuela y mi padre rico tenía el vocabulario de una persona del ámbito de los negocios y la inversión.

El primer paso para volverse rico

Cuando las personas me preguntan qué pueden hacer para comenzar a mejorar su posición financiera en la vida, les digo: "El
primer paso para volverse rico es agregar palabras financieras a
su vocabulario. En otras palabras, si ustedes quieren ser ricos,
comiencen por enriquecer su vocabulario." También les informo
que la lengua inglesa está compuesta por 2 millones de palabras,
y que la persona promedio domina sólo 5 mil palabras. A continuación les digo: "Si verdaderamente quieren convertirse en ricos, fijen una meta de aprender mil palabras financieras y serán
mucho más ricos que la gente que no utiliza las mismas palabras."
A continuación los prevengo al agregar: "Pero vayan más allá de
conocer únicamente la definición mental de las palabras. Mejoren
su comprensión al incluir el conocimiento de cada palabra desde
el punto de vista mental, emocional, físico y espiritual. Si ustedes
tienen el dominio de sus palabras financieras, su confianza en sí
mismos mejorará." Termino diciendo: "Y lo mejor acerca de invertir su tiempo en ello es que las palabras son gratis."

Las palabras permiten que la mente vea lo que los ojos no pueden ver

La *inteligencia* es la capacidad de hacer distinciones más precisas.
Las palabras permiten que su mente haga esas distinciones más
precisas. Las palabras permiten que su mente vea lo que sus ojos no
pueden ver. Por ejemplo, existe un mundo de diferencia entre un

activo y un *pasivo*... pero mucha gente no está consciente de esas diferencias. Y el solo hecho de conocer esa diferencia puede influir mucho en el resultado financiero de la vida de una persona.

En libros anteriores escribí acerca de las diferencias entre los tres diferentes tipos de ingreso: *ganado, pasivo* y *portafolio*. Nuevamente, todos ellos se agrupan bajo la palabra *ingreso*, pero existe una enorme diferencia entre cada uno de ellos. Cuando usted le dice a su hijo: "Ve a la escuela, obtén buenas calificaciones y consigue un empleo", le está recomendando a su hijo que trabaje para obtener ingreso ganado. Un gran problema con el ingreso ganado es que está gravado con los impuestos más altos entre los tres tipos de ingreso y también le da menos control sobre los impuestos. Mi padre rico me recomendaba trabajar duro para obtener ingreso pasivo, que es principalmente ingresos provenientes de bienes raíces. Es el menos gravado con impuestos de los tres tipos de ingreso y ofrece el mayor control sobre los impuestos. El ingreso de portafolios es típicamente el de los activos de papel y es en ocasiones el segundo mejor tipo de ingreso que usted puede recibir. Como quizá puede advertir, la diferencia entre las palabras no es grande, pero la diferencia en el resultado de la boleta de calificaciones financiera de una persona es impresionante.

El ingreso de los ricos

Cuando usted observa los estados financieros de una persona, es fácil advertir qué tipo de ingreso considera esa persona que es importante. La siguiente ilustración corresponde a los estados financieros de *CASHFLOW 101*.

Pasivo y portafolio
Papá rico me enseñó que estas áreas eran importantes si quería ser rico.

Salario
Papá pobre pensaba que esta área de su declaración de impuestos era importante

*Profesión*_____ *Jugador*_____

Meta: salir de la carrera de la rata y pasar a la pista rápida al crear su propio ingreso pasivo que sea más grande que sus gastos totales.

Declaración de ingresos
Ingreso
Salario:_____
Interés:_____
Dividendos:_____
_____
_____
Bienes raíces_____Flujo de efectivo_____
_____
_____
Negocio_____Flujo de efectivo_____
_____

*Auditor*_____
Persona sentada a su derecha

Ingreso pasivo=_____
(Interés + Dividendos + Bienes raíces + Negocio)

Ingreso total:_____

Gastos
Impuestos_____
Hipoteca_____
Pago de préstamo escolar_____
Pago del automóvil_____
Pago de la tarjeta de crédito_____
Pago del crédito de tiendas comerciales_____
Otros gastos_____
Gastos por los hijos_____
Pago del préstamo bancario_____

Número de hijos:_____
(Comience el juego con cero hijos)
Gastos por hijo_____

Gastos Totales:_____

Flujo de efectivo mensual:_____
(Cheque de pago)

Hoja de balance
Activos
Ahorros:_____
Acciones_____No.:_____Costo____
_____
Fondos de inversión_____
_____
CD's_____
_____
Bienes raíces___Pago inicial___Costo___
Negocio___Pago inicial___Costo___

Pasivos
Hipoteca de la casa_____
Créditos escolares_____
Créditos por automóvil_____
Tarjetas de crédito_____
Deuda con tiendas comerciales____
Segunda hipoteca_____
_____
Pasivo (Negocio):_____
Préstamo bancario_____

Es difícil volverse rico trabajando para obtener ingreso ganado, sin importar cuánto dinero gane. Si usted quiere ser rico, debe aprender a convertir el ingreso ganado en ingreso pasivo o ingreso de portafolios. Eso es lo que los ricos enseñan a sus hijos a hacer.

Los números definen mejor la distinción

Cuando se agregan números a las palabras, la mente se sobrecarga. Como muchos inversionistas en acciones saben, existe una diferencia significativa entre una acción con una proporción precio-ganancias (P/E por sus siglas en inglés) de 10 y una acción con una proporción precio-ganancias de 15. Además, inversionistas más sofisticados no comprarían una acción con base solamente en la proporción precio-ganancias, sin importar si es alta o baja. Un inversionista sofisticado necesitaría más palabras y más números.

Existe también una tremenda diferencia en la utilidad del conocimiento entre alguien que dice: "Nuestro negocio ganó mucho dinero el mes pasado" y alguien que dice: "Nuestro negocio tuvo un ingreso bruto de 500 000 dólares el mes pasado, con 26 por ciento de utilidad marginal neta, que fue lograda al incrementar las ventas en 12 por ciento respecto al mes anterior y al mismo tiempo reducir los gastos de operación en 6 por ciento." Esta información me proporcionaría mucho mayor conocimiento para saber si voy a invertir o no en esa compañía. Esa información agregada, en combinación con la proporción precio-ganancia de la compañía, puede reducir mi riesgo de inversión e incrementar mis posibilidades de ganar dinero como inversionista.

El poder de la comunicación

El poder de un sólido vocabulario financiero acompañado de la apreciación de los números puede darle a su hijo una enorme ventaja inicial en la vida. Una de las razones por las que personalmente consideraba que la escuela era aburrida es que yo aprendí palabras sin números. Yo aprendí cómo utilizar las palabras en la clase de inglés y cómo utilizar los números en la clase de matemáticas. Al separarlos como materias, ambos se hicieron aburridos y sin relación con mi vida real.

Cuando mi padre rico me enseñó cómo invertir en el juego de *Monopolio*, obtuve todo un nuevo vocabulario y descubrí que me gustaban las matemáticas. Todo lo que tenía que hacer era poner un signo de dólares frente a los números y mi interés tanto en los números como en las palabras se incrementaba. Cuando los niños se entretienen con los juegos *CASHFLOW*, aprenden todo un nuevo vocabulario financiero, y aprenden a disfrutar de las matemáticas al mismo tiempo, sin darse cuenta.

Mi padre inteligente llamaba a la combinación entre palabras y números "el poder de la comunicación." Como era un académico, estaba siempre interesado en cómo y qué hacía que la gente se comunicara. Descubrió que cuando las personas compartían las mismas palabras y estaban entusiasmados acerca de medir las distinciones que se encontraban en cada palabra, la comunicación entre ellos florecía. Él me decía: "La palabra *comunicación* se encuentra en la base de la palabra *comunidad*. Cuando la gente disfruta de las mismas palabras, se forma una comunidad. Las personas que no comparten las mismas palabras o que no están interesadas en su medición, son personas excluidas de esa comunidad cerrada."

Hoy en día encuentro personas que hablan la jerga de la computación, con palabras como "megabyte" y "gigabyte." Personas que aman y aprecian los bytes y las diferencias entre mega y giga son parte de la misma comunidad. Si a usted no le gustan esas palabras o no aprecia las diferencias, usted no forma parte de esa comunidad. Y ese es el poder de las palabras y los números. Pueden incluirle o excluirle.

Una manera de darles una ventaja financiera inicial a sus hijos consiste en comenzar a enseñarles las palabras del dinero y una apreciación por la medición de las diferencias. Si usted lo hace, ellos tienen una mejor oportunidad de ser incluidos en la comunidad de las personas sofisticadas desde el punto de vista financiero. Si ellos no poseen las palabras y la apreciación por la medición de las palabras, pueden ser excluidos de la misma comunidad.

Recuerde las palabras de mi padre rico: "Existe una diferencia muy grande entre un pasivo y un activo, a pesar de que son simplemente dos palabras. Si usted no ve diferencia entre esas dos palabras, la diferencia aparecerá en sus estados financieros y en qué tan duro trabajará usted toda su vida." Yo digo: "Asegúrese de que su hijo conozca la diferencia entre activo y pasivo, y su hijo tendrá una ventaja inicial muy grande en la vida."

CAPÍTULO 14

¿Para qué es una mesada?

El otro día miré a uno de mis amigos que le daba a su hijo 100 dólares. El niño tomó el dinero, lo guardó en su bolsillo y se alejó sin decir palabra.

Mi amigo le dijo entonces: "¿No vas a decirme nada más? ¿Ni siquiera *gracias*?"

El muchacho de 16 años de edad se dio la vuelta y dijo: "¿Gracias por qué?"

"Por los 100 dólares que acabo de darte", dijo el padre.

"Se trata de mi mesada", dijo el muchacho. "La merezco. Además, otros muchachos de la escuela reciben mucho más que esto. Pero si piensas que tengo que decir *gracias*, entonces te diré *gracias*." El muchacho se guardó el dinero en el bolsillo y se dirijió hacia puerta.

Este es un buen ejemplo de la mentalidad del "merecimiento" que ha desarrollado la juventud actual. Desafortunadamente, he visto que esto ocurre con demasiada frecuencia. Sharon Lechter se refiere a esto al decir que "los padres se han convertido en los cajeros electrónicos de sus hijos."

El dinero es una herramienta de enseñanza

El dinero es una herramienta de enseñanza, dijo mi padre rico. "Yo puedo entrenar a la gente para que haga muchas cosas. Todo lo que tengo que hacer es agitar un fajo de billetes en el aire y la gente responde. De la misma forma que un entrenador utiliza la comida para enseñar a los animales, el dinero es utilizado en gran medida con los humanos."

"¿No es cruel considerar de esa manera al dinero y la educación?" le pregunté. "Lo haces sonar tan crudo y deshumanizado."

"Me alegra oír que dices eso", dijo mi padre rico. "Yo quería sonar crudo y deshumanizado."

"¿Por qué?" Le pregunté.

"Porque quería que estuvieras consciente del otro lado del dinero. Yo quería mostrarte el poder que el dinero puede tener. Yo quiero que conozcas el poder y quiero que tengas respeto por ese poder. Si tienes respeto por el poder, posiblemente no abuses del poder del dinero cuando lo tengas."

"¿Qué quieres decir con el otro lado del dinero?" le pregunté. Yo tenía 17 años de edad y estaba entrando a mi último año en la preparatoria. Hasta entonces, mi padre rico me había enseñado la manera de adquirir, conservar e invertir el dinero. Ahora comenzaba a enseñarme algo nuevo acerca del dinero.

Mi padre rico sacó una moneda de su bolsillo. Sosteniéndola en lo alto, dijo: "Cada moneda tiene dos lados. Recuerda eso." Colocando la moneda de regreso en el bolsillo, agregó: "Vamos al centro de la ciudad."

Diez minutos más tarde mi padre rico encontró un lugar para estacionar el coche y depositó algo de dinero en el parquímetro. "Son cerca de las cinco de la tarde", dijo. "Tenemos que apurarnos."

"¿Apurarnos para qué?" le pregunté.

"Vamos. Ya verás", me dijo mi padre rico mientras miraba a ambos lados y atravesaba la calle.

Una vez del otro lado de la calle, él y yo nos paramos a mirar desde la acera todas las tiendas detallistas colocadas en hilera. Repentinamente, a las cinco de la tarde, las tiendas comenzaron a cerrar. Los clientes se apresuraron a hacer sus últimas compras y los empleados comenzaron a salir por la puerta diciendo "buenas noches" y "nos vemos por la mañana" al propietario de la tienda.

"¿Ves a qué me refiero con bien entrenados?" dijo mi padre rico.

Yo no respondí. Estaba viendo la lección que mi padre rico quería que yo recibiera. Y no me gustó la lección.

"Ahora comprendes qué quiero decir cuando digo 'el dinero es una herramienta de enseñanza'?" preguntó mi padre rico cuando él y yo comenzamos a caminar junto a las tiendas que estaban cerradas. Las calles desiertas y en silencio tenían una sensación fría y vacía conforme mi padre rico se detenía ocasionalmente y miraba la vitrina que había encontrado interesante.

Yo permanecí en silencio.

De regreso en el automóvil, mi padre rico repitió su pregunta. "¿Comprendes?"

"Comprendo", respondí. "Estás diciendo que levantarse cada día para trabajar es malo?"

"No. Yo no digo que nada sea bueno o malo. Sólo quiero que comprendas el tremendo poder que tiene el dinero y por qué es una herramienta de enseñanza."

"Explica lo de herramienta de enseñanza", le dije.

Mi padre rico pensó por un momento. Finalmente comenzó a decir: "Antes de que hubiera dinero, los seres humanos vagaron como cazadores y recolectores, y vivían de la tierra y el mar. Básicamente Dios o la naturaleza proporcionaban todo lo que necesitábamos para sobrevivir. Pero conforme nos hicimos más civilizados y se hizo demasiado problemático intercambiar bienes y servicios, el dinero se hizo más y más importante. Hoy en día, quienes controlan el dinero tienen más poder que la gente que todavía intercambia bienes y servicios. En otras palabras, el dinero se ha apoderado del juego."

"¿Qué quieres decir con que el 'dinero se ha apoderado del juego'?" le pregunté.

"Bien, hasta hace sólo unos cuantos cientos de años, los seres humanos no necesitábamos del dinero para sobrevivir. La naturaleza nos proveía de todo. Tú podías cultivar vegetales si querías comer o rondar en los bosques y cazar si necesitabas carne. Hoy en día el dinero te da la vida. Actualmente es difícil sobrevivir al cultivar solamente vegetales en un departamento de una recámara en la ciudad o en el traspatio de una casa en los suburbios. No puedes pagar tu cuenta de la electricidad con tomates, y el gobierno no acepta carne del venado que cazaste como pago de impuestos."

"Así que dado que la gente necesita dinero para intercambiar por bienes y servicios esenciales para la vida, tú puedes decir que el dinero se ha apoderado del juego. El dinero y la vida ahora van de la mano."

Mi padre rico afirmó: "Es difícil sobrevivir sin dinero en el mundo actual. El dinero y la supervivencia personal van ahora de la mano."

"Y por eso dices que el dinero es una herramienta de enseñanza", dije suavemente. "Debido a que el dinero está vinculado con la supervivencia personal, si tienes dinero, puedes enseñar a la gente a que haga cosas que ellos no necesariamente quieren hacer. Cosas como levantarse e ir a trabajar todos los días."

"O estudiar duro con el fin de que puedas obtener un buen trabajo", agregó mi padre rico con una sonrisa.

"¿Pero no son importantes para nuestra sociedad los trabajadores bien capacitados y educados?" pregunté.

"Muy importantes", dijo mi padre rico. Las escuelas proporcionan los doctores, ingenieros, policías, bomberos, secretarias, especialistas en belleza, pilotos, soldados y muchas de las profesiones necesarias para mantener nuestra sociedad civilizada. No estoy diciendo que la escuela no sea importante… y por eso quiero que vayas al colegio, incluso si no quieres ir. Yo simplemente quiero que comprendas cómo el dinero puede ser una poderosa herramienta de enseñanza."

"Ahora comprendo eso", le dije.

"Algún día serás un hombre muy rico", dijo mi padre rico. "Y yo quiero que estés consciente del poder y la responsabilidad que tendrás cuando adquieras tu dinero. En vez de utilizar tu riqueza para mantener a la gente esclavizada al dinero, te pido que utilices tu riqueza para enseñar a la gente a dominar al dinero."

"De la misma forma en que tú me estás enseñando", dije.

Mi padre rico asintió. "Mientras más se vuelve dependiente del dinero nuestra sociedad civilizada, más poder tiene el dinero sobre nuestras almas. De la misma forma en que puedes enseñar a obedecer a un perro con croquetas, puedes enseñar a un ser humano a obedecer y trabajar duro toda su vida por el dinero. Demasiadas personas trabajan por dinero sólo para sobrevivir, en vez de enfocarse en proporcionar bienes o servicios que hacen que nuestra sociedad civilizada sea mejor. Ese es el poder del dinero como herramienta de enseñanza. Hay un lado bueno y un lado malo de ese poder."

¿Que le enseña usted a su hijo con dinero?

Estoy sorprendido de cuántos jóvenes tienen la idea de que merecen dinero o de que "deben" recibirlo. Yo sé que no se trata de todos los chicos, pero he notado que muchos jóvenes tienen ese tipo de actitud. He notado que muchos padres utilizan el dinero como una forma de aliviarse de la culpa. Dado que muchos padres de familia están muy ocupados trabajando, algunos tienden a utilizar el dinero como un sustituto del amor y de la atención personal. He advertido que los padres que pueden pagar una nana de tiempo completo generalmente tienen una. Un creciente número de madres solteras que son dueñas de sus propios negocios llevan a sus hijos al trabajo, especialmente durante los meses del verano. Pero todavía hay muchos chicos que se quedan en casa solos. Regresan a la casa de la escuela y no son vigilados durante horas porque tanto mamá como papá están en el trabajo... trabajando duro para poner comida en la mesa. Como decía mi padre rico: "El dinero es una herramienta de enseñanza."

La importancia del intercambio

Los padres pueden enseñar a su hijo una importante lección acerca del dinero si les enseñan el concepto del *intercambio*. La palabra *intercambio* era una palabra muy importante para mi padre rico. Él solía decir: "Puedes tener cualquier cosa que quieras en tanto estés dispuesto a intercambiar algo de valor por aquello que quieres." En otras palabras, mientras más dé usted, más recibe a cambio.

He recibido muchas peticiones de ser mentor de la gente. Hace poco más de un año un joven me llamó y me preguntó si podía invitarme a almorzar. Yo decliné, pero el joven fue persistente, así que finalmente acepté. Durante el almuerzo, el joven me preguntó: "Me gustaría que usted fuera mi mentor." Lo rechacé, pero él insistió todavía más de lo que insistió invitarme a almorzar.

Finalmente le pregunté: "Si yo aceptara, ¿qué quieres que haga como tu mentor?"

Él me respondió: "Bien, quiero que me permita sentarme en sus reuniones, pasar al menos cuatro horas a la semana con usted, y mostrarme cómo invierte en los bienes raíces. Yo simplemente quiero que me enseñe lo que usted sabe."

Pensé en esa petición durante un rato y luego dije: "¿Y que me darás a cambio?"

El joven vaciló ante esa pregunta, se enderezó en su asiento, me mostró su encantadora sonrisa y dijo: "Bien, nada. No tengo nada. Por eso quiero que usted me enseñe, como su padre rico le enseñó a usted. Usted no le pagó, ¿o sí?"

Me recosté contra el respaldo de la silla, mirando al joven. "Así que tú quieres que pase mi tiempo enseñándote lo que sé gratuitamente. ¿Es cso lo que quieres?"

"Bien, desde luego", dijo el joven. "¿Qué espera usted que yo haga? ¿Que le pague dinero que no tengo? Si tuviera dinero, no estaría pidiendo esto. Todo lo que le pido es que me enseñe algo. Que me enseñe a ser rico."

Una sonrisa apareció en mi rostro y los viejos recuerdos de cuando me sentaba del otro lado de la mesa de mi padre rico me vinieron en tropel. Esta vez yo estaba en el asiento de mi padre rico y tenía la oportunidad de enseñar de la misma forma que me enseñó mi padre rico. Poniéndome de pie, le dije: "Gracias por el almuerzo. Mi respuesta es 'no'. No estoy interesado en ser tu mentor. Pero estoy enseñándote una lección muy importante. Y si comprendes la lección que necesitas comprender, te convertirás en el hombre rico que deseas ser. Comprende la lección y descubrirás la respuesta que estás buscando." El mesero trajo la cuenta, y yo señalé al joven. "Es su cuenta."

"¿Pero cual es la respuesta?" preguntó el joven. "Dígame. Sólo déme la respuesta."

Diez solicitudes a la semana

Frecuentemente me piden que sea mentor de alguien. Una de las cosas en común que he notado es cuán pocas de esas solicitudes vienen con una de las palabras más importantes en los negocios. Y esa palabra es *intercambio*. En otras palabras, si usted pide algo, ¿qué es lo que usted está dispuesto a dar?

Si usted leyó *Padre rico, padre pobre*, es posible que recuerde la historia de cuando mi padre rico me quitó los diez centavos por hora y me hizo trabajar gratis. Como dije antes, para un niño de 9 años trabajar gratis fue una lección poderosa, una que afectó mi vida de manera permanente. Mi padre rico no dejó de pagarme los diez centavos por hora por crueldad. Me quitó el dinero para enseñarme una de las lecciones más importantes de ser rico y esa lección es el intercambio. Cuando mi padre rico decía: "El dinero es una herramienta de enseñanza", también quería decir que la falta de dinero puede ser una poderosa herramienta de enseñanza.

Años después de mi lección de trabajar gratis, le pregunté a mi padre rico si hubiera continuado enseñándome si no hubiera trabajado gratis. Su respuesta fue: "No, absolutamente no. Cuando me pediste que te enseñara, quería ver si estabas dispuesto a dar algo a cambio de mis lecciones. Si no estabas dispuesto a dar algo a cambio, entonces esa hubiera sido la primera lección que debías descifrar, después de haberte rechazado. La gente que aprende a esperar algo a cambio de nada generalmente no consigue nada en la vida real."

En *Guía para invertir de mi padre rico* compartí la historia de cuando le pedí a Peter que fuera mi mentor. Cuando finalmente accedió, lo primero que me pidió hacer fue ir a Sudamérica a mi costa para estudiar una mina de oro para él. Ese es otro ejemplo perfecto de intercambio. Si yo no hubiera estado de acuerdo con ir a Sudamérica o le hubiera pedido que pagara mis gastos, estoy seguro de que Peter nunca hubiera accedido a ser mi mentor. También demostró mi fuerte compromiso de querer aprender de él.

La lección detrás de la lección

Aunque la lección del intercambio es obvia para la mayoría de ustedes, quienes leen este libro, existe otra lección, una lección detrás de la lección del intercambio que mi padre rico me enseñó cuando me quitó los 10 centavos por hora. Es una lección que la mayoría de la gente no comprende; es una lección que es importante para cualquiera que desee convertirse en rico. Es importante comenzar a enseñar a su hijo a edad temprana.

Mucha gente rica comprende la lección, especialmente si han ganado su riqueza, pero muchas personas que trabajan duro nunca la comprenden.

Mi padre rico me dijo: "La razón por la que mucha gente no se convierte en rica es que les enseñaron a buscar un trabajo. Es casi imposible que te conviertas en rico si buscas y encuentras un trabajo." Mi padre rico me explicó que mucha gente acude a él y dice: "¿Cuánto me pagaría si hago este trabajo para usted?" Continuó diciendo: "La gente que piensa y habla de esa manera probablemente nunca será rica. Tú no puedes esperar a volverte rico si vas por allí buscando gente que te pague por lo que haces."

La historia siguiente a la de los 10 centavos por hora que me quitaron en *Padre rico, padre pobre* es la historia de los libros de tiras cómicas. Es en esta historia que la verdadera lección detrás de la lección de mi padre rico, sobre el intercambio, salta a la vista. Después de trabajar gratis, comencé a ver las cosas de diferente manera. Comencé a buscar un negocio o una oportunidad de inversión en vez de un trabajo. Mi cerebro estaba siendo entrenado para ver lo que la mayoría de la gente no ve. Una vez que pedí los libros de tiras cómicas que desechaban de la tienda de mi padre rico, la tienda donde yo estaba trabajando gratis, comencé a aprender uno de los más grandes secretos de mi padre rico. Y el secreto *no* era trabajar duro por el dinero o esperar que me pagaran por hacer un trabajo. Como dijo mi padre rico después: "La razón por la que mucha gente no logra ser rica es que han sido entrenados para pensar en términos de ser pagados por el trabajo que hacen. Si usted quiere ser rico, necesita pensar en términos de a cuántas personas puede usted servir." Cuando dejé de trabajar por 10 centavos por hora, dejé de pensar en términos de ser pagado por lo que hacía para mi padre rico y comencé a pensar en la manera de servir a tanta gente como fuera posible. Una vez que pensé de esa manera, comencé a pensar como mi padre rico.

Sólo hay un cierto número de horas en un día

Muchos jóvenes actualmente van a la escuela a aprender una profesión y luego buscan trabajo. Todos sabemos que hay sólo un cierto número de horas en un día. Si vendemos nuestra mano de obra por hora o en alguna otra forma de medición de tiempo, existe una cantidad que tenemos en un día. Y esa cantidad finita de tiempo pone un techo a cuánto dinero podemos ganar. Por ejemplo, una persona cobra 50 dólares por hora de su tiempo y trabaja ocho horas diarias; el máximo potencial de ganancia de esa persona es 400 dólares diarios, 2 000 dólares a la semana por una semana de cinco días laborales, y 8 000 dólares al mes. La única manera en que esa persona puede incrementar esa cantidad es si trabaja más horas; esa es una de las razones por las que, de acuerdo con las estadísticas del gobierno de los Estados Unidos, sólo uno de cada 100 estadounidenses es rico a la edad de 65 años. La mayoría de la gente es entrenada para pensar en términos de ser pagado por un trabajo en vez de pensar en términos de cuánta gente puede servir. Mi padre rico decía: "Mientras a más personas sirvas, más rico serás."

La mayoría de la gente es entrenada para servir sólo a un empleador o a un selecto número de clientes. Mi padre rico diría: "La razón por la que me convertí en hombre de negocios fue que quería servir a tanta gente como fuera posible." Él ocasionalmente dibujaba el siguiente diagrama del Cuadrante del flujo de dinero para hacer énfasis en ese punto (del libro *El cuadrante del flujo de dinero de mi padre rico).*

Al señalar el lado izquierdo del cuadrante, decía: "Este lado depende de la labor física para el éxito." Al señalar al lado derecho del cuadrante, decía: "Este lado requiere labor fiscal para el éxito." A continuación agregaba: "Existe una gran diferencia entre la labor física y la labor fiscal." En otras palabras, existe una tremenda diferencia entre que usted trabaje *físicamente* para ganar dinero o que su sistema trabaje *fiscalmente*. Mi padre rico también decía: "Mientras menos tengo que trabajar físicamente, más personas puedo servir y entonces más dinero puedo ganar en intercambio."

Mi primera intención al escribir *Padre rico, padre pobre* fue encontrar una manera de servir a tanta gente como fuera posible, sabiendo que si lo hacía, ganaría más dinero. Antes de escribir el libro yo enseñaba la misma materia en persona, o físicamente, y cobraba miles de dólares. A pesar de que estaba ganando dinero, sólo servía a un número reducido de personas y me cansaba mucho en el proceso. Una vez que me di cuenta de que necesitaba servir a más gente, supe que debería escribir en vez de hablar.

Hoy en día las mismas lecciones cuestan menos de 20 dólares. Sirvo a millones de personas y gano más dinero mientras trabajo menos. Así que la lección de dejar de pagarme 10 centavos por hora hace años continúa redituando beneficios. Me reditúa beneficios porque la lección de mi padre rico para volverme rico fue servir a tanta gente como fuera posible. Como dijo: "La mayoría de la gente abandona la escuela en busca de un empleo bien pagado, en vez de buscar la manera de servir a tanta gente como sea posible."

(Para los interesados en aprender lo que mi padre rico me enseñó acerca de cómo servir tanta gente como fuera posible, esa lección se encuentra en el libro número tres: *La guía para invertir de mi padre rico*. La lección se enseña también en el Triángulo B-I, que es una estructura que guía a la gente sobre cómo tomar sus ideas y convertirlas en negocios multimillonarios que sirven a tanta gente como sea posible. Muchas personas tienen grandes ideas que podrían ayudar a hacer que nuestro mundo fuera un mejor lugar para vivir; pero el problema es que la mayoría de la gente abandona la escuela sin tener las aptitudes necesarias para convertir esas ideas en negocios. En vez de buscar un trabajo, mi padre rico nos enseñó a su hijo Mike y a mí a construir negocios que sirvieran a tanta gente como fuera posible. Él dijo: "Si ustedes crean un negocio que verdaderamente pueda servir a millones de personas, en *intercambio* por sus esfuerzos, se convertirán en millonarios. Si ustedes sirven a 1 000 millones de personas, se convertirán en multimillonarios. Es una cuestión de simple intercambio." De eso trata el libro número tres. Sobre cómo crear un negocio que tenga el potencial de servir a millones, quizá miles de millones de personas, en vez de a sólo un empleador o a unos cuantos clientes. Decía mi padre rico: "Puedes volverte rico al casarte con alguien por su dinero; al ser tacaño, al ser codicioso o al ser un ladrón. Pero la mejor manera de volverte rico es al ser generoso y algunas de las personas más ricas que he conocido son personas muy generosas. En vez de pensar acerca de cuánto podrían recibir como pago, piensan acerca de cuánta gente pueden servir").

¿Cuánto debo pagarle a mi hijo?

A menudo me formulan preguntas como las siguientes:

- "¿Cuánto debo darle como mesada a mi hijo?"
- "¿Debo dejar de pagarle a mis hijos por cualquier cosa que hagan?"
- "Le pago a mi hijo si obtiene buenas calificaciones. ¿Usted recomienda eso?"
- "¿Debo decirle a mi hijo que no consiga ese empleo en el centro comercial?"

Mi respuesta a preguntas como esa es: "La manera en que usted compense a su hijo es asunto suyo. Cada niño es diferente y cada familia es diferente." Yo simplemente le recuerdo las lecciones de mi padre rico y le pido que recuerde que el dinero es una herramienta de enseñanza muy poderosa. Si sus hijos aprenden a esperar dinero a cambio de nada, entonces esa *puede* ser la manera en que terminen siendo sus vidas: una vida de nada. Si un hijo estudia solamente porque le pagan por estudiar, entonces ¿qué ocurrirá cuando usted no esté presente para pagarle a su hijo por estudiar? Lo importante es ser cuidadoso acerca de la manera en que usted utiliza el dinero como una herramienta de enseñanza. Porque a pesar de que el dinero es una poderosa herramienta, existen lecciones mucho más importantes que su hijo debe aprender. Son las lecciones detrás de las lecciones las que son más importantes. Y una de esas es la lección sobre el servicio.

La caridad comienza en casa

Mi madre y mi padre eran personas muy generosas. Pero no eran generosas en las mismas maneras en que lo era mi padre rico. Como encargado de la educación de la isla de Hawai, mi padre regresaba a casa, cenaba con sus hijos y luego se marchaba a las reuniones de la Asociación de Padres y Maestros (PTA, por sus siglas en inglés) entre 2 y 3 veces por semana. Recuerdo que cuando era niño me despedía de él desde la ventana de la cocina mientras caminaba de regreso a su automóvil después de cenar, cuando se dirigía a servir a tantas familias como fuera posible. Había ocasiones en que tenía que manejar más de 100 kilómetros hasta la reunión y regresar esa noche tan sólo para ver y saludar a sus propios hijos por la mañana.

Mi madre a menudo hacía que trabajáramos con ella en las ventas de pasteles de la iglesia. Ella creía firmemente en ofrecer su tiempo como voluntaria y pedía que sus hijos hicieran lo mismo. Como enfermera certificada, también se ofrecía como voluntaria de manera regular para la Cruz Roja Americana. Recuerdo que durante los desastres, como los maremotos o las erupciones volcánicas, ella y mi padre se marchaban durante varios días para servir a quienes lo necesitaban. Cuando se les ofreció la oportunidad de unirse a los Cuerpos de Paz del presidente Kennedy, aceptaron de inmediato a pesar de que eso significaba una importante reducción en sus ingresos.

Mi padre rico y su esposa tenían un punto de vista muy similar al de mi padre y mi madre. Su esposa participaba activamente en un grupo de mujeres que constantemente estaba reuniendo dinero para causas valiosas. Mi padre rico donaba dinero regularmente a su iglesia y a diversas instituciones caritativas y además prestaba sus servicios en las juntas de dos organizaciones no lucrativas.

La lección que aprendí de ambos pares de padres es que sea usted socialista o capitalista, la caridad comienza en casa. Y si usted quiere que sus hijos sean ricos, enseñarles a servir a tanta gente como sea posible es una lección que no tiene precio. Como decía mi padre rico: "Mientras a más gente sirva usted, más rico será."

TERCERA PARTE

Descubrir el genio de su hijo

Mi padre rico nos alentaba vigorosamente a su hijo y a mí a que nos convirtiéramos en ricos al servir a tanta gente como fuera posible. Nos decía: "Si enfocas tu mente en ganar dinero sólo para ti, encontrarás difícil convertirte en rico. Si eres deshonesto, codicioso y le das a la gente menos de lo que ellos pagan, también te será difícil volverte rico. Puedes adquirir riqueza de esas formas, pero esa riqueza vendrá a un precio muy alto. Si enfocas tu negocio primero en servir a tanta gente como sea posible... piensa sólo en hacer que sus vidas sean un poco más fáciles, y encontrarás una enorme riqueza y felicidad."

Mi padre inteligente creía verdaderamente que había un genio en todos y cada uno de los niños, incluso si el niño no tenía un buen desempeño en la escuela. Él no creía que un genio era solamente quien se senta-

ba en un salón de clases y conocía todas las respuestas correctas. Él no creía que el genio fuera alguien que era más inteligente que todos los demás. Él creía verdaderamente que cada uno de nosotros tiene un don... y que ese genio era simplemente una persona lo suficientemente afortunada para encontrar su don y a continuación encontrar una manera de dar ese don.

Para hacer inteligentes sus lecciones sobre el genio, nos contaba una historia. Decía: "Antes de que cada uno de ustedes naciera, recibió un don que debe transmitir. El problema es que nadie les dijo que ustedes recibieron ese don. Nadie les dijo qué hacer con ese don después de que lo encontraran. Después de que nacieron. Su trabajo era encontrar ese don y transmitirlo... darlo a todos los demás. Si ustedes transmiten su don, su vida se llenará de magia."

Mi padre también escribía la palabra genio de esta manera:

GENIO-EN-NOS (otros)

Al continuar con su historia, decía: "Un genio es alguien que encuentra el genio en su interior. Al igual que Aladino encontró al genio en el interior de la lámpara, cada uno de nosotros debe encontrar el genio en nosotros mismos. De allí viene la palabra genio. Un genio es alguien que encuentra a la persona mágica en su interior. Un genio es alguien que descubre el don que recibió."

Mi padre inteligente añadía a continuación unas palabras de cautela: "Cuando encuentren su genio, éste les cumplirá tres deseos. Su genio les dirá: 'El deseo número uno es: ¿Deseas darte a ti mismo tu don? El deseo número dos es: ¿Deseas dar tu genio solamente a aquellos que amas y que se encuentran cerca de ti? O el deseo número tres: ¿Deseas dar tu don a los demás?'"

Obviamente, la lección consistía en que nosotros, los niños, escogiéramos el deseo número tres. La lección de mi padre inteligente siempre terminaba diciendo: "El mundo está lleno de genios. Cada uno de nosotros es un genio. El problema es que la mayoría de nosotros guardamos nuestro genio encerrado en nuestra lámpara. Demasiados de nosotros escogemos utilizar nuestro genio solamente para nosotros mismos o para quienes amamos. El genio sale de la lámpara únicamente cuando escogemos el tercer deseo. La magia ocurre solamente cuando escogemos dar nuestro don a los demás."

Mis dos padres creían en la magia de dar. Uno de mis padres creía en crear un negocio que sirviera a tanta gente como fuera posible. El otro padre creía en hallar el don que recibíamos, encontrar al genio en nosotros y dejar que la magia del genio saliera de la lámpara.

Las lecciones de ambos padres funcionaron para mí cuando era un niño. Ambas historias me dieron una razón para vivir, una razón para aprender y una razón para dar. Tan tonto como suena, como niño de 9 años de edad, yo creía en la posibilidad de que hubiera un genio en mi interior y creía en la magia... y todavía creo en ella. ¿De qué otra manera podría escribir un libro de los más vendidos en todo el mundo un niño que reprobó la escuela porque no podía escribir?

La última parte del libro está dedicada al genio de su hijo.

CAPÍTULO 15

¿Cómo descubrir el genio natural de su hijo?

A la mayoría de nosotros nos han preguntado que signo somos.

Si usted es libra, usted respondería: "Soy libra. ¿Qué es usted?"

La mayoría de nosotros sabe qué signo somos, de la misma forma en que sabemos que existen cuatro grupos principales de signos: tierra, aire, agua y fuego. La mayoría de nosotros también sabe que existen 12 signos del zodiaco: Virgo, Escorpión, Cáncer, Capricornio, Acuario, Aries, Géminis, Tauro, Leo, Sagitario, Piscis y Libra. A menos que seamos expertos astrólogos, la mayoría de nosotros no conoce las características personales de los 12 signos. Generalmente estamos conscientes de las características personales de nuestro propio signo astrológico y quizá unos cuantos más. Por ejemplo, yo soy Aries, y yo diría que la mayor parte de lo que dicen las cartas acerca de la conducta de los aries se aplica a mí. Mi esposa es Acuario, y ella también sigue esas tendencias generales. Conocer las diferencias ayuda a nuestra relación porque somos más capaces de comprendernos mutuamente.

Pocos de nosotros nos damos cuenta de que de la misma forma en que existen distintas características personales, también existen diferentes características de aprendizaje. Una de las razones por las que nuestro actual sistema educativo es tan doloroso para mucha gente es que fue diseñado para sólo unas cuantas de las diferentes características del aprendizaje. Eso sería como tener un sistema educativo diseñado solamente para los signos de fuego y luego preguntarnos por qué a las personas de los signos de agua, aire y tierra no les gusta la escuela.

Este capítulo puede arrojar luz sobre los diferentes estilos de aprendizaje y también ayudarle a encontrar los estilos de sus hijos, incluso el suyo propio, si usted desea encontrar su estilo de aprendizaje único y quizá su genio.

Este capítulo también puede explicar por qué algunas personas que tienen un buen desempeño escolar no tienen un buen desempeño en el mundo real, y viceversa.

Diferentes estilos para diferentes tipos

La mayoría de nosotros hemos escuchado el dicho "diferentes estilos para diferentes tipos". Y yo estoy de acuerdo.

Cuando tenía alrededor de 5 años de edad, mi familia fue a una playa popular con una familia vecina. Repentinamente vi que mi amigo Willy estaba forcejeando en el agua. Había caído en un hoyo y se estaba ahogando debido a que no podía nadar. Mediante mis gritos llamé finalmente la atención de un muchacho preparatoriano y él se metió al agua a salvar a Willy.

Después de ese accidente casi fatal, ambas familias decidieron que era tiempo de que todos los niños asistieran a lecciones formales de natación. Pronto me encontré en la alberca pública aprendiendo a nadar y lo aborrecí. No pasó mucho tiempo antes de que estuviera fuera de la alberca y escondido en los vestidores, aterrado de que me gritaran porque no podía nadar de manera adecuada. A partir de ese momento odié el olor del cloro en el agua dulce de la alberca de natación.

A lo largo de los años aprendí a nadar en el océano, porque me gustaba la pesca de pez espada y la pesca de langosta. A los 12 años de edad comencé a deslizarme sobre las olas, pero todavía no podía nadar con el estilo.

Willy, por su parte, se propuso nadar como un pez y pronto estaba participando en competencias de natación en todo Hawai. En la preparatoria fue a nadar en los campeonatos estatales. Aunque no ganó, la historia demuestra que él tomó un accidente casi mortal y lo convirtió en su pasión. Su accidente ocasionó que mi familia me obligara a tomar lecciones de natación y aprendí a odiar las albercas de natación y nunca aprendí a nadar de manera adecuada.

Cuando asistí a la escuela en Nueva York, nos solicitaron que presentáramos una prueba de natación en la alberca. Reprobé. A pesar de que había pescado, buceado y me había deslizado sobre las olas en una tabla, reprobé la prueba de natación porque no conocía la manera adecuada de nadar. Recuerdo haber escrito a casa para tratar de explicar a mis amigos que estaba tomando lecciones de natación debido a que reprobé. Aquellos eran amigos con quienes había pasado años nadando en algunas de las playas más peligrosas de Hawai.

La buena noticia es que finalmente aprendí a nadar en el estilo libre adecuado en la alberca. Hasta entonces yo nadé en una combinación de estilo de pecho y de costado con una patada de tijera, que no era muy atractiva y no tenía sentido para los instructores de natación.

Lo importante es que a pesar de que no podía nadar con el estilo adecuado, me sentía muy cómodo nadando en el océano, incluso en aguas agitadas. Todavía no soy un buen nadador, pero me siento en casa cuando estoy en el océano. Conozco gente que puede dar brazadas perfectas en la alberca pero se aterroriza en los mares picados, las corrientes, la resaca y las olas. Como dice el dicho, "diferentes estilos para diferentes tipos".

Diferentes estilos de aprendizaje

El propósito de lo anterior no fue discutir mi carencia de habilidad para nadar, sino ilustrar que todos aprendemos de manera diferente y hacemos las cosas de forma distinta. A pesar de que no puedo dar una brazada de natación adecuada, me parece mucho más práctico nadar con mis propias brazadas. Yo nunca nadaré en competencias como mi amigo Willy, y nunca ganaré premios por mi elegante estilo, pero hacer las cosas a mi manera funcionan para mí y pienso que muchos de nosotros somos así. Sabemos lo que deberíamos estar haciendo, pero preferimos hacer las cosas de la manera que nos gusta. Sus hijos son de la misma forma respecto al aprendizaje.

Cómo descubrir el genio de su hijo

Para descubrir el genio de su hijo usted debe averiguar primero cómo les gusta aprender y por qué aprenderán algo. Por ejemplo, yo no aprendí a nadar porque no me gustaba aprender a nadar, aprendía porque quería deslizarme en una tabla sobre las olas. Si no fuera por ese deporte, no tenía interés en aprender a nadar y obligarme a aprender sólo hizo que odiara la natación todavía más. En vez de comenzar en la parte menos profunda con todos los niños, yo era feliz saltando a la parte más profunda y aprendiendo a sobrevivir. Lo mismo sucede en lo que se relaciona con aprender a leer los estados financieros. No aprendí contabilidad porque quisiera ser un contador. Aprendí contabilidad básica porque quería ser rico. Si usted piensa que mis brazadas de natación son feas, debería ver mi contabilidad.

Mi padre inteligente se dio cuenta de que yo no era una estrella académica y por eso me alentó a buscar mi propio estilo de aprendizaje. En vez de obligarme a ajustarme y seguir las maneras tradicionales de aprendizaje, me alentó a "saltar la parte profunda de la alberca y nadar para sobrevivir". Él no estaba siendo cruel. Se dio cuenta de que mi estilo de aprendizaje era mio y quería que yo aprendiera de la manera que aprendo mejor. Y de la misma forma en que mi brazada de natación no era bonita, la forma en que aprendo no es bonita.

Otras personas aprenden de maneras más tradicionales. Mucha gente asiste a la escuela, disfruta del salón de clases y disfruta siguiendo el plan de estudios previamente establecido. A muchos les gusta saber que al final del plan habrá una recompensa. Les gusta la idea de saber que obtendrán una calificación aprobatoria o un grado académico a cambio de sus esfuerzos. Como dije antes, les gusta la certidumbre de la recompensa al final del programa. Al igual que mi amigo Willy era bueno para nadar porque le gustaba nadar, mucha gente tiene un buen desempeño en la escuela porque le gusta la escuela.

Una clave para el éxito de la gente en la vida consiste en descubrir cómo aprende mejor y asegurarse de que está en un ambiente que les permite continuar aprendiendo en las formas como aprende mejor. El problema es que descubrir exactamente la manera en que aprendemos y cuáles son nuestros dones naturales son frecuentemente procesos de prueba y error. Muchas personas nunca encuentran sus dones. Una vez que abandonan la escuela consiguen empleos y luego no pueden continuar su proceso personal de descubrimiento debido a razones familiares o financieras. Hasta hace poco, cómo descubrir el estilo de aprendizaje y el genio único no había sido definido con claridad.

El índice Kolbe

Conversaba con una amiga y le explicaba que odiaba tener una oficina. Le comenté que he sido propietario de varios edificios de oficinas, pero nunca he tenido una oficina formal. "Simplemente odio estar encerrado en una habitación", dije.

Mi amiga sonrió y dijo: "¿Te has sometido a la prueba del índice Kolbe?"

"No", le respondí. "¿Qué es eso?"

"Es un instrumento que mide tu estilo natural de aprendizaje o modus operandi. Mide tus instintos, o tu genio natural."

"Nunca he escuchado de ese índice particular, pero me he sometido a muchos de esos tipos de evaluaciones", le dije. "Las considero útiles, pero ¿no se trata de uno más de ese mismo tipo de instrumentos? ¿No es como descubrir más acerca de mi signo astrológico?"

"Bien, sí, existen similitudes", dijo mi amiga. "Sin embargo existen algunas distinciones que el índice Kolbe puede darte que las otras evaluaciones no pueden."

"¿Como cuáles?" pregunté.

"Bien, como dije, señalará tu genio y tu estilo natural de aprendizaje. También te dirá qué es lo que tú *harás* y lo que *no harás*, en vez de lo que puedes hacer o no puedes hacer", respondió mi amiga. "El índice Kolbe medirá tus instintos naturales, no tu inteligencia ni tu personalidad. El índice Kolbe te dice, como ninguna otra prueba, cosas únicas acerca de ti mismo; porque mide quién eres, no quién piensas que eres."

"Instintos", dije. "¿Y eso cómo me ayuda?" Yo estaba tratando de escabullirme de tener que presentar otra prueba.

"Sólo presenta la prueba y luego hablaremos de eso. De hecho, Kathy Kolbe, la creadora del índice, vive aquí mismo en Phoenix. Después de que presentes la prueba concertaré una reunión entre ustedes dos. Comprueba por ti mismo que su instrumento hace todo lo que yo digo."

"¿Cómo presento la prueba?" le pregunté.

Sólo ve al sitio *web* y presenta la prueba. Creo que cuesta cerca de 50 dólares y debe tomarte unos cuantos minutos para responder las 36 preguntas", dijo.

"¿Cuándo obtendré los resultados?"

"Casi inmediatamente", respondió mi amiga. "Después de que la presentes, puedes evaluarla, y también concertaré una reunión entre tú y Kathy. Ella no se reúne con muchas personas, pero es amiga mía y le diré que tú eres mi amigo."

Acepté y unos minutos después había presentado la prueba del índice Kolbe. Los resultados están en la siguiente página.

Encontré que los resultados eran interesantes, pero al saber que iba a almorzar con la creadora del índice decidí esperar y escuchar lo que ella decía.

Tres días después, Kathy se reunió conmigo para almorzar. Al mirar mi índice, me dijo: "Tú tienes entusiasmo para correr riesgos físicos, ¿no es así?"

Me atraganté. Kathy tiene una voz tan adorable y amable, y habla con mucha comprensión y simpatía. Pude ver que ella sabía quién era yo, a pesar de que acababa de conocerme. "¿Cómo lo sabes?", le pregunté.

"Tus fortalezas radican en tus instintos y esto me dice cuál es tu modo de operación. En tu caso, es el Inicio Rápido y la energía del Implementador lo que impulsa tus acciones", me dijo con una sonrisa. "Las líneas de la gráfica me muestran que buscas instintivamente encarar riesgos físicos. Te sientes atraídos a ellos de manera natural, ¿correcto?"

Asentí.

"¿Alguna vez has estado en peligro grave?" preguntó Kathy.

"Sí, muchas veces, especialmente cuando estaba en Vietnam. ¿Por qué lo preguntas?"

"¿Te sentiste crecer realmente en esa situación?" me preguntó. "¿Estaban tus instintos totalmente enfocados y tu energía incrementada por el peligro en que te encontrabas?"

"Bien, me gustaba volar en combate", respondí. "Era emocionante, así como trágico en ocasiones. Pero me gustaba volar en combate y lo eché de menos una vez que regresé al vuelo en tiempos de paz."

inicio

resultados
< previo
hoja de resultados
siguiente >
resultados completos

Resultado del índice Kolbe A

kolbe.com

Para: Robert Kiyosaki

MO: 2296

Fortalezas volitivas (Factores de impacto por cada modo de acción):
Simplificar (FF) Adaptar (FT) Improvisar (QS) Renovar (IM)

Gráfica del índice Kolbe A

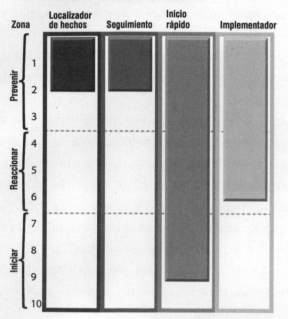

"Eso tiene sentido", dijo. "¿Fue difícil la transición de regreso a la rutina militar ordinaria cuando volviste a casa?" preguntó. "¿Te metió eso en problemas cuando regresaste a casa?"

"Sí", le dije. "¿Cómo lo supiste?"

"Lo sé porque tu talento de Seguimiento sirve para tener muchas pelotas en el aire al mismo tiempo", dijo amablemente. "Esto me dice que no sigues los procedimientos. Tus resultados de Inicio Rápido y del Implementador indican que asumes el riesgo físico y creces cuando tienes un sentimiento de urgencia, así que probablemente tuviste un buen desempeño en Vietnam. Sin embargo, encontraste la vida militar en tiempos de paz demasiado estructurada, recluida. Necesitabas la emoción. Si no conseguías suficiente emoción, la creabas. Eso provoca que te metas en problemas, a menudo combatiendo con figuras de autoridad que tratan de mantenerte en línea, para que cumplas las reglas."

"¿También lees las palmas de las manos?" le inquirí. A continuación le pregunté si mi amiga le había hablado de mí. Estaba escéptico porque Kathy sabía mucho de mí y apenas nos habíamos conocido.

Ella me dijo: "No. Yo no sé nada de ti. Prefiero no saber nada cuando interpreto los resultados de una persona. Confío en la precisión de mis índices y preferiría confiar en ellos que en la descripción de una persona realizada por alguien más, o de mi recuerdo de lo que dijeron." Kathy siguió explicándome que se había entrevistado conmigo sólo porque su amiga se lo había pedido y porque ella encuentra una gran alegría al compartir su trabajo con personas que verdaderamente quieren saber acerca de él. Después de conocernos más durante el almuerzo, Kathy comenzó a compartir conmigo en profundidad lo que el índice Kolbe explicaba sobre mí. Al señalar mi gráfica, dijo: "Si estuvieras en la escuela hoy en día, serías etiquetado como un niño con síndrome de déficit de atención (ADD, por sus siglas en inglés) y quizá te administrarían drogas para calmarte."

"¿Usted está de acuerdo con ese tipo de tratamiento?", le pregunté.

"No. No en la mayoría de los niños", dijo. "Creo que drogar a los niños y etiquetarlos con ese doble aspecto negativo es a menudo una terrible injusticia para su capacidad natural y su autoestima. Les despoja del orgullo al que tienen derecho respecto a quienes son. Si te hubieran administrado drogas cuando fuiste joven, quizá nunca hubieras encontrado tu camino en la vida. Quizá nunca hubieras escrito libros que estuvieran en las listas de los más vendidos."

"Quizá nunca hubieras encontrado el éxito."

"Por otra parte, nada hubiera podido impedir avanzar" continuó Kathy. "El punto es que en el sistema educativo actual serías etiquetado como un estudiante problema, un estudiante con un padecimiento. No es que no puedas aprender; es simplemente que no aprendes de la manera en que nuestras escuelas enseñan. Fuiste afortunado de que tu padre comprendiera esto", dijo. "Yo sé que llamas a tu padre, el maestro de escuela, como 'mi padre pobre', pero en muchos sentidos él realmente enriqueció tu vida. En muchos sentidos eres exitoso debido a tu padre pobre. Él fue lo suficientemente inteligente para permitirte estudiar con tu padre rico y para alentarte a aprender de la manera en que aprendes mejor, que no es bonita, como tú mismo lo admites."

Asentí y dije: "Definitivamente no es bonita." Luego de una pausa pregunté: "¿Así que, cómo defines el éxito?"

Kathy sonrió y dijo: "Defino el éxito como la libertad de ser tú mismo. Y eso es lo que tu padre hizo por ti. Él te respetó y te dio la libertad de ser tú mismo. Mucha gente está atrapada tratando de ser lo que sus padres o la sociedad quieren que sean y yo no pienso que eso sea el verdadero éxito… sin importar qué tan rica o poderosa se vuelva la gente. Como seres humanos buscamos de manera natural la libertad de ser quienes somos. Si no combatimos contra alguien o algo que nos obligue a actuar contra nuestra voluntad, entonces perdemos nuestro respeto en nosotros mismos y negamos nuestro genio."

"Bien", le dije. "Yo no hubiera encontrado el éxito si hubiera seguido los pasos de mi padre. Durante la preparatoria yo era ajeno; no encajaba con los estudiantes ni con los maestros."

"Pero apuesto a que te gustó el *kindergarten*", dijo Kathy con una sonrisa.

"Sí, me gustó", le respondí. "¿Cómo lo supiste?"

Al señalar a mi gráfica, Kathy dijo: "Para las personas con una línea de Implementador tan larga como la que tú tienes, el *kindergarten* debió ser maravilloso. Los 'implementadores' tocan cosas y construyen cosas de manera natural. Tu Inicio Rápido te hizo experimentar con muchas cosas nuevas. Tu Seguimiento no fue obligado a demasiada estructura. Y tú no fuiste puesto a prueba en muchos hechos. Eso se ajustaba a ti perfectamente, ¿no es así?"

Asentí y le dije: "Sí, se ajustó. Todavía hoy me gusta construir cosas como los nuevos productos. Me gusta invertir en bienes raíces porque puedo ver, tocar y sentir mis inversiones. Siempre le digo a la gente que nunca dejé de jugar *Monopolio*. Me gusta jugar."

Kathy sonrió y señaló la sección de Seguimiento de la gráfica. "Pero entonces vino la etapa entre el primero y el tercer grado; los niños con un tipo de Seguimiento diferente al tuyo tuvieron un buen desempeño entonces."

"¿Por qué les fue bien?" pregunté. "¿Por qué la etapa entre el primer y tercer grado es buena para una persona con un patrón diferente de Seguimiento?" Comenzaba a estar muy interesado en el conocimiento de esta mujer.

"Porque durante esos años, los juguetes y los juegos de armar desaparecen y el orden y la limpieza forman parte del programa, y las personas con un patrón de líneas de Seguimiento largas encajan bien con la exigencia de orden y limpieza. Y al llegar al tercer grado todos los vestigios del Implementador han desaparecido del salón de clases."

"¿Orden y limpieza?" pregunté. "¿Qué tienen que ver el orden y la limpieza con la educación?"

Kathy sonrió nuevamente y dijo: "Puedo decir, por tu patrón de Seguimiento, que obedecer órdenes y ser limpio no son tus aspectos más fuertes."

"No, no lo son. ¿Pero afectaría eso mi desempeño en la escuela?" pregunté.

"Oh, definitivamente", dijo Kathy. "Apuesto a que no te desarrollaste tanto en el primer grado como lo hiciste en la etapa pre-escolar y en el *kindergarten*."

"Eso es correcto", le dije. "En el primer grado comencé a meterme en pleitos, mientras que en el *kindergarten* jugaba con muchos de mis juguetes y en el área de juegos. Fue cuando pasé al primer grado que las maestras comenzaron a llamarme 'niño problema' debido a mis peleas."

"Bien, eso es lo que ocurre cuando retiran los juguetes y los juegos de armar", respondió. "Los niños sin juguetes a menudo pelean con otros niños."

"Yo diría que eso fue lo que ocurrió en mi escuela", dije. "¿Pero por qué la gente con patrones fuertes de Seguimiento tiene buen desempeño durante este período?"

"Porque en esa etapa de desarrollo se requieren orden y limpieza. En ese punto te sientas en filas ordenadas, en vez de sentarte en el suelo o en grupos alrededor de una mesa. En vez de alentarte a untar pintura con los dedos, la maestra comienza a hacer énfasis en la caligrafía y la pulcritud al escribir. Entonces quieren que tú comiences a escribir sobre las líneas, en vez de hacerlo por toda la página. A las maestras les gustan las niñas que se visten bien y los niños que respetan el orden y no se desaliñan. Yo no creo que tú hayas sido uno de los niños que se vestía para impresionar a la maestra, ¿o sí?" preguntó Kathy con una sonrisa.

"No, no lo era. Fue bueno que yo viviera del otro lado de la calle, frente a la escuela, porque a menudo me enviaban a casa cubierto de lodo. Siempre encontré la manera de resbalar y caerme en el lodo."

"¿Comenzaste a sentir de manera diferente acerca de la escuela en ese período?" preguntó Kathy.

"No en el primer grado, pero recuerdo haber comenzado a notar algunas diferencias al llegar al tercer grado", respondí. "Comencé a notar que había niños que eran los favoritos de las maestras. Había una niña y un niño en mi clase del tercer grado que eventualmente se convirtieron en los líderes de la preparatoria. Hoy en día están casados. Todos sabían en el tercer grado que esos dos eran las estrellas. Eran apuestos y guapos, bien vestidos, populares y buenos estudiantes."

"Suena como que la escuela les quedó a la medida. ¿Y cómo resultó después?" preguntó Kathy. "¿Tuvieron el éxito que deseaban?"

"No lo sé en realidad. Creo que sí. Nunca abandonaron el pueblo en que crecimos. Eran bien respetados en la comunidad y tan populares como siempre. Así que creo que encontraron el éxito."

"Para ellos, eso suena ideal. Parece que tuvieron la libertad a lo largo de sus vidas y de sus matrimonios, de ser ellos mismos", dijo Kathy.

"¿Qué ocurre después del tercer grado?" le pregunté. "¿Qué pasa alrededor de la edad mágica de nueve años?"

"A partir del cuarto grado, cualquiera que tiene una línea larga en el Localizador de Hechos encaja en el molde. Nuestro sistema educativo entre el cuarto y el duodécimo grado fue diseñado para Localizadores de hechos. Algunos niños se concentran instintivamente en el nombre, el lugar y la fecha. Esta estrategia del Localizador de Hechos es bien recompensada. El salón de clases funciona bien para niños como esos", dijo Kathy.

A continuación, Kathy explicó que a partir de los 9 años los estudiantes son medidos por una serie de "caza de errores." Usted presenta pruebas de ortografía, memoriza las tablas de multiplicar y cuenta el número de libros que ha leído, y lo demuestra al recordar los hechos que contienen.

Le comenté acerca de la teoría de Rudoph Steiner, del cambio que tiene lugar a los 9 años y cómo muchos maestros saben si un niño será exitoso o no en el sistema escolar. Le dije: "A la edad de

9 años yo sabía que no iba a ser una estrella brillante en el sistema. Se llevaron los juegos de armar para siempre."

Kathy se rió. "Sí, una persona como tú, con tus necesidades seguramente echó de menos los juegos de armar. Con el talento del Localizador de Hechos, que simplifica en vez de memorizar hechos y cifras complejas, quedarías frustrado. De manera que tu Inicio Rápido se echaría a andar y trataría de encontrar toda clase de maneras de dar la vuelta a lo que tú considerabas la estupidez de la escuela."

"Y las maestras lo sabían", le dije. "Por eso tantos niños son etiquetados como inteligentes, estúpidos o problemáticos en una etapa temprana de su trayectoria escolar."

Kathy asintió con tristeza. "La mayoría de los maestros de escuela tienen poderosos instintos de Localizador de Hechos o de Seguimiento. La gente tiende a etiquetar como 'inteligentes' a las personas cuyos instintos son similares a los suyos. Desde luego, la inteligencia no tiene nada que ver con eso. Pero los educadores tienen un punto ciego acerca del valor de tus instintos. Sus habilidades funcionan en un ambiente escolar, así que se aferran a ellas. El sistema educativo es su hogar natural. Les gusta estar allí."

"Así que el sistema educativo sigue enfocándose en sólo un estilo de aprendizaje y continúa haciendo distinciones más precisas relativas a por qué los niños no pueden aprender. Por eso quizá hemos identificado tantas discapacidades diferentes del aprendizaje", resumió Kathy.

"Eso no es muy inteligente", dije. "No tenemos discapacidades del aprendizaje, ¡tenemos un sistema escolar anticuado con discapacidades de la enseñanza! Y yo odiaba estar allí", agregué con amargura.

"Pero a ti te gusta aprender, ¿no es así?" preguntó Kathy.

"Me gusta aprender. Asisto a seminarios, leo libros y escucho cintas constantemente. Realmente me emociono cuando encuentro algo nuevo y excitante que aprender. Disfruto cuando aprendo acerca de lo que tú has estado investigando", dije. "Pero por alguna razón yo odiaba la escuela. ¿Pero cómo puedes afirmar que me gusta aprender si yo odiaba la escuela?"

Kathy señaló mis resultados del Kolbe. "¿Ves esto?" preguntó.

Bajo una sección intitulada "Posibles trayectorias de carrera", estaba esta lista:

inicio

resultados
< previo
hoja de resultados
siguiente >
resultados completos

Resultado del índice Kolbe A

kolbe.com

Para: Robert Kiyosaki
MO: 2296
Fortalezas volitivas (Factores de impacto por cada modo de acción):
Simplificar (FF) Adaptar (FT) Improvisar (QS) Renovar (IM)

- -

Carreras posibles

■ ■ ■ ■ ■ ■ ■ ■ ■ ■ ■ ■ ■ ■ ■ ■ ■ ■
■ ■ ■ ■ ■ ■ ■ ■ ■ ■ ■ ■ ■ ■ ■ ■ ■

Tú creas tus propias oportunidades, que puedes no planificar o articular como metas específicas. Debido a que tu sentido del logro se deriva de superar obstáculos y generar soluciones "contra todo pronóstico", necesitas colocarte en situaciones que ocasionen que tu creatividad se eche a andar. Tienes un gran talento para la diversidad y un agudo sentido del espacio que te rodea; así que sin importar lo que hagas, no te encierres mental o físicamente.

El "pionero" no es un título de empleo, sino un modo de operación (MO). Es una aproximación amplia a la manera en que resuelves problemas y al talento que aportas a la tarea. Tendrás éxito en papeles que te permitan utilizar esa Ventaja Natural. Las siguientes no son necesariamente carreras recomendadas, sino una lista parcial de funciones en que las investigaciones de Kolbe Corp. Han descubierto que otras personas hacen buen uso de sus instintos de "pionero":

Actor
Creador de arte original
Defensor ambiental
Físico
Restaurantero
Doble de cine
Explorador de la naturaleza
Promotor deportivo

Educador alternativo
Constructor de prototipos
Persona dedicada al desarrollo de propiedades
Traumatólogo
Inventor

Persona dedicada al desarrollo de nuevos productos
Especialista en efectos especiales
Productor de televisión
Publicista
Maestro de personas con impedimentos físicos.

Kathy estaba señalando a la carrera llamada Educador alternativo. "Las gentes que he conocido con esta carrera potencial son generalmente personas que aprenden mediante las actividades. No florecen en la estructura de la educación tradicional."

"Eso es verdad", respondí. "Asisto regularmente a seminarios. Voy a seminarios en vez de a la universidad regular porque no necesito el título o certificado al completar el curso. Sólo quiero la información."

"¿Cuántas de estas carreras potenciales considerarías?" preguntó Kathy.

Luego de revisar la lista por un momento, dije: "Las aceptaría todas excepto traumatólogo y restaurantero."

"¿Alguna razón?" preguntó Kathy.

"Ya he tenido demasiada experiencia en esas áreas. He visto suficiente sangre y trauma en Vietnam, y mi padre rico era dueño de restaurantes. Pero yo podría fácilmente ser un defensor ambiental y he tenido una compañía de educación alternativa por cerca de 10 años. Me gusta enseñar. Hoy en día todavía construyo prototipos, desarrollo propiedades y he inventado y patentado cosas. De hecho, me gusta el desarrollo de nuevos productos. Disfruto realmente del tema de la publicidad y la producción de anuncios para la televisión. Así que yo diría que su lista está llena de cosas que me interesan o que ya he hecho."

Me senté en silencio por un momento, considerando todo aquello sobre lo que Kathy y yo habíamos conversado. Yo estaba emocionado porque me gusta aprender y disfrutaba al descubrir por qué no encajé en la escuela. Al ver nuevamente los resultados de mi índice Kolbe, le pregunté: "Así que las personas que tienen buen desempeño en la escuela después del tercer grado, aproximadamente a la edad de nueve años, son buenas en las áreas de Localizador de Hechos y Seguimiento?" le pregunté.

"Sí", dijo Kathy. "Y esa es la razón por la que comenzaste a tener problemas en la escuela, debido a que te quitaron los juguetes y los juegos de armar y ya no pudiste aprender jugando. Es posible que hayas estado físicamente en clase, pero tu mente estaba lejos, salió volando por la ventana."

"Así fue", dije. "Me aburría y sólo hacía lo necesario para pasar. No podía esperar a graduarme, de manera que pudiera salir al mundo real."

"Ese es el Inicio Rápido en ti", dijo Kathy. "Debido a tu energía en las áreas de Implementador e Inicio Rápido, tienes facilidad para crear cosas tangibles rápidamente, como tus juegos, tus libros y tus negocios. Esa es la razón por la que fabricar carteras de nylon, como me dijiste, y muchos otros de tus proyectos, te condujeron al éxito."

inicio

resultados
< previo
hoja de resultados
siguiente >
resultados completos

Resultado del índice Kolbe A

kolbe.com

Para: Robert Kiyosaki
MO: 2296
Fortalezas volitivas (Factores de impacto por cada modo de acción):
Simplificar (FF) Adaptar (FT) Improvisar (QS) Renovar (IM)

Gráfica del índice Kolbe A

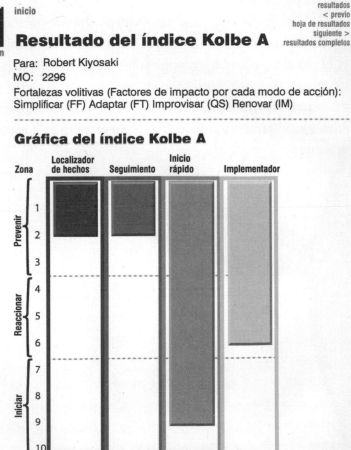

"Eres un empresario natural con espíritu pionero."

"¿Por qué dices *espíritu pionero*?" le pregunté.

"Bien, eso es lo que me dicen los resultados de tu índice. Tu Implementador corresponde al talento de una persona que trabaja manualmente y tu Inicio Rápido se incrementa ante la aventura. Tú no eres un empresario natural en el sentido tradicional de desarrollar un negocio y productos. El motivo que te impulsa es ser el primero en llegar a la frontera."

"Así que por eso frecuentemente me es difícil explicar lo que hago, debido a que estoy a menudo varios años adelantado a mi tiempo", agregué. "Estoy creando productos para un mercado que todavía no existe."

"Sí, dijo Kathy, señalando la gráfica*. La perspectiva del Inicio Rápido es el futuro. La perspectiva del Localizador de Hechos es el pasado. El Implementador está en el presente y la perspectiva del Seguimiento consiste en integrar pasado, presente y futuro. Tú siempre estás enfocado en el futuro y creando negocios y productos en el presente para el futuro. Siempre estarás adelantado a tu tiempo.

---

*Nota del autor: si usted estudia esta gráfica (en la página 319), comenzará a notar las diferencias entre los posibles resultados del índice Kolbe. En su folleto intitulado *Bottom Lines*, Kathy Kolbe ofrece treinta páginas de gráficas e información que define con mayor claridad las diferencias.

Comparación de los modos de acción Kolbe

Conceptos clave aplicables a quienes inician en cada modo de acción

Concepto	Localizador de hechos	Seguimiento	Inicio rápido	Implementador
Zona de tiempo	Pasado	Integración del pasado, presente y futuro	Futuro	Presente
Uso de tiempo	Mide cuánto tiempo tomará algo por medio de la experiencia y la pericia; coloca los acontecimientos en una perspectiva histórica.	Organiza la secuencia de eventos y proporciona continuidad; establece su propio ritmo; fija un ritmo para su tarea y coordina con otros.	Predice y maneja eventos con anticipación; se enfoca en el futuro al pronosticar cómo será; se anticipa el cambio.	Anclado en el aquí y ahora, desea que el momento dure; crea productos de calidad que resisten el paso del tiempo.
Se comunican utilizando	Palabra escrita	Gráficas y cuadros	Oralmente	Prototipos, modelos y presentaciones
Almacenan información	Por prioridad	Alfabéticamente	Por color	Por calidad
Necesidades de aprendizaje	Estudia libros sobre el tema para ver cómo se hizo en el pasado	Aprende la teoría de la fórmula	Experimenta con ideas radicales e innovadoras	Trabaja con modelos y prototipos
Obtención de metas	• Por medio de la pericia • Estableciendo planes complejos • Comparando las opciones	• Integrando sistemas • Desarrollando escenarios para el peor de los casos • Afirmando un sentido de calidad	• Tiene sentido de urgencia y fechas límite a corto plazo • Metas visionarias • Busca soluciones que desafían las probabilidades	• Requiere metas concretas y demostrables que tengan valor duradero • Utiliza los materiales y tecnología de la más alta calidad

"Y esa es la razón por la que frecuentemente discuto con personas que son Localizadores de Hechos", dije. "Los Localizadores de Hechos quieren hechos y cifras, y yo no tengo nada que mostrarles aún porque el futuro no ha llegado."

Kathy asintió y sonrió. "Sí. Yo diría que alguien con tu modo de operación definitivamente tendría problemas con alguien que busca los detalles del Localizador de Hechos, y/o la estructura del Seguimiento. Como dije, probablemente tuviste problemas en la escuela porque la mayoría de los maestros insiste en esas explicaciones de Localizador de Hechos y las instrucciones del Seguimiento, y ante ambos tú ofreciste resistencia de manera natural."

"¿Sabes? Esto tiene cada vez más sentido para mí. Yo realmente respetaba a la mayoría de mis maestras, pero siempre supe que no estábamos, como se dice, en la misma página del libro", dije. "Ahora sé que ni siquiera estábamos en el mismo libro."

Kathy se rió y dijo: "Hay un chiste que escuché recientemente en una de mis clases. La pregunta es: '¿Cómo llamas a una organización llena de Localizadores de Hechos?' Y la respuesta es: "Una universidad."

Me reí y agregué: "¿Y cómo llamas a una organización llena de personas con Inicio Rápido e Implementadores? La respuesta: Un *kindergarten.* "

Kathy sonrió y dijo: "O una compañía de comercio electrónico."

Al escuchar lo anterior solté una carcajada. "Y esa es la razón por la que muchas compañías de comercio electrónico fracasan", dije. "Muchas compañías de comercio electrónico están encabezadas por una persona del tipo de Inicio Rápido que opera sin fundamentos, hechos, utilidades, o experiencia en el mundo real, y tienen muy pocas personas fuertes en Seguimiento. Lo sé porque así es como era yo cuando comencé en el mundo real. Esa es la razón por la que mi primer negocio fracasó. Teníamos un buen negocio, pero los tres éramos personas del tipo de Inicio Rápido y

ninguno era fuerte en Seguimiento. Cuando construí mis negocios anteriores, estaban llenos de energía, crecieron rápidamente,
y quebraron rápidamente. No teníamos hechos, cifras ni Seguimiento."

"Lo cual es la razón por la que decidí trabajar con negocios",
dijo Kathy. "Ahora que eres más viejo y sabio, ¿Qué sientes acerca de las personas que son fuertes en Localizador de Hechos y
Seguimiento?"

"Me gustan", le dije. "Ahora sé que no podría sobrevivir sin ellos."

"Y eso es a lo que me refiero", dijo Kathy. "Necesitamos respetar los dones y el genio que cada uno de nosotros aporta a la mesa
y al mundo. Con el fin de que cualquier equipo sobreviva, necesita
diferentes perspectivas de los cuatro modos. En vez de etiquetarnos
y discriminarnos mutuamente, necesitamos aprender a mezclar
nuestros dones y complementar nuestro genio. Apuesto a que odia-
bas que las maestras etiquetaran a los niños que eran del tipo Localizador de Hechos como inteligentes y que consideraran como menos inteligentes a los de Inicio Rápido como tú."

"¿Que si me disgustaba? Lo encontraba humillante y ofensivo."

"¿Qué hacías con la ira?" preguntó Kathy.

"Salía y hacía las cosas a mi manera de cualquier forma. Yo
quería demostrar que era inteligente", dije. "Odiaba que me etiquetaran como estúpido y que dijeran que era el que menos probabilidades tenía de lograr el éxito. Aborrecía que las maestras dijeran:
'Robert tiene tanto potencial… pero simplemente no se esfuerza.
Si tan sólo se fajara los pantalones y se pusiera a estudiar.'"

"¿Y mientras más tratabas de esforzarte, más determinado estabas a tener éxito?" preguntó Kathy. "Utilizaste la ira para lograr
lo que querías lograr?" añadió.

"Bien, me ha ido bien", respondí con un ligero aire de suficien-
cia. "Escribí un libro que llegó a las listas de los mejor vendidos, y
los chicos que obtenían una 'A' en inglés todavía no han escrito

uno. Y gano más dinero que muchos de los chicos que obtenían buenas calificaciones." A esas alturas me estaba pavoneando, como un pavo real que extiende su plumaje de colores. Estaba desahogándome después de años de contener la ira y la frustración.

"¿Así que utilizaste la ira para encontrar tu propia manera de hacer las cosas? ¿Encontraste tu propia libertad para ser quien eres?" preguntó Kathy con una sonrisa amable.

"Sí, lo hice", dije, rebosante. "Lo hice a mi manera y encontré la vida que quería y vivo mi vida de la manera que quiero vivirla. Y yo no quería un empleo, no quería que alguien más decidiera cuánto dinero podía ganar y no quería estar atascado en una oficina."

"Felicidades", dijo Kathy. "Has logrado un gran éxito. Eres exitoso porque tienes la libertad de ser quien eres."

Me balancee hacia atrás y asimilé su felicitación conforme mis años de frustración escolar se disiparon. "Nunca pensé realmente en el éxito en esos términos", dije. "Quiero decir, no me di cuenta de cuánto éxito me habían proporcionado mi ira y mi frustración."

"Bien", dijo Kathy. "¿Y puedes comprender que existen otras personas que definen el éxito de manera muy diferente a como tú lo defines? ¿Puedes comprender que hay personas que necesitan investigar, buscar la seguridad de un empleo y desarrollarse en un ambiente calmado y estable? ¿Puedes comprender que para esa gente un automóvil sencillo es suficiente y una casa sencilla es suficiente?"

"Sí, puedo entenderlo", respondí. "Mi madre y mi padre fueron muy felices con todas esas cosas. Eran exitosos en sus propios términos. Sólo que yo sabía que su forma de lograr el éxito no funcionaría para mí. Así que, sí, puedo comprender que la vida consiste verdaderamente de 'diferentes estilos para diferentes tipos'."

"Y ahora que eres más viejo y más sabio, ¿aprecias más los diferentes tipos de gente? Quiero decir, ¿aprecias a la gente en tu oficina que es fuerte en las categorías de Seguimiento o de Localizador de Hechos?"

"Ahora más que nunca", respondí. "Me gustan esos tipos. Yo no podría hacer lo que hago sin ellos. Sin ellos yo no sería exitoso."

Kathy sonrió y dijo: "Me alegra escuchar eso." Hizo una pausa por un momento para reunir sus ideas y luego dijo cautelosamente: "¿Y piensas que podrías llevarte mejor hoy en día con tus maestras de la escuela, incluso aquellas que te reprobaron o con quienes discutías?"

"No sé si podría ir tan lejos", respondí sin pensarlo.

"¿Sabes que fue el sistema de educación, y no las maestras, el que tuvo la culpa de lo que te ocurrió?", preguntó Kathy.

Asentí. "Sí, lo comprendo, pero todavía no me gusta. Me doy cuenta de que estaban haciendo su mejor esfuerzo con lo que tenían."

"Déjame mostrarte por qué puedes haber llegado a estar tan molesto", dijo Kathy. "Pienso que te molestaste mucho porque el sistema trató de aplastar tu genio y quizo obligarte a convertirte en el tipo de genio que tú no querías ser."

"¿Te refieres a mi genio en la categoría de Inicio Rápido? ¿Quieres decir porque yo era tan activo?"

"Bien, en esa área también. Pero al genio al que me refiero es tu genio en la columna del Localizador de Hechos."

"¿Localizador de Hechos?" respondí con sorpresa. "La columna del Localizador de Hechos es mi columna más débil. ¿Cómo podría yo tener un genio en el Localizador de Hechos?"

"Tienes un genio escondido en cada categoría, incluso en el Localizador de Hechos", dijo Kathy, señalando nuevamente a una página de su folleto.

Factores de Impacto Kolbe

Fortalezas positivas en cada modo de acción

Zona de operación	Zona de operación			
	Localizador de hechos	Seguimiento	Inicio rápido	Implementador
Prevenir	Simplificar	Adaptar	Estabilizar	Imaginar
Reaccionar	Refinar	Reacomodar	Revisar	Renovar
Iniciar	Justificar	Organizar	Improvisar	Construir

Kathy apuntó a la palabra *simplificar* bajo el Localizador de Hechos y dijo: "En la categoría del Localizador de Hechos, este es tu genio. Tu genio consiste en la capacidad de tomar hechos y simplificarlos. Considero que la razón por la que tus libros son tan buenos es porque tomaste un tema complejo, como el tema del dinero y lo simplificaste."

Al comenzar a comprender, le dije: "Bien, esa es la manera en que era mi padre rico. Le gustaba mantener las cosas sencillas."

Entonces Kathy señaló la palabra *justificar* bajo el modo del Localizador de Hechos y dijo: "Y este es probablemente el genio de tu padre inteligente. Como era bueno en la escuela y tenía logros en el ambiente académico, tenía un genio para desenterrar los hechos y las cifras. Podría apostar que tu padre inteligente se entusiasmaba al recolectar información, hacer investigación, buscar la especificidad y definir objetivos. De manera que el suyo era un tipo diferente de genio en el modo de Localizador de Hechos que el tuyo, lo que explica que él haya tenido un buen desempeño en la escuela y tú no."

"Todos tenemos un genio en las cuatro columnas", dije suavemente conforme comencé a comprender más el trabajo de Kathy.

Kathy asintió. "He definido 12 tipos diferentes de genio. Cada uno de nosotros tiene cuatro diferentes genios, uno para cada columna."

"12 tipos diferentes de genios... y cada uno de nosotros tiene cuatro. Por eso es mejor trabajar en equipo, porque cada uno aporta una perspectiva diferente sobre cómo resolver los problemas. ¿Es eso lo que tu trabajo ha descubierto?" pregunté.

Nuevamente Kathy asintió. "Mientras más comprendas estos cuadros, mejores distinciones podrás hacer acerca de quién eres y quién es la gente que te rodea. Al comprendernos mejor mutuamente, podemos respetar nuestras diferencias y trabajar y vivir de manera más armoniosa. El trabajo en equipo puede resolver problemas de manera más eficiente que si tú trabajas por cuenta propia. Por eso me gusta trabajar para crear equipos más efectivos. Encuentro dicha en las diferencias; ya sea en el lugar de trabajo o en el ambiente doméstico."

"Y ese es tu genio o tu don", dije. "Tú quieres que las personas trabajen juntas con más respeto por el genio y los dones de cada uno. ¿En qué categorías eres más fuerte?"

"Yo soy más eficiente en el Inicio Rápido y el Seguimiento. Por eso explico mediante gráficas y cuadros. Necesitaba hacer encajar todo el repertorio de conducta humana en mi sistema antes de que pudiera estar satisfecha de que era válido. Luego necesitaba a los Localizadores de Hechos en mi equipo para que hicieran lo que hacen mejor. Yo aprecio mucho sus habilidades, que complementan mi talento para simplificar. Como tú, yo también llevo las cosas hasta obtener resultados. A diferencia de ti, yo pongo mi trabajo en un sistema de *software* con algoritmos que producen los resultados en formatos de cuadros y gráficas. Es muy gratificante cuando puedo utilizar mis talentos creativos naturales para ayudar a otras personas a encontrar más satisfacción personal y profesional. Pero yo no podría hacer todo esto por cuenta propia. Se requiere un equipo y los 12 genios para tener un negocio exitoso, especialmente en este mundo competitivo. Realmente no sé cómo puede tener éxito un líder de negocios autocrático. Él tiene, en el mejor de los casos, sólo cuatro genios. Así que mi tarea es hacer que la gente y los negocios sean más efectivos, pero también asegurar un sentido de dignidad personal para todos en el equipo. Todos son importantes en el equipo."

"Felicidades", le dije. "Has encontrado el éxito. Verdaderamente has encontrado la libertad de ser quien realmente eres."

Kathy asintió y sonrió. "Ahora analicemos más estrechamente tu genio en el Inicio Rápido.

"En el Inicio Rápido, tu genio se encuentra en la palabra *improvisar*. Eso significa que tu instinto es correr riesgos, iniciar el cambio, promover la experimentación, buscar los desafíos, buscar la innovación, desafiar las probabilidades, improvisar, actuar con base en tu intuición."

Hice una expresión de pena cuando escuché a Kathy describir muchas de mis tendencias. "¿Llamas a eso mi genio? Yo siempre pensé que era mi locura."

"Nunca subestimes esa habilidad. Un equipo —o una organización, en todo caso— necesita tu genio. Tú haces que las cosas tengan un Inicio Rápido cuando las otras personas se sientan y platican durante horas, forman comités y no hacen nada. Así que ser una persona que hace que las cosas se muevan, que corre riesgos y que desafía las probabilidades es una parte importante de tu genio."

Factores de Impacto Kolbe

Fortalezas positivas en cada modo de acción

Zona de operación	Zona de operación			
	Localizador de hechos	Seguimiento	Inicio rápido	Implementador
Prevenir	Simplificar	Adaptar	Estabilizar	Imaginar
Reaccionar	Refinar	Reacomodar	Revisar	Renovar
Iniciar	Justificar	Organizar	Improvisar	Construir

"Me gustaría poder decirles eso a mis maestras de escuela", dije tranquilamente. "Ellas no veían un genio. Le llamaban de otra forma."

Kathy rió y continuó diciendo: "Y tu padre inteligente era probablemente una persona que no podía salir de improviso. Él tenía que conocer los hechos primero. Aparentemente no era tan impulsivo como tú y no era una persona ambigua. Reunía los hechos. No creaba el caos y no operaría en un ambiente de crisis. Calcularía las probabilidades y no iría en su contra."

"Eso le describe bien", dije. "Y esa es la razón por la que tuvo un buen desempeño escolar y eventualmente se convirtió en el encargado de todo el sistema escolar del estado."

Kathy asintió. "De manera que tu genio consiste en que tienes una idea y, como dice Nike, 'Sólo hazlo'. Tu Inicio Rápido y tu Implementador pueden tomar una idea y convertirla en un producto, compañía o dinero rápidamente. Tienes el don del alquimista. Apuesto a que puedes hacer dinero de la nada. Desde luego, una línea larga de Inicio Rápido puede hacer que el viaje de los harapos a la riqueza sea de ida y vuelta."

Asentí. "Eso puedo hacer. Puedo tomar una idea y entrar en acción rápidamente. Y hago cosas sin prepararme muchas veces, pero esa es la manera en que aprendo. Salto a la parte profunda de la alberca y me ahogo durante un rato. Pero después sobrevivo, y soy más inteligente porque he aprendido físicamente. Aprendo exactamente de la misma manera en que todos aprendemos a andar en bicicleta. Y como aprendo por medios físicos, cuando la gente me pregunta cómo hice lo que hice, no puedo decirles. No puedo decirles porque aprendí con mi cuerpo en vez de con mi mente. Sería como tratar de decirle a alguien cómo andar en bicicleta sin permitirle hacerlo. He descubierto que la gente que necesita los hechos y que tiene miedo de correr riesgos a menudo no logra hacer mucho porque no puede aprender físicamente. Pasan su tiempo estudiándolo en vez de hacerlo."

"Y alguien como tu padre, un hombre que es fuerte en la categoría del Localizador de Hechos, podría quedar atrapado en lo que llamamos comúnmente 'parálisis del análisis'", dijo Kathy. "Tú puedes ir a una ciudad que no conoces y vagar durante varios días, mientras tu padre compraría primero un mapa y leería un libro de viaje sobre la ciudad. ¿Puedes comprender qué diferentes son?"

"Sí, lo comprendo. Mi padre pobre necesitaba investigar los hechos durante una eternidad antes de hacer algo. A mí no me gusta la investigación, así que sólo hago las cosas pero después me meto en problemas y luego comienzo la investigación que debí haber realizado."

"Y esa es la manera en que aprendes. Esa es la manera en que te vuelves más inteligente, y tu padre era lo suficientemente inteligente para reconocer esto."

"Él y yo jugamos golf juntos muy pocas veces debido a esto", le dije. "Mi padre medía cada tiro. Le tomaba una eternidad calcular el viento y la distancia al hoyo. Medía la inclinación del campo e incluso la dirección en que se inclinaba el césped. Yo simplemente caminaba y golpeaba la pelota y luego averiguaba qué había hecho mal después de golpear la pelota."

"¿Así que prefieres los deportes de equipo?" preguntó Kathy.

"Sí. ¿Cómo lo sabes? Me gusta el rugby, y fui capitán de mi equipo de remo en la academia. Pero no me gustan los deportes donde tengo que hacer todo por cuenta propia."

"Lo sé, porque para que tengas éxito necesitas un equipo a tu alrededor. Ese es un deseo o preferencia que refleja tu respeto por los distintos talentos. En ocasiones las personas con una línea larga tanto en Localizador de Hechos como en Inicio Rápido de hecho creen que pueden hacerlo todo (Ver el diagrama en la siguiente página). Fijan las prioridades adecuadas y luego ponen manos a la obra y tratan de hacerlo. Son buenos en el momento inicial pero necesitan más explicación para reconocer tan fácilmente como tú que necesitan más que eso a largo plazo."

"Oh, eso tiene sentido", respondí. "Muchos de mis amigos que son exitosos piensan que tienen la habilidad de ser autosuficientes. De manera que tienen líneas más largas en las categorías de Inicio Rápido y Localizador de Hechos. Yo creo un equipo que me ayude."

"Y en eso radica gran parte de tu sabiduría. También es esa la razón por la que prefieres un deporte de equipo a jugar al golf", continuó Kathy. "Reconocer tu necesidad de rodearte de un equipo te ha ayudado a construir negocios más grandes que alguien que trata de hacerlo todo él mismo. Además, una persona que es

inicio

Resultado del índice Kolbe A

kolbe.com

resultados
< previo
hoja de resultados
siguiente >
resultados completos

Para: John Doe

MO: 8274

Fortalezas volitivas (Factores de impacto por cada modo de acción):
Simplificar (FF) Adaptar (FT) Improvisar (QS) Renovar (IM)

Gráfica del índice Kolbe A

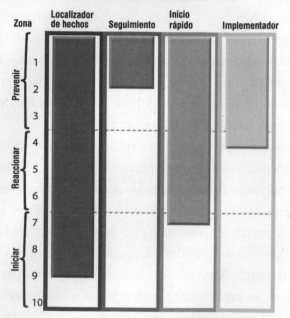

fuerte en las categorías de Inicio Rápido y Localizador de Hechos tiende a correr riesgos más calculados, mientras que tú tien-
des a correr riesgos más físicos. Lo que por otra parte no te hace
estar frecuentemente dentro de tu oficina."

"Eso tiene sentido", dije. "Estoy desamparado si trabajo por cuenta
propia. Me gusta tener a mucha gente ayudándome a hacer las cosas".

"Y esa puede ser la razón por la que no salías bien en los exámenes escolares. Necesitabas de un equipo para encontrar las respuestas; pero las maestras dirían que eso es hacer trampa."

Me reí y contesté: "¿Estás segura de que no estabas sentada
detrás de mi en clase?"

"No. Mis clases estaban repletas de personas como tú. Quizá no te haya ido bien en el salón de clases, pero te fue bien en los deportes de equipo o en cualquier cosa en que se necesitara de un equipo para hacer las cosas. Tú te aseguras de no enfrentar las pruebas de la vida por cuenta propia."

"Por eso siempre me sentaba cerca de los niños inteligentes en la escuela y por eso todavía los quiero en mi equipo cuando trabajo. Mi padre rico decía siempre: 'Los negocios son un deporte de equipo'. Y por eso siempre tenía un equipo de personas muy inteligentes que le rodeaban para ayudarlo con sus finanzas."

"Tú eres tan inteligente como ellos, pero sus inteligencias estaban en la categoría del Localizador de Hechos. Cuando eso se agrega a tu talento, cubren más bases y se ayudan a completar el rompecabezas. Los 12 genios trabajando juntos siempre saldrán vencedores", dijo. "Desde luego, también ayuda tener al genio correcto en el lugar correcto para resolver un problema en particular."

"Así que mi padre enfrentó dificultades económicas porque actuó por cuenta propia, mientras mi padre inteligente actuó en equipo. Mi padre hizo lo que aprendió en la escuela, que era presentar los exámenes por cuenta propia, y mi padre rico presentó sus exámenes financieros con su equipo. Y eso constituyó una gran diferencia en el mundo real."

Kathy se limitó a asentir con la cabeza. "Con la combinación correcta de instintos, tú vencerás y nadie puede cubrirlos todos." Nuestro tiempo para almorzar se había agotado y acordamos reunirnos nuevamente, esta vez con toda la compañía. Cuando nos separamos le pregunté: "¿Tienes el índice Kolbe para niños?"

Radiante, me respondió: "Me alegra que lo preguntes. Sí, tenemos instrumentos para niños comenzando por el nivel de lectura del quinto grado. De hecho, tengo un índice juvenil similar al índice 'A' que tú presentaste, así como otros productos que denomino 'Pensercicios'. Ayudan a los niños a aprender a confiar en sus instintos y a utilizar su genio."

"Sería muy bueno que los niños supieran cuáles son sus fortalezas para el aprendizaje y qué encontraran en donde está su genio", le dije. "Y mientras más pronto, mejor. Les ahorraría años tratar de encontrarlo mediante la prueba y el error."

"Es por eso por lo que hago este trabajo", dijo Kathy conforme se subía a su automóvil y se despedía con la mano.

QUIÉN ES KATHY KOLBE

En 1985 Kathy Kolbe fue seleccionada por la revista *Time* como uno de los siete "nuevos pioneros estadounidenses… con imaginación, valentía, energía y una determinación de hierro", representante del "Hombre del Año." Kathy también fue homenajeada como una de las destacadas Personas de Pequeños Negocios de Estados Unidos y escogida por la Casa Blanca como uno de los 50 estadounidenses que tienen el espíritu de "poder hacer" las cosas. Conduce seminarios y ofrece conferencias a nivel mundial. Sus libros mejor vendidos incluyen *Conative Connection (La conexión volitiva)* y *Pure Instinct (Instinto puro)*. Kathy fue influida en gran medida por su padre, E. F. Wonderlic, creador de la Prueba Personal Wonderlic. Ella se refiere a su padre de manera amorosa pero descubrió que su propia contribución consistía en aprender cómo hacer las cosas de manera diferente. Él fue el fundador de las pruebas personales con su instrumento de investigación. Ella nunca creyó que esta aproximación del tipo "coeficiente intelectual" alcanzara al verdadero genio o la capacidad natural. Con el estímulo de su padre, utilizó la pericia para el desarrollo de pruebas que aprendió de él para buscar la siguiente generación de pruebas.

Si a usted le gustaría saber más acerca de Kathy Kolbe y sus productos, acuda a la dirección electrónica www.richdad.com/kolbe. Es un placer tratar con la organización de Kathy. Personalmente sentí que había encontrado un espíritu afín en el trabajo de llevar al mundo de la educación mayor dignidad y respeto por el estudiante. Ella es una de las pocas personas que están de acuerdo conmigo en que cada uno de nosotros tiene dones y genios que a menudo no son reconocidas por el sistema educativo. En la actual era de la información, su información es iluminadora e innovadora.

Hemos incluido el índice Kolbe para adultos, así como para niños, en nuestro sitio en internet en la dirección electrónica: www.richdad.com/kolbe, si a usted le gustaría hacer la prueba o hacer que sus hijos obtengan su perfil juvenil. El índice juvenil se intitula "Índice Y Kolbe." Como parte del perfil de los niños, analiza las siguientes tres áreas:

Cómo puede hacer su mejor trabajo escolar.

Cómo puede tener mejor desempeño en la recreación.

Cómo puede ser un mejor comunicador.

Yo encontré una gran validez en quien yo era instintivamente cuando revisé mis resultados Kolbe. Me mostró inmediatamente por qué fui etiquetado como inadecuado o estúpido por mis maestras en la escuela. Si hubiera aplicado el índice Kolbe cuando era joven, quizá hubiera podido evitar, o al menos hubiera podido comprender mejor, muchos de los problemas que encontré en la escuela. Espero que usted encuentre la misma validez.

Descarga de audio

En cada uno de nuestros libros nos gusta proporcionar una entrevista de audio como un valor agregado con enseñanzas adicionales. Como una manera de agradecerle la lectura este libro, usted puede acudir a la dirección electrónica: www.richdad.com/richkid y descargar un audio sobre mi conversación con Kathy Kolbe, titulado "Descubra cómo aprende mejor su hijo… porque todos los niños aprenden de manera diferente".

Gracias por su interés en la educación financiera de su hijo.

CAPÍTULO 16

El éxito es la libertad de ser quien usted es

Cuando yo era niño, mis maestras decían frecuentemente: "Necesitas una buena educación para que puedas conseguir un buen trabajo."

Mi padre rico, por su parte, dibujaba el Cuadrante del flujo de dinero. En vez de decirme que consiguiera un empleo, que me hubiera limitado al cuadrante "E" (de empleado), me ofrecía que escogiera entre los cuadrantes.

Cuando tenía problemas en la escuela, mi padre inteligente me ofrecía la opción de encontrar mi propio estilo de aprendizaje.

Más opciones le dan más oportunidades de tener éxito

El hecho que queremos destacar en este capítulo es que en el mundo actual tenemos más opciones. Cada vez que agregamos una nueva industria, como la industria aeronáutica o la industria de la computación, ampliamos nuestras opciones de carreras e intereses. Uno de los problemas de criar niños hoy en día es que tenemos demasiadas opciones, es decir, distracciones. Sin embargo, mientras más opciones tenemos, más grande es nuestra oportunidad de tener éxito.

Si los padres comienzan a eliminar las opciones de sus hijos, eso puede crear discordia en el hogar. Si, como padre, usted les dice: "No hagas esto" o "no hagas aquello", existe la posibilidad de que sus hijos harán lo que usted no quiere que hagan, o que quizá ya lo hayan hecho.

Una de las cosas que funcionaba cuando yo era niño era que mis padres no limitaban mis opciones sino que simplemente me ofrecían más alternativas. Eso no significa que yo no era castigado cuando "me pasaba de la raya", pero una de las cosas que mis dos padres hicieron fue ofrecerme más alternativas en vez de limitarme a lo que podía o no hacer.

De manera que tenemos la esperanza de que este capítulo proporcione a los padres más opciones que ofrecer a sus hijos, con el fin de que sus hijos encuentren en última instancia su propia manera de obtener éxito. Y como afirma Kathy Kolbe: "El éxito es la libertad de ser quien usted es."

¿Qué quiere usted ser cuando crezca?

En vez de simplemente decirme: "Ve a la escuela y consigue un empleo", mi padre rico me ofreció estas opciones. Es el *Cuadrante del flujo de dinero*, del que trata el libro número dos de esta serie:

Para aquellos que quizá no hayan leído ese libro:

La "E" significa empleado.

La "A" significa autoempleado.

La "D" significa dueño de negocio.

La "I" significa inversionista.

Al serme ofrecida la opción de escoger, sentí que tenía mayor control sobre mi destino y sobre lo que yo quería estudiar. En el camino también descubrí que las leyes fiscales eran diferentes en cada uno de los cuadrantes y ese hecho también me ayudó a trazar mi camino hacia el futuro. Como muchos de nosotros sabemos, los impuestos son el gasto más grande a lo largo de nuestras vidas. Y desafortunadamente los cuadrantes "E" y "A" pagan más impuestos de los que les corresponde en justicia.

Cuando hable con su hijo, usted quizá desee ofrecerle para que escoja entre los cuadrantes, en vez de simplemente decirle: "Ve a la escuela para que puedas obtener un empleo."

Al tener la opción, yo sabía que el curso de estudios que mejor se acomodó a mi persona fue el que me condujo a los cuadrantes "D" e "I." Yo sabía que eso era lo que quería ser cuando creciera. Hoy en día, ya sea que nos encontremos en los cuadrantes "E", "A" o "D", todos necesitamos ser inversionistas, o formar parte del cuadrante "I." Ojalá usted no espere que el gobierno o la compañía para la que usted trabaja se hagan cargo de usted después de su retiro.

Opciones y consecuencias

Una tremenda ventaja financiera inicial que mi padre rico me dio fue la comprensión de las opciones y consecuencias que se encuentran en los estados financieros.

Cuando usted observa la totalidad de los estados financieros, puede comprender cuál fue la importancia de su educación.

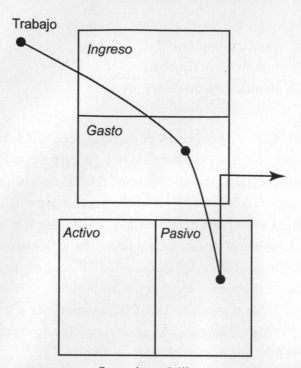

Al hacer nuestra tarea financiera, Mike y yo pronto nos dimos cuenta de que con cada dólar que recibíamos teníamos una opción y esa opción se encontraba en la columna de gasto. Pronto nos dimos cuenta de que cada vez que ganábamos o gastábamos un dólar había un efecto de ondas, o una consecuencia de esa acción. Al tomar un dólar y comprar un pasivo como un automóvil, sabíamos que la consecuencia de largo plazo era que seríamos más pobres, no más ricos.

Al tomar decisiones de gasto u opciones que tenían un aspecto como el siguiente, las consecuencias de largo plazo eran diferentes:

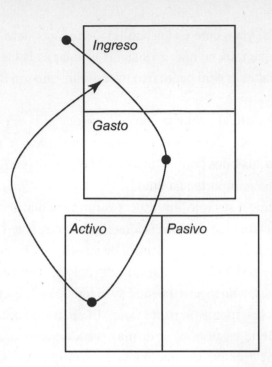

Cuando éramos niños pudimos ver que la *elección* de invertir en activos tenía esta *consecuencia* de largo plazo. Tanto Mike como yo sabíamos a la edad de nueve años que sólo nosotros teníamos el poder sobre nuestro destino financiero. Sabíamos que si hacíamos elecciones financieras para nuestra vida que tuvieran un aspecto semejante a la segunda ilustración de estados financieros, seríamos ricos sin importar o no que tuviéramos un buen empleo o una buena educación. Sabíamos que nuestro éxito financiero no estaba determinado en función de nuestro éxito académico.

En su último libro, *The Millionaire Mind (La mente millonaria)*, Thomas Stanley, autor de *The Millionaire Next Door (El millonario de la casa contigua)* analiza el hecho de que su investigación no encontró relación alguna entre el éxito financiero y el académico. Las dos no se encuentran relacionadas. Y eso es fácil de comprender. Todo lo que necesitamos revisar es lo que se dijo anteriormente, que es de hecho que nuestro sistema escolar se enfoca principalmente en las habilidades académicas y profesionales. Lo que falta en nuestro sistema escolar es la instrucción de las habilidades que mi padre rico me enseñó, que son las aptitudes financieras.

Como señalé al comienzo de este libro, "en la era de la información la educación es más importante que nunca. Y para preparar mejor a sus hijos para el futuro, las sólidas aptitudes financieras tienen una importancia vital."

Al enseñar a sus hijos los aspectos fundamentales de la educación financiera, que son los estados financieros, usted les proporciona el poder de asumir el control de su destino financiero. Ellos tendrán ese poder sin importar qué carrera escojan, cuánto dinero ganen o qué tan buen desempeño hayan tenido en la escuela. Como decía frecuentemente mi padre rico: "El dinero no necesariamente le convierte en rico. El error más grande que la mayoría de la gente comete es pensar que ganar más dinero los volverá más ricos. En la mayoría de los casos, cuando la gente gana más dinero, se hunden más profundamente en las deudas. Por eso el dinero por sí solo no le vuelve rico." Y por eso nos enseñó a Mike y a mí que con cada dólar que gastamos hacemos una elección y con cada elección existe una consecuencia de largo plazo.

El poder de cuatro

La mayoría de nosotros ha escuchado el dicho: "Ningún hombre es una isla", o: "Dos mentes son mejor que una."

Aunque personalmente estoy de acuerdo con esas afirmaciones, nuestro sistema educativo tiende a estar en desacuerdo con una parte de la sabiduría que se encuentra detrás de ellas. En *La guía para invertir de mi padre rico* analicé el poder del tetraedro. El siguiente es un tetraedro, también conocido como una pirámide:

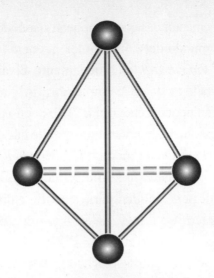

En mi estudio de geometría sólida descubrí que el tetraedro es la mínima estructura sólida y la más estable de todas las estructuras, por ello las pirámides han durado tanto. La clave es la magia que se encuentra en el número 4.

Cuando usted estudia la astrología, puede ver que existen cuatro principales signos: tierra, aire, agua y fuego. Si yo colocara los cuatro grupos básicos en una figura, tendría el aspecto del tetraedro:

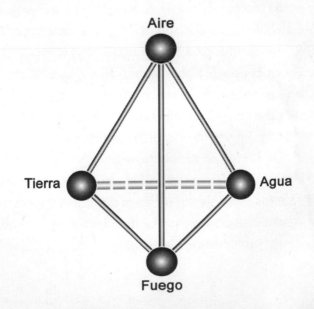

Los cuatro elementos básicos componen el mundo que conocemos. Al mirar al mundo del dinero y los negocios, encontramos el *Cuadrante del flujo de dinero*. Nuevamente, el número mágico es 4. Los cuatro lados son "E", empleado; "A", auto empleado o propietario de un pequeño negocio; "D", dueño de un gran negocio, e "I", inversionista. Nuevamente, puede hacerse un tetraedro.

En la antigua Grecia, el médico Hipócrates (460-377 a. C.), a menudo llamado el padre de la medicina, también utilizaba 4 tipos diferentes de personalidad para describir a distintas personas. Él utilizaba los términos *colérico, sanguíneo, flemático* y *melancólico.*

En el siglo XX, el doctor Carl Jung también clasificó los 4 tipos de personalidad utilizando los términos *pensar, sentir, intuir y percibir.*

En los años 50, Isabel Myers y su madre desarrollaron el indicador del tipo Myers-Briggs (MBTI, por sus siglas en inglés). El MBTI define 16 tipos diferentes de personas, que de manera interesante se reducen a 4 categorías principales: "D" por dominio, "I" por influencia, "A" por "apoyo" y "C" por cumplimiento.

Hoy en día muchos de estos instrumentos para clasificar el tipo de personalidad están a la disposición y muchas compañías utilizan estos instrumentos para asegurarse de que colocan a la persona correcta en el tipo de trabajo correcto. Lo que quiero destacar aquí es la importancia del número 4.

Existen varias cosas que considero interesantes del trabajo de Kathy Kolbe que agregan más distinciones a esta búsqueda para descubrir más acerca de nosotros mismos y de lo que nos hace únicos. Uno de los elementos que la obra de Kathy distingue es por qué algunos niños tienen un buen desempeño en la escuela y otros no. Cuando observas el tetraedro, es fácil ver por qué tantos jóvenes tienen problemas en la escuela.

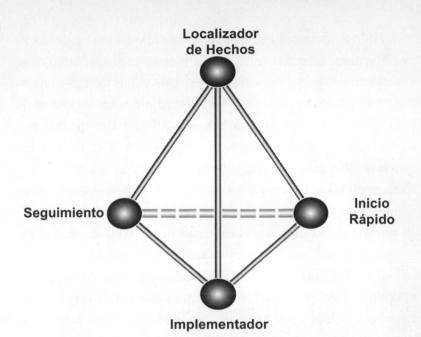

Localizador de Hechos

Seguimiento

Inicio Rápido

Implementador

Es fácil ver que el actual sistema educativo está diseñado principalmente para estudiantes que son buenos en la categoría de Localizador de Hechos. Los estudiantes que corresponden a las otras tres categorías a menudo tienen dificultades a lo largo del proceso. En otras palabras, el mundo está compuesto de 4 diferentes tipos de aprendizaje, pero el sistema escolar sólo reconoce uno.

Y el poder de 12

La mayoría de nosotros sabe que existen 12 meses en un año y 12 signos del zodiaco. A lo largo del desarrollo de la humanidad, los números 4 y 12 han reaparecido constantemente como números de importancia. Cuando usted estudia geometría de cuerpos sólidos, puede comprender por qué esta relación ocurriría de manera repetida. Es desafortunado que nuestro actual sistema educativo reconozca solamente un estilo de aprendizaje y un tipo de genio. El aspecto que destaca este libro es la importancia de que los padres estén conscientes de los 4 estilos de aprendizaje y de los 12 posibles tipos de genio en su hijo. En otras palabras, usted tiene actualmente más opciones al criar a su hijo y más formas de desarrollar el genio de su hijo. Como afirmé antes en este libro, la palabra *inteligencia* significa la habilidad de hacer distinciones más precisas y la palabra *educación* proviene de la misma raíz que la palabra *educare*, que significa "sacar", no "meter".

Cuando usted observe a los ojos a un niño pequeño, recuerde siempre que en el interior de su hijo vive un pequeño "genio". Puede no ser el mismo que el sistema educativo busca, pero el genio de su hijo está allí de cualquier forma. Y a pesar de que el sistema educativo pueda no estar buscándolo, es importante que el padre o el maestro lo busquen. Porque siempre que usted mire a los ojos a un hijo y vea su genio, ese genio estará allí para recordarnos a todos que también tenemos un genio en nuestro interior. Es ese genio que hay en nosotros lo que le proporciona a la vida su magia.

El trabajo más importante del mundo

Mi padre inteligente solía decir: "Existen dos tipos de niños. Existen niños que tienen éxito al seguir el camino, y niños que odian seguir el camino y sienten que deben abrir su propio sendero. En nuestro interior viven estos dos niños."

No toque la estufa

Esa era la manera en que mi padre inteligente me hizo saber que estaba bien que yo buscara mi propio camino en la vida, en tanto fuera honorable y utilizara la integridad en mi búsqueda. Y hubo ocasiones en que me alejé del sendero por un largo período. Sin embargo, sin importar cuánto tiempo pasara fuera del sendero, mi padre mantuvo la luz encendida y siempre me dio la bienvenida de regreso a casa.

Él frecuentemente no aprobaba lo que yo hacía y me hacía saber que no lo aprobaba, pero no me impidió hacer las cosas. Decía: "La única manera en que un hijo sabe lo que las palabras *estufa caliente* significan, es al tocar la *estufa caliente*."

Recuerdo haberlo visto tomar la palabra en una reunión de la Asociación de Padres y Maestros (PTA, por sus siglas en inglés) una noche y contar su historia de la estufa caliente. Había cerca de 150 padres de familia en la audiencia cuando dijo: "La única manera en que nosotros, como adultos, sabemos lo que es una *estufa caliente*, es porque todos la hemos tocado. Todos hemos tocado la estufa a pesar de que nos dijeron que no la tocáramos. Y si alguno de ustedes no ha tocado aún la estufa caliente, les aconsejo que toquen una pronto. Ustedes no han vivido hasta que no han tocado una."

Los padres y maestros se rieron de ese comentario. Un padre levantó entonces la mano y preguntó: "¿Está usted diciendo que no debemos aplicar la disciplina a nuestros hijos?"

"No. Yo no dije eso. Estoy diciendo que su hijo aprenderá de las experiencias de la vida. Estoy diciendo que la única manera en que un hijo conocerá lo que significan las palabras *estufa caliente* es al tocar una. Si le decimos que no toque la estufa, estamos siendo ridículos. El niño va a tocar la estufa. Esa es la manera en que Dios diseñó el aprendizaje de los niños. El niño aprende al hacer, al cometer errores. Nosotros, como adultos, en nuestro intento de educar a nuestros hijos, les decimos que no comentan errores y los castigamos por ello. Eso es un error."

Yo sólo tenía cerca de 14 años de edad, pero podía darme cuenta de que a la mayoría de los padres y maestros no les gustaba el mensaje de mi padre. Para muchos de ellos, evitar los errores era una forma de vida. Una madre levantó su mano y dijo: "Así que usted trata de decir que cometer errores es natural. Que cometer errores es la manera en que aprendemos."

"Eso es lo que estoy diciendo", dijo mi padre.

"Pero el sistema escolar castiga a nuestros hijos por cometer errores", dijo la misma madre, que había quedado de pie.

"Y para eso estoy aquí esta noche", dijo mi padre. "Estoy aquí porque como maestros no hemos corregido y nos hemos enfocado en buscar y castigar a los estudiantes por cometer errores. Temo que mientras más castiguemos los errores en vez de enseñar a nuestros hijos a corregir y aprender de sus errores, más nos apartamos de la educación. En vez de castigar a los niños por cometer errores, necesitamos alentarlos a que cometan más. Mientras más errores cometan, más inteligentes se volverán."

"Pero ustedes los maestros castigan y reprueban a los estudiantes que cometen demasiados errores", dijo la madre.

"Sí, lo hacemos. Y esa es una falla de nuestro sistema y yo soy parte de ese sistema, y esa es la razón por la que estoy aquí esta noche."

Mi padre continuó explicando que la curiosidad natural de un niño es lo que hace que aprenda. Pero al igual que la curiosidad puede matar a un gato, también demasiada curiosidad puede ser destructiva para un niño. El mensaje de mi padre esa noche fue que el trabajo de los padres de familia y del maestro consistía en corregir sin dañar la curiosidad natural del niño.

A continuación le preguntaron: "¿Cómo corrige usted sin dañar la curiosidad natural del niño?"

Mi padre respondió: "No tengo la respuesta. Creo que es un arte, como en un proceso de situación en situación, así que es posible que no exista una respuesta única." Continuó diciendo. "Sólo estoy aquí para recordarles, como padres de familia, que todos hemos aprendido lo que es una estufa caliente al tocar una. La hemos tocado a pesar de que nos dijeron que no la tocáramos. La hemos tocado porque teníamos curiosidad y queríamos aprender algo nuevo. Estoy aquí para representar la curiosidad natural de su hijo y su deseo de aprender. Todos los niños nacen con curiosidad, y nuestro trabajo es proteger esa curiosidad, al mismo tiempo que hacemos nuestro mejor esfuerzo para proteger al niño. Es importante proteger esa curiosidad porque esa es la manera en que aprendemos. Si destruimos esa curiosidad destruimos el futuro del niño."

Otra madre levantó su mano y dijo: "Yo soy una madre soltera. Mi hijo está fuera de control en este momento. Regresa tarde a casa y se rehúsa a escucharme. Está reuniéndose con malas compañías. ¿Qué debo hacer? ¿Aliento su curiosidad o espero que vaya a la cárcel?"

Mi padre entonces preguntó: "¿Qué edad tiene su hijo?"

"Acaba de cumplir 16 años", respondió la madre soltera.

Mi padre sacudió la cabeza. "Como dije antes, yo no tengo la respuesta. En lo que se refiere a criar a los hijos, no existe una respuesta que se ajuste a todas las situaciones." De manera suave dijo: "Quizá la policía tenga la respuesta que su hijo está buscando. Por el bien de su hijo, espero que no sea así."

Mi padre continuó contando la historia acerca de los dos tipos de niños, el niño que sigue el camino recto y estrecho y el otro que necesita crear su propio sendero. Siguió diciendo que todo lo que los padres de familia pueden hacer es mantener la luz encendida y esperar que el hijo regrese al camino. También les recordó a los padres de familia que muchos de ellos se habían apartado del camino. Les recordó que en el interior de cada uno de nosotros está una persona que en ocasiones quiere encontrar su propio sendero. Continuó su explicación diciendo: "Todos nosotros creemos que existe una manera correcta y una manera equivocada. Pero en ocasiones nuestra propia manera es la mejor manera durante algún tiempo, y en ocasiones nuestro camino no es el de nuestro hijo", terminó diciendo.

Insatisfecha con la respuesta, la joven madre nuevamente se puso de pie y dijo: "¿Pero qué pasa si deambula en la oscuridad y nunca regresa? ¿Qué hago entonces?"

Mi padre hizo una pausa y con una mirada que quería decir que comprendía su preocupación, dijo en voz baja: "Mantenga la luz encendida." A continuación recogió sus notas y bajó del estrado. Se detuvo antes de salir de la habitación que estaba en silencio, se dio la vuelta y dijo: "El trabajo del padre y del maestro es mantener la luz encendida. Ese es el trabajo más importante del mundo."

Usted no puede enseñarle nada a una persona,
usted sólo puede ayudarle a encontrar en su interior.

Galileo

Darle o no dinero al hijo: la antigua batalla

Por Sharon Lechter, madre

Pagarle o no a nuestros hijos una mesada es una cuestión sin final. ¿Qué deben hacer los padres? Parece que simplemente no existe una respuesta definitiva.

Muchos padres quedan tan confundidos al decidir el tema de la mesada, que olvidan enseñarles a sus hijos qué hacer con el dinero que reciben. Ya sea que se trate del dinero para sus gastos o el pago por tareas específicas, sus hijos necesitan aprender acerca de la responsabilidad fiscal.

El hecho de que su hijo reciba o no una mesada no es una fórmula mágica para su futuro éxito financiero. El hecho de que su hijo aprenda acerca de la responsabilidad fiscal *es* la fórmula mágica para su futuro éxito financiero. Como describimos en el capítulo 14, el padre rico de Robert le enseñó que el lado derecho del Cuadrante del flujo de dinero es donde se encuentra la responsabilidad fiscal. Los grandes propietarios de negocios y los inventores exitosos han dominado la responsabilidad fiscal y la han demostrado con sus éxitos continuos.

La mesada

La definición de mesada es: "Una cantidad de dinero proporcionada regularmente para gastos mensuales o del hogar." Aunque una mesada puede ser lo apropiado en muchos casos, la manera de determinarla y comunicarse con los hijos sobre este tema tiene una importancia vital. ¿Considerarán los hijos que se trata de un "merecimiento" o una compensación ganada por completar tareas acordadas o cumplir responsabilidades? En un mundo en que la mentalidad del merecimiento es un problema creciente entre los adultos, creemos que es muy importante que los padres de familia no entrenen a sus hijos para que éstos piensen que tienen derecho a cierta cantidad de dinero cada semana. Por ejemplo, observe la diferencia entre estas dos afirmaciones:

"John, como ahora tienes doce años, eres lo suficientemente grande para recibir dinero. Cada viernes te voy a dar 10 dólares para que los gastes como quieras."

"John, estás ocupado con tu tarea y tus actividades deportivas cada noche y queremos reconocer tus esfuerzos y alentar esas actividades. Mientras estés ocupado en esas actividades recibirás 10 dólares semanales como gasto."

Pague por tareas específicas

El debate acerca de pagar una mesada o pagar por tareas específicas tiene muchas facetas. No queremos imponer una filosofía específica sobre la crianza de los hijos, pero esperamos proporcionar alternativas que los padres de familia puedan escoger para utilizarlas de acuerdo con su propio estilo. Aunque pagar una mesada puede desarrollar una mentalidad de merecimiento, el pago por tareas específicas puede tener también un sentido intrínseco negativo en cuanto crea una mentalidad de "empleado." "Tú haces esto y yo te pagaré 10 dólares." Aunque ganar una compensación por realizar tareas específicas es un tema importante, sólo es un componente de la enseñanza general de la responsabilidad fiscal.

Cuando todo lo demás falle, no recurra al "soborno"

Los niños deben comprender que han de contribuir al bien de la familia o del grupo social sin tener la expectativa de recibir una recompensa financiera. Frecuentemente los padres recurren al "soborno" para hacer que los hijos desarrollen tareas que deben ser desarrolladas sin recibir recompensa alguna. Puedo hablar acerca de esto con gran conocimiento personal. Cuando usted se encuentra recurriendo al soborno, debe considerar eso como una llamada de alerta. Usted está cediendo el control a su hijo cuando trata de sobornarlo. Usted está transfiriendo su poder como padre a las manos de su hijo. Muchos padres disfrazan estos sobornos al considerar que se trata de un sistema de recompensas.

Una estrategia de crianza

Sin imponer una filosofía sobre la crianza de los hijos, hemos desarrollado una estrategia de crianza que puede serle útil para decidir la política de mesada de su familia. Le sugerimos que desarrolle un programa de cuatro fases con sus hijos. Lo más importante es que comunique esa política de manera abierta y consistente a sus hijos.

Fase 1, responsabilidad personal: determine ciertos deberes o tareas que sus hijos necesitan desempeñar para su salud y desarrollo personal. (Por ejemplo, usted espera que se laven los dientes cada mañana y cada noche y debe comunicarlo como una responsabilidad personal. Algunos padres pueden incluir hacer la cama o llevar su plato de la mesa al fregadero después de cenar.) *No* debe haber recompensa financiera por la responsabilidad personal.

Fase 2, responsabilidad familiar o social: determine ciertos deberes o tareas que contribuyan al ambiente familiar o social que *no* tengan como resultado una recompensa financiera. Esos actos deben contribuir a mejorar el ambiente de su hijo. (Poner la mesa para la cena, leer a un hermanito menor, o ayudar a una señora de edad con sus compras son ejemplos de responsabilidad familiar o social.) *No* debe haber recompensa financiera por tareas de responsabilidad familiar o social.

Fase 3, establecer una mesada o pago por tareas específicas: opcional, basado en las creencias individuales de los padres. Determine las guías que incluyan qué tareas o deberes generales se espera de ellos, y que tendrán como resultado que los hijos "ganen" dinero.

Esfuércese por evitar que se desarrolle una actitud de "merecimiento" en sus hijos. Haga que sus hijos participen en la determinación de las tareas que se esperan. Usted quizá desee que sus hijos "le extiendan factura" por su dinero, lo que les hace ser más responsables respecto de las expectativas subyacentes. (Lavar y limpiar el automóvil una vez a la semana puede ser una expectativa que rebasa la fase 2 para algunos padres y podría ser parte de la consideración de una cantidad de dinero semanal.) Algunos niños están muy ocupados con el ejercicio físico y con las tareas por las cuales sus padres les proporcionan dinero como reconocimiento por sus esfuerzos. Lo importante en este punto es comunicar abiertamente sus expectativas respecto de la responsabilidad de su hijo.

Fase 4, alentar el espíritu empresarial de su hijo: fomente que su hijo piense en maneras de ganar dinero. Haga que le sugieran tareas o comparta historias sobre cómo han ganado dinero otros niños, para abrir sus mentes a las oportunidades que se les presenten. Aliéntelos a identificar "tareas" específicas que necesitan ser realizadas y establezca un pago por completar cada tarea. Haga que "le extiendan la factura" por su trabajo, una vez terminado.

Aquí es donde usted necesita transmitir la filosofía del padre rico acerca de la diferencia entre su empleo y su negocio. La cantidad de pago determinada para cada tarea es la definición del "trabajo" de su hijo. Lo que hagan sus hijos con su dinero es "su negocio." Mientras más temprano comprendan sus hijos la diferencia entre trabajar para otros y trabajar para sí mismos, mejores oportunidades tendrán de obtener el éxito financiero. Explíqueles que lo que usted hace durante el día (de ocho de la mañana a cinco de la tarde) es su profesión, o su empleo, pero lo que usted hace con su dinero (su sueldo) es su negocio.

Responsabilidad fiscal

Muchos padres quedan tan confundidos por el tema de la "mesada", que olvidan enseñarles a sus hijos qué hacer con el dinero luego de que lo reciben. Ya sea que se trate de dinero de la mesada, regalos o pago por tareas específicas, sus hijos necesitan aprender acerca de la responsabilidad fiscal. La responsabilidad fiscal se desarrolla solamente después de que su hijo comprende la educación financiera. Por otra parte, necesitamos combatir la actual tendencia acerca del "merecimiento" al educar a nuestros hijos acerca de la gratificación pospuesta y la deuda de tarjeta de crédito.

La educación financiera

Enseñe a sus hijos los conceptos de activos *versus* pasivos; la diferencia entre el ingreso ganado, ingreso pasivo e ingreso de portafolio; la importancia del ingreso pasivo y del ingreso de portafolio; y la definición de los gastos. Recurra a los dibujos sencillos de *Niño rico, niño listo* y de *Padre rico, padre pobre* y utilícelos para enseñar a sus hijos. Provistos con este tipo de educación, sus hijos estarán mejor preparados para desarrollar una sólida responsabilidad fiscal.

Gratificación pospuesta

La responsabilidad fiscal demuestra la educación financiera, así como la comprensión de la "gratificación pospuesta", que es analizada en mayor detalle en *Padre rico, padre pobre*. Uno de los beneficios de establecer un programa de ahorros para sus hijos es que les enseña el poder de este concepto de gratificación pospuesta. Al fijar las metas con sus hijos y ayudarles a determinar un plan financiero para alcanzar esas metas, usted les inculca la fórmula para el éxito. La autoestima que se logra construir al lograr esas metas no tiene precio. En el mundo actual de gratificación instantánea, hemos despojado a nuestros hijos del poderoso sentimiento de éxito que es el resultado de obtener una meta. ¿Cómo? Cuando nos dan algo en vez de que lo ganemos por cuenta propia.

Por ejemplo, su hijo necesita una bicicleta nueva. Comience con la filosofía presentada en *Padre rico, padre pobre*, en que el padre pobre dijo: "No puedo pagarla", pero el padre rico dijo: "¿Cómo puedo pagarla?" Enseñe a su hijo a decir: "¿Cómo puedo?" en vez de: "No puedo." Ayúdelo a desarrollar un plan sobre la manera de ganar ese dinero para comprar la bicicleta. Aliente a su hijo a pensar en la manera de ganar dinero. Ayúdelo a evaluar su progreso a lo largo del camino y a hacer ajustes respecto de la meta, según sea necesario. Haga que su hijo compre la bicicleta como la recompensa última al completar el plan. Reconozca el esfuerzo y el éxito posterior de su hijo.

La deuda y las tarjetas de crédito

Actualmente las tarjetas de crédito son herramientas de gratificación instantánea. Desafortunadamente el resultado final es el trauma pospuesto, cuando llegan las cuentas por pagar. Un mensaje mucho mejor puede ser transmitido mediante un ejercicio consistente en fijar metas financieras y posponer la gratificación, similar a la historia de la bicicleta que acabamos de describir.

Sin importar qué pensemos acerca de las tarjetas de crédito, están presentes en todas partes. Nuestros hijos están siendo bombardeados con mensajes como "sólo cárguelo a su tarjeta" todos los días, por medio de la televisión, la radio o sus compañeros. Los padres necesitan completar la imagen para sus hijos, al hacerles ver la otra cara de las tarjetas de crédito. Haga que lo vean pagar las cuentas. Explíqueles el impacto multiplicador de los intereses cargados sobre el saldo por pagar en las tarjetas de crédito. Muéstreles que existen límites para cada tarjeta de crédito.

Explíqueles que también existen beneficios al utilizar las tarjetas de crédito. Las tarjetas de crédito pueden ayudar mucho a mantener un registro y hacer un seguimiento sobre la manera en que usted gasta su dinero. Muchas personas utilizan las tarjetas de crédito de manera inteligente, pagando totalmente el saldo cada mes, sin incurrir en el pago de intereses.

Muchos padres tienen dificultades con su propia deuda derivada de la tarjeta de crédito y están preocupados acerca de fomentar el miedo de sus hijos si comparten demasiada información sobre su situación financiera. La realidad de la deuda de las tarjetas de crédito también puede estar más allá del nivel de comprensión de su hijo. Hemos creado *CASHFLOW para niños*, un juego de mesa financiero patentado, para ayudar a que los padres enseñen educación financiera a sus hijos. El juego aborda el proceso de decisión de "pagar en efectivo o cargarlo a la tarjeta." Su hijo aprenderá sobre los dos aspectos del mundo de las tarjetas de crédito (gratificación instantánea y trauma pospuesto cuando llegan las cuentas por pagar), mientras se divierten y utilizan dinero de juguete. Estarán mucho mejor preparados para encarar y evitar los peligros de las tarjetas de crédito cuando se conviertan en adultos.

Trabajos de medio tiempo

Una vez que su hijo es lo suficientemente grande, es importante que aprenda acerca de la responsabilidad de un empleo. Permita que sus hijos consigan empleos de medio tiempo, si sus actividades escolares y deportivas lo permiten. Revise con ellos su primer sueldo, de manera que puedan comprender que el gobierno retiene su parte por impuestos sobre la renta antes de que reciban su cheque.

Cuando yo estaba en la preparatoria mis padres me pedían que ahorrara o invirtiera 50 por ciento de lo que yo ganaba en mi trabajo de medio tiempo. Se convirtió en un hábito depositar inmediatamente 50 por ciento de mi sueldo. Me permitían gastar el otro 50 por ciento en lo que yo quisiera. Esto me inculcó el concepto de "pagarme a mí misma primero" desde una edad muy temprana. Para el momento en que me gradué de la universidad había acumulado cerca de 20 000 dólares en activos de inversión tan sólo por ahorrar el 50 por ciento de mi ingreso obtenido de mis empleos de medio tiempo como estudiante.

Como madre de familia utilicé la misma regla con mis hijos cuando comenzaron a tener empleos de medio tiempo. Ellos vieron el concepto de "páguese a usted primero" en acción y comprendieron los beneficios de largo plazo que puede crear. Desafortunadamente mi hijo mayor fue bombardeado por las tarjetas de crédito cuando asistió a la universidad. Sin que su padre y yo lo supiéramos, se hundió en la deuda de las tarjetas de crédito antes de que se diera cuenta.

Aquí es donde usted puede ver con claridad lo que ocurre. Yo consideré que la mejor manera de enseñar a mis hijos era mediante el ejemplo. Mi esposo y yo tenemos varias tarjetas de crédito que usamos regularmente, incluyendo algunas que sirven para acumular millas de vuelo como viajeros frecuentes. Nuestras tarjetas de crédito sirven como herramientas para llevar las cuentas y nos ayudan a dar seguimiento a la manera en que gastamos nuestro dinero. Pagamos la totalidad del saldo cada mes, con el fin de no pagar intereses. Sin embargo, nuestro hijo fue atraído por los bajos pagos mensuales. Obtuvo gratificación instantánea pero encontró el trauma pospuesto cuando alcanzó su límite de crédito. Se tardó cuatro años en limpiar su crédito como consecuencia de este error, pero aprendió una valiosa lección durante este proceso. Hoy en día paga sus tarjetas de crédito de manera mensual. Actualmente también ha aprendido a pagarse a sí mismo primero. Hoy en día es responsable desde el punto de vista fiscal.

El éxito financiero

En resumen, la antigua cuestión sobre si debe o no pagarle a su hijo una cantidad regular puede ser decidida únicamente por usted. Pero pregúntese si la política que usted ha establecido en relación con la mesada le está enseñando a su hijo. ¿Está usted entrenando a su hijo para tener:

- ¿Una mentalidad de merecimiento?
- ¿Una mentalidad de empleado?
- ¿Una mentalidad de empresario?

La responsabilidad fiscal, combinada con el espíritu empresarial, puede ser una fuerza poderosa. Ayude a que sus hijos desarrollen ambos y a continuación observe cómo logran un éxito financiero tras otro.

Comentario de Robert

Yo estoy de acuerdo con Sharon y me gustaría agregar una distinción sutil que puede aclarar más la lección.

Mi padre pobre se enfocaba en cuánto dinero ganaba. Por eso siempre decía: "Obtén una buena educación para que puedas conseguir un empleo bien pagado."

Mi padre rico *no* se enfocaba en cuando dinero ganaba. En vez de ello, se enfocaba en cuánto dinero conservaba. Por eso decía:

"Es mucho más importante cuánto dinero conservas que cuánto dinero ganas." También decía: "La gente que se enfoca solamente en cuánto dinero gana *siempre* trabaja para la gente que se enfoca en cuánto dinero conserva."

En relación con el tema de la cantidad regular para los hijos, es importante que le enseñe a sus hijos a enfocarse en *conservar* el dinero en vez de en *ganar* dinero. Mi padre rico decía que cada dólar en su columna de activos era como uno de sus empleados: trabajaba para él. Una vez que un dólar entraba a la columna de activos, nunca la abandonaba. Si él vendía un activo, utilizaba las ganancias para adquirir otro activo. Los activos que compraba pueden ser transferidos ahora a la siguiente generación.

Al desarrollar esta filosofía y enseñarla a sus hijos, usted puede ayudarles a aprender el camino hacia la independencia financiera.

Viajes financieros: ejercicios de dinero que los padres pueden hacer con sus hijos

Sharon Lechter, C.P.A. y madre

Estos ejercicios pueden ayudarle a enseñar a su hijo acerca del dinero. Al utilizar experiencias de la vida real para enseñar a sus hijos, usted les muestra automáticamente la aplicación práctica de las lecciones. Por ejemplo, tenemos un ejercicio llamado "Viaje financiero a un banco." Después de completar ese viaje, su hijo recordará las lecciones aprendidas durante su visita cada vez que pase por el banco. A esto se le conoce frecuentemente como "aprendizaje empírico" y puede ser una poderosa herramienta para enseñar a sus hijos acerca del dinero.

Los viajes financieros fueron desarrollados como diálogos o guiones para que usted los utilice para enseñar los conceptos financieros básicos. No existen respuestas correctas o equivocadas. Son ejercicios y observaciones sencillos que tienen el propósito de ayudarle a crear un diálogo con su hijo acerca de temas financieros específicos y ampliar la conciencia financiera de su hijo sobre el mundo en que vivimos. Pero también es una oportunidad de divertirse con ellos.

Viaje financiero a la mesa del comedor

A. PAGUE SUS CUENTAS MENSUALES

Haga que sus hijos se sienten mientras usted paga sus cuentas mensuales. Permita que vean cada cuenta y explíqueles que cubre. Esto les dará una mejor comprensión de la vida. No es necesario que les proporcione toda la información sobre sus finanzas, pero comience con un aprendizaje sencillo sobre los conceptos básicos.

1. Páguese primero

Comience por pagarse, incluso si se trata solamente de unos cuantos dólares. Después de observarlo pagarse una y otra vez, su hijo muy probablemente seguirá su ejemplo cuando él reciba dinero.

2. Pague los gastos de la casa

Explique a sus hijos las cuentas de los servicios domésticos y permita que revisen las facturas. Eso les proporcionará una mejor idea de la manera en que gasta su dinero. Al comprender que usted paga en forma separada por la energía eléctrica, el agua, el gas, la recolección de basura y otros gastos de mantenimiento doméstico, entenderá cuantos negocios son necesarios para apoyar su estilo de vida. (Usted quizá descubra un beneficio adicional de este ejercicio. Hemos escuchado de algunos padres de familia que sus hijos comienzan a apagar las luces que no utilizan frecuentemente y toman duchas más cortas después de esta lección.)

3. Realice el pago de su hipoteca

Explique el pago de su hipoteca a su hijo en términos muy sencillos. Explique la manera en que el banco le ayuda a comprar su casa al prestarle la mayor parte del dinero y usted acepta pagarle al banco a lo largo del tiempo. Con el fin de poder hacer esto, usted acepta pagarle al banco una cantidad adicional, o interés, hasta que la cantidad total es pagada. Muestre a su hijo su pago de la hipoteca y cómo cada pago incluye el interés y la amortización del pago principal sobre su casa.

4. Pague sus tarjetas de crédito

Explique a su hijo la cuenta de la tarjeta de crédito. Esto puede constituir un ejercicio difícil si tiene una deuda importante en la tarjeta de crédito. Sin embargo, es importante que su hijo comprenda los aspectos positivo y negativo del uso de la tarjeta de crédito. He aquí algunas definiciones sencillas:

Tarjetas de crédito: Las tarjetas de crédito son emitidas por los bancos u otras instituciones financieras o tiendas para que usted pueda comprar bienes o servicios. Usted recibe los bienes y servicios inmediatamente, y el banco o tienda paga los bienes o servicios por usted.

Estado de cuenta: Cada mes, ellos le mandan un estado de cuenta que muestra cómo ha gastado usted el dinero durante el mes (cuánto dinero pagaron por usted) y la fecha en que usted debe pagar la cantidad total con el fin de evitar que se carguen intereses y recargos por pago extemporáneo.

Interés sobre las tarjetas de crédito: Si la cantidad de su estado de cuenta no es pagada antes de la fecha indicada, se cargarán intereses sobre el saldo por pagar, y a una tasa mucho más alta que en otro tipo de créditos.

Pago mínimo requerido: Muchos bancos y tiendas le permiten hacer un "pago mínimo" en vez de cobrarle la cantidad total adeudada. El interés se carga entonces sobre el saldo todavía adeudado. De hecho, ellos desalientan que usted pague toda su cuenta en un solo pago. Consideran que si se tomaron la molestia de establecer ese crédito para usted, usted debe posponer sus pagos con el fin de que ellos puedan ganar mucho más interés.

Importante: Es esta característica de las tarjetas de crédito lo que ha creado una deuda tremenda que mucha gente encara hoy en día. ¿Cómo ocurre esto?

- Usted no tiene suficiente efectivo en algún mes, de manera que paga la cantidad mínima requerida en su tarjeta de crédito. El saldo de su tarjeta continúa creciendo conforme usted continúe cargando nuevos artículos.
- Realizar el pago mínimo fue tan sencillo para usted, que vuelve a hacerlo al mes siguiente, y al siguiente. Pero también sigue agregando deuda.
- Dado que usted está haciendo los pagos mínimos, su crédito todavía es bueno, y otras compañías le envían sus nuevas tarjetas de crédito. Pronto tiene cinco tarjetas de crédito diferentes en su cartera (de acuerdo con CardWeb la mayoría de los hogares en los Estados Unidos tienen entre cinco y seis diferentes tarjetas de crédito).
- Usted continúa realizando los pagos mínimos en las cinco tarjetas, y por lo tanto conserva un buen crédito, pero ahora tiene un impresionante saldo total en todas las tarjetas.
- Un día se da cuenta de que está pagando mucho dinero por pagos mínimos pero que su saldo total sigue incrementándose cada mes.
- Sólo entonces usted descubre que no puede hacer ya ni siquiera el pago mínimo mensual y su crédito sufre.
- A continuación descubre que ha gastado el máximo en los límites de crédito de sus tarjetas y no puede obtener nuevas tarjetas porque su crédito ya no es bueno porque ha incurrido en mora en algunos pagos, y apenas puede realizar los pagos mínimos en las tarjetas que ya tiene.

Este es, desafortunadamente, el círculo vicioso en que muchas personas se encuentran. Aunque esto puede sonar deprimente y algo con lo que usted *no* quiere abrumar a su hijo, es mejor que comience a comprender este tema a edad temprana. ¿Cómo puede usted explicar este complejo tema a los niños? Hemos desarrollado el juego *CASHFLOW para niños,* incluido este mismo tema en el juego. Su hijo aprenderá que tienen opción de elegir —pagar en efectivo o cargarlo a la tarjeta— y que cada elección tiene una consecuencia. Inicialmente ellos suelen elegir cargar cada artículo a la tarjeta, porque eso es lo que están acostumbrados a escuchar en el hogar. La consecuencia de cargarlo a la tarjeta es que deben incrementar el gasto que tienen que pagar cada vez que reciben su sueldo. Pronto aprenden que es mejor pagar un poco más de efectivo que incrementar sus gastos de manera indefinida.

En nuestro libro *El cuadrante del flujo de dinero del padre rico* incluimos un apartado sobre cómo salir de deudas. Incluye una fórmula para pagar toda la deuda en un plazo de entre 5 y 7 años.

5. Aliente la curiosidad de su hijo
Aliente a su hijo para que formule preguntas y responda sus preguntas de manera tan honesta como le sea posible. Si su hijo hace preguntas que usted no puede responder, busque a alguien que pueda responder la pregunta y aprenda con su hijo.

6. Guardar registros
Haga que su hijo archive sus cuentas después de pagarlas. Llevar buenos registros es un hábito que se aprende.

B. DESARROLLE EL PRESUPUESTO PARA UNA SEMANA DE COMIDAS
Ahora que su hijo tiene una mejor comprensión sobre el pago de las cuentas, es el momento de darle a conocer el concepto de elaborar un presupuesto. En vez de darle a conocer toda su informa-

ción financiera a su hijo, comience en pequeño. Para efectos de este ejercicio, digamos que usted hace que su hijo planifique las comidas de una semana. La tarea consistirá en alimentar a su familia durante una semana con un presupuesto fijo. Su hijo necesita hacer que la familia esté contenta, así como ajustarse a un presupuesto financiero. Es importante que permita que su hijo desarrolle el menú y que compre los alimentos. Usted puede asistirle en la preparación, dado que cocinar no forma parte de la lección.

1. Fije un presupuesto

Determine cuánto gasta generalmente durante una semana en alimentos para la familia. Para hacerlo más sencillo, quizá desee incluir sólo el desayuno y la cena. Para los efectos de este ejercicio utilizaremos 200 dólares para una familia de 4 durante 7 desayunos y 7 cenas.

2. Haga que sus hijos planifiquen los alimentos en una gráfica

Haga que su hijo lleve un registro de lo que será el menú de cada comida. Usted quizá quiera visitar la tienda de alimentos para ayudarle a comprender los costos de ciertos ingredientes.

3. Haga que sus hijos preparen la lista de compras

Después de haber completado los menús de la semana, haga que sus hijos preparen una lista de compras con el fin de que sepan qué alimentos se necesitan.

4. Haga que sus hijos compren la comida

En la tienda de alimentos, supervise a sus hijos mientras revisan los artículos que van a adquirir. Es posible que usted quiera sugerirles una calculadora para llevar la cuenta de lo que van gastando. Es importante que se mantengan dentro de los límites del presupuesto establecido.

5. Haga que sus hijos lleven un registro de lo que gastan en cada comida en la gráfica

Es posible que usted quiera que sus hijos registren las cantidades en la gráfica conforme hacen las compras. Sin embargo, también necesitan llenar la gráfica en casa con ayuda del recibo, dado que hay impuestos que necesitan ser incluidos en los costos de la comida.

6. Prepare la comida

Dependiendo de sus hijos, quizá necesite ayudarles a la preparación de las comidas.

7. Analice los resultados

Primero revise para asegurarse de que su familia quedó satisfecha con sus alimentos. Ésta es una parte muy importante del ejercicio, porque la retroalimentación viene con cualquier cosa que usted hace en la vida.

A continuación haga que sus hijos comparen las cantidades presupuestadas con las cantidades que realmente gastaron en cada comida. Determine la cantidad que gastó en cada comida por encima o por debajo de su presupuesto y luego determine la cantidad que gastaron por encima o por debajo del presupuesto a lo largo de toda la semana.

8. Revise el proceso

Esta es la parte más importante del ejercicio. Permita que sus hijos compartan sus experiencias con usted. ¿Qué aprendieron? Escuche sus observaciones. Usted quizá encuentre que sus hijos aprecian mejor el papel que usted desempeña como padre o madre.

9. Ponga en práctica el proceso

Ahora analice con sus hijos la manera en que necesita preparar un presupuesto para todos sus gastos. Si prefiere no darles a conocer su información financiera específica, desarrolle un presupuesto de muestra. Analice la necesidad de preparar un presupuesto sobre el ingreso del hogar y cómo será distribuido en todos los gastos que necesitan ser pagados. Si ha completado el ejercicio de "Pague sus cuentas", sus hijos tendrán una mayor comprensión de los rubros que necesitan ser planificados.

De la misma forma en que planificaron los menús de las comidas dentro de los límites de un presupuesto, usted debe aprender a planificar su vida.

INGRESO
Sueldo
Renta de propiedades
Intereses o dividendos
Otros ingresos

Menos

INVERSIONES
Incluya en el presupuesto una cantidad regular por invertir. Esta es la categoría de "páguese primero."

Menos

GASTOS
Impuestos
Pago de la hipoteca o la renta
Alimentos
Ropa
Seguros
Gas
Servicios domésticos
Entretenimiento
Intereses por las tarjetas de crédito u otras deudas

CANTIDAD REMANENTE DESPUÉS DE TODAS LAS INVERSIONES Y GASTOS

Ahora calcule el porcentaje de su ingreso que usted invierte (conserva como activos) y el porcentaje de su ingreso que gasta. ¿Existen formas en que usted puede incrementar el porcentaje que usted invierte (conserva como activos) y reducir el porcentaje del ingreso que gasta?

Si usted puede incrementar sus activos y por lo tanto incrementar el ingreso de sus activos, una mayor cantidad de su dinero trabajará para usted. Su sueldo le representa a usted, trabajando por su dinero.

10. Seguimiento

Después de que haya transcurrido cerca de una semana, analice nuevamente el ejercicio con sus hijos. ¿Qué recuerdan de la experiencia? ¿Repetirían el ejercicio? ¿Comprenden el efecto de invertir a largo plazo, adquirir activos o pagarse primero?

Viaje financiero al banco

Ejercicio inicial: Lleve a su hijo al banco. Enséñele a los cajeros y a los empleados de servico al cliente que se sientan en sus escritorios. Si no hay mucha gente en el banco, pregúntele al cajero o a las personas de servicio al cliente qué hacen. Haga que su hijo pregunte cuántos intereses paga el banco por el dinero depositado, incluyendo las cuentas de ahorro, los certificados de depósito y otros instrumentos bancarios disponibles en el banco. Haga que su hijo tome notas.

A continuación haga que su hijo pregunte cuántos intereses cargaría el banco por un préstamo para la compra de un automóvil, un préstamo hipotecario o un crédito al consumo. Si el banco emite su propia tarjeta de crédito, haga que su hijo pregunte por la tasa de interés en los saldos pendientes de pago de la tarjeta.

A continuación salgan del banco y vayan a un lugar tranquilo para completar la siguiente tabla:

El banco le paga interés a usted		Usted le paga interés al banco al:	
Cuenta de ahorros	____%	Préstamo automotriz	____%
Cuenta de mercado de dinero	____%	Préstamo para consumo	____%
Certificado de depósito	____%	Tarjeta de crédito	____%
_____	____%	Hipoteca	____%
_____	____%		

Pídale a su hijo que revise la tabla y a continuación formule las siguientes preguntas:

1. ¿Qué columna muestra las tasas de interés más altas? _____

2. Complete la siguiente oración:

"Así que el banco me paga interés de (tasa de cuenta de ahorros) por mi cuenta de ahorros, pero cuando yo quiero pedir un préstamo para comprar un automóvil tendré que pagarle al banco (tasa del préstamo para un automóvil) por el dinero que pida prestado. Yo pagaré (tasa del préstamo para un automóvil menos tasa de cuenta de ahorros) más de lo que estaré recibiendo."

3. Ahora revise el capítulo 10 "Por qué los ahorradores son perdedores", con su hijo. Explíquele que siempre es sabio tener un poco de dinero en una cuenta de ahorros y que esa es la manera en que comenzamos a aprender acerca de los buenos hábitos con el dinero. De hecho, se recomienda que la gente guarde suficiente dinero en una cuenta para cubrir entre 3 y 12 meses en gastos para el caso de una emergencia. No le recomendamos que se precipite y retire el dinero que tiene en sus cuentas de ahorros. Lo que decimos es que las cuentas de ahorros no son buenos instrumentos de inversión.

4. En resumen, pregunte a su hijo: "¿Si tuvieras la siguiente situación, estarías ganando o perdiendo dinero?"

Tiene 10 000 dólares en una cuenta de ahorros que gana 4 por ciento de interés.

¿Cuánto dinero ganaría al año por intereses?

($10 000 x 4 por ciento) = _____ (A)

y

Tiene un préstamo para el consumo por 10 000 dólares en que sólo hizo pagos por intereses durante el primer año, a una tasa del 9 por ciento.

¿Cuántos intereses estaría pagando?

(10 000 x 9 por ciento) = _____ (B)

ahora

Después de un año, ¿está ganando o perdiendo dinero?

(A) menos (B) = _____ (C)

Después de diez años, ¿cuánto dinero habrá ganado o perdido?

(C) x 10 años = _____ (D)

RESPUESTAS:

A = 400 dólares; el banco le habría pagado 400 dólares por intereses sobre sus ahorros.

B = 900 dólares; usted habría pagado 900 dólares por intereses sobre su préstamo.

C = Perdiendo 500 dólares (o –500 dólares), habría perdido 500 dólares.

D = Perdido 5 000 dólares; después de diez años habría perdido 5 000 dólares. Aún tendría 10 000 dólares en ahorros y todavía tendría un préstamo al consumo por 10 000 dólares, pero habría pagado 5 000 dólares más en intereses de lo que habría recibido durante diez años.

EJERCICIO AVANZADO

Revise los datos del ejercicio anterior, pero agreguemos el impacto de los impuestos sobre la renta a la situación. El gobierno grava impuestos sobre su ingreso por intereses, pero no le permite deducir por los intereses que usted paga.

Comience con la cantidad neta que calculó para (C) en el ejercicio anterior; recuerde, puede tratarse de un número negativo.

(C) = _____

Tome la cantidad de sus ingresos por intereses de (A).

(A)= _____

Multiplíquela por una tasa de impuestos a 50 por ciento (la tasa de impuestos variará con base en su ingreso total).

(A) x 50 por ciento = _____ (E)

Ahora reste (E) de (C) para determinar la cantidad de dinero que usted estará ganando después de pagar impuestos.

(C) menos (E) = _____ (F)

Después de diez años, ¿cuánto dinero habrá ganado o perdido?

(F) x 10 años = _____ (G)

RESPUESTAS:

E = 200 dólares; usted pagará 200 dólares por impuestos sobre la renta en los intereses que gane en el banco, suponiendo una tasa de impuestos del 50 por ciento.

F = Perdiendo 700 dólares (ó −700 dólares); después de pagar impuestos, usted estará perdiendo 700 dólares al año, o pagando 700 dólares más en intereses por su préstamo al consumo que usted recibe en sus ahorros, después de impuestos.

G = Perdido 7 000 dólares; después de diez años usted habrá perdido 7 000 dólares. Usted todavía tendría 10 000 dólares en ahorros y todavía tendría un préstamo al consumo de 10 000 dólares, pero pagaría 7 000 dólares más en intereses e impuestos de lo que habría recibido a lo largo de diez años en intereses por sus ahorros.

REVISIÓN

Una rápida revisión demuestra que el ejemplo anterior *no* es un plan de inversión inteligente. Desafortunadamente, muchas personas siguen exactamente ese plan sin darse cuenta. He aquí algunas ideas para mejorar este plan de inversión.

Fácil. Utilice sus 10 000 dólares en ahorros para pagar su préstamo al consumo por 10 000 dólares. De esta manera usted no perderá más dinero. Usted no ganará intereses y no pagará intereses.

Promedio. Encuentre un activo que usted pueda comprar con los 10 000 dólares en la cuenta de ahorros que generará suficiente flujo de dinero para pagar su préstamo al consumo. Usted necesitará encontrar una inversión que genere un flujo de efectivo de 900 dólares al año. Otra manera de ver esta misma solución es que su tasa de retribución (900 dólares) sobre su inversión (10 000 dólares) es del 9 por ciento (900 dólares divididos entre 10 000 dólares). Comprender la tasa de retribución es esencial para cualquier inversionista. De esta manera su activo paga por su pasivo, el préstamo al consumo. (El efecto de los impuestos sobre la renta no se incluye en este ejemplo debido a que la tasa de impuesto sobre la renta en el activo puede variar.)

Compleja. Adquiera el activo que tenga la tasa de retribución al 9 por ciento. A continuación determine la manera de convertir el préstamo al consumo de 10 000 dólares en un préstamo de negocios. Esto haría que el pago de intereses por 900 dólares sobre el préstamo sea deducible de impuestos. Esta idea es abordada con mayor profundidad en *La guía para invertir de mi padre rico.*

Por favor recuerde que este ejercicio tiene el propósito de demostrar la diferencia entre los ahorros y los préstamos, así como la diferencia entre los ahorros y la inversión. Otros componentes adicionales pueden ser agregados para incluir niveles más altos de complejidad. Comience por explicar el ejemplo inicial a su hijo y continúe sólo si su hijo está interesado y demuestra comprender verdaderamente los conceptos iniciales.

Viaje financiero a la tienda de alimentos

La mejor manera para que su hijo aprenda es mediante la experiencia. Desde edad muy temprana usted puede comenzar a hablarles a sus hijos acerca de dinero. Este ejercicio puede ser realizado antes del ejercicio sobre presupuesto para ayudar a sus hijos en sus compras cuando planifiquen las comidas familiares durante una semana.

Cuando va a la tienda de alimentos, usted está tomando constantemente decisiones relacionadas con la calidad y los precios. En vez de hablar con usted, hable con sus hijos acerca de ese proceso. A menudo veo que la gente le da a sus hijos un juguete o un juego electrónico para mantenerlos tranquilos. Hágalos participar en el proceso. Muéstreles la manera en que las tiendas proporcionan comparaciones de precio por unidad y deje que ellos le digan cuál es la mejor oferta en las latas de frijoles.

Puede ser igualmente importante que usted les explique por qué incluso a pesar de que una lata puede ser menos cara que otra, decide comprar la más cara. La calidad de los frijoles puede justificar la diferencia en el precio. Quizá desee usted comprar ambas latas para que pueda mostrarle la diferencia a su hijo en la casa.

Deje que sus hijos paguen y cuenten el dinero y el cambio que reciben. Es muy importante que los niños aprendan el concepto de valor y cambio.

Viaje financiero a la agencia de automóviles o de aparatos

Si usted va a comprar un automóvil o un aparato doméstico, lleve a su hijo.

Analice la decisión de pagar en efectivo o financiar la compra. Si usted opta por el financiamiento para la compra, asegúrese de decirle a su hijo que usted debe incluir ahora el nuevo pago en su presupuesto mensual.

Al estar presente durante el proceso del financiamiento, su hijo puede aprender acerca de pedir prestado y de la necesidad de tener buen crédito a edad temprana. Haga que el empleado de crédito le explique a su hijo qué es el buen crédito y su importancia. El empleado estará generalmente muy contento de compartir historias sobre clientes potenciales que no han podido reunir los requisitos para el crédito, así como sobre otros clientes que tienen historial de crédito estelar.

Es durante este proceso que su hijo comenzará a comprender la manera en que sus estados financieros personales y su buen crédito son las "boletas de calificaciones" de la vida real.

Esta puede ser una visita breve, pero el sólo hecho de estar presente en esa situación amplía la mente del niño y su conciencia acerca del dinero y los préstamos.

Viaje financiero a la casa de corretajes

Después de que haya visitado el banco, lleve a su hijo a la casa de corretajes. Pídale al corredor de bolsa que le explique su trabajo a su hijo. (Es posible que usted quiera concertar una cita de manera que pueda encontrar a un corredor dispuesto a hacerlo.)

Si su hijo es un adolescente, es posible que usted quiera abrir una cuenta con la casa de corretajes. Haga que su hijo le ayude con el papeleo. Con ayuda de usted y del corredor de bolsa, deje que su hijo seleccione las inversiones que incluirá en su cuenta.

Haga que el corredor le explique a su hijo los diferentes tipos de inversión y sus tasas de retribución relativas. La mayoría de los adultos no comprenden la diferencia entre las acciones corporativas o la manera en que funcionan los fondos mutualistas. Su hijo tendrá una gran ventaja financiera inicial al comprender los conceptos básicos de estas herramientas de inversión.

A menos que su hijo comprenda cada concepto que le de a conocer el corredor de bolsa, puede ser prematuro discutir conceptos como la proporción precio-ganancia y otros aspectos del análisis fundamental y del análisis técnico. Usted puede encontrar un análisis más detallado de estos temas en *La guía para invertir de mi padre rico*.

Algunos padres han abierto cuentas para sus hijos con corredores de bolsa electrónicos. La opción es suya. Sin embargo, en las primeras etapas puede ser benéfico que un corredor de bolsa y su hijo se encuentren cara a cara. Su hijo establecerá una relación y se sentirá más cómodo para formular preguntas sobre lo que posiblemente no comprenda.

Enseñe a su hijo a leer las páginas de finanzas de su periódico local. Si usted no se siente cómodo al hacerlo, pídale a su corredor de bolsa que les enseñe a ambos.

Comience siempre en pequeño. No permita que su hijo tenga autoridad para invertir grandes cantidades de dinero. Sugerimos este proceso para educar a su hijo acerca del mundo del dinero y el poder de éste. El acceso a una cantidad muy grande de dinero podría permitir que el poder del dinero asumiera el control de su hijo y creara un monstruo. Es mejor comenzar en pequeño y aprender practicando. Es mucho más fácil recuperarse de un pequeño error que de un gran error cuando se trata de dinero.

Viaje financiero a McDonald's

No debe ser muy difícil llevar a su hijo a McDonald's. Sin embargo, en esta ocasión planifique su visita con suficiente tiempo para incluir el siguiente ejercicio:

Conforme se acerque en el automóvil a McDonald's, destaque los siguientes aspectos a su hijo:

- Alguien es dueño del terreno donde está construido McDonald's, y ellos reciben el pago de una renta por permitir que McDonald's esté en su terreno. El propietario del terreno ni siquiera necesita estar allí. Ellos simplemente reciben el pago de una renta cada mes.
- La misma persona puede también ser dueña del edificio y recibir el pago de una renta por él.
- Alguien es dueño de la compañía que hace los arcos dorados para McDonald's. ¿Puedes imaginar una fábrica llena de arcos dorados? Quizá sea esa la manera en que McDonald's sabe que todos los arcos tendrán el mismo color y aspecto.

Después de ordenar su comida y consumirla, señale los siguientes aspectos a su hijo:

- ¿Ves a esa empleada detrás del mostrador? Ella es una empleada de McDonald's. Le pagan tanto por hora por presentarse y hacer su trabajo. Mientras se presente cuando se supone que debe hacerlo y haga el trabajo para el que fue capacitada, recibirá su pago. Cuando recibe su sueldo, le pagan únicamente por el tiempo que ha estado aquí físicamente, trabajando.
- **A continuación pregunte:** ¿Qué otros empleados ves?
- **Luego resuma:** De manera que se necesitan unos cuantos empleados para hacer que este McDonald's funcione para que pueda atender bien a sus clientes.

Observe el interior del restaurante y haga algunas de las siguientes observaciones:

- ¿Ves las tazas que usan y el papel en que envuelven las hamburguesas? Están hechas específicamente para McDonald's por otras compañías.
- **A continuación pregunte:** ¿Qué otros artículos ves que puedan ser hechos para McDonald's por otras compañías?
- **Luego resuma:** Así que se necesitan muchas compañías diferentes con distintas áreas de pericia en la manufactura para proporcionar productos a McDonald's, con el fin de asegurarse que opera eficientemente.
- ¿Ves al hombre que trabaja en la máquina de refrescos (o arreglando las luces, o limpiando las ventanas)? Probablemente es un auto empleado o es dueño de su propio pequeño negocio. El gerente de este McDonald's lo contrata para una tarea específica, como arreglar la máquina o limpiar las ventanas. Sería muy caro para el gerente de la tienda contratar a un empleado de tiempo completo con esas aptitudes ya que él sólo necesita su ayuda cuando algo se descompone o cuando las ventanas están sucias.
- **A continuación pregunte:** ¿Qué otros empleos o tareas ves que el gerente haya podido contratar para que las haga una compañía externa en vez de contratar a un empleado?
- **Luego resuma:** De manera que se necesitan muchos tipos diferentes de servicios de compañías externas para asegurarse que este restaurante opere eficientemente. Esa es una oportunidad para los pequeños negocios y las personas autoempleadas con áreas específicas de pericia para trabajar para McDonald's y apoyar sus operaciones.
- ¿Has notado que todos los McDonald's son similares? La comida es siempre la misma. Los empleados son diferentes pero generalmente dicen las mismas cosas. La salsa de to-

mate es siempre la misma. La razón por la que esto ocurre es porque McDonald's ha desarrollado algo llamado "sistemas". Cada tienda tiene políticas y procedimientos que debe seguir si desea continuar siendo un McDonald's. Esas políticas y procedimientos describen los sistemas que deben seguirse. Ellos tienen sistemas que cubren todos los aspectos de sus operaciones. Existe un sistema para la manera en que llenan o limpian la máquina para hacer malteadas o la freidora de papas.

- **A continuación pregunte:** ¿Qué otros sistemas puedes identificar?
- **Luego resuma:** Los sistemas utilizados en este McDonald's y en todos los demás McDonald's del mundo son lo que la han convertido en una franquicia tan exitosa. ¿No sería magnífico ser dueño de esos sistemas o ayudar a crear sistemas para tu propio negocio que pudieran ser igualmente exitosos?
- ¿Has notado que nunca he dicho que el dueño de McDonald's esté aquí? El dueño ha contratado a un gerente. El gerente es responsable de las operaciones diarias del restaurante. El gerente contrata y despide a los empleados, se asegura de que se hayan ordenado suficientes provisiones, de que los clientes estén contentos y de que todo esté funcionando correctamente. El gerente se comunica con el dueño sólo para informarle del progreso del restaurante de manera regular, quizá una llamada telefónica a la semana o una reunión mensual (que tiene lugar en la oficina o casa del dueño). El dueño quiere sostener esas llamadas telefónicas o reuniones con el fin de saber cuánto dinero está ganando para él este establecimiento. El McDonald's es un activo que es propiedad del dueño. Él posee los sistemas que hacen que este restaurante funcione. De hecho, el dueño podría estar jugando al golf en este mismo momento.

- **A continuación pregunte:** ¿Cuánto tiempo crees que pasa el dueño en este McDonald's?
- **Luego resuma:** ¡De manera que el dueño tiene este activo trabajando para él en vez de que éste trabaje por el dinero! Debido a que el activo está generando un flujo de efectivo para el dueño, este último tiene la libertad de pasar el tiempo creando más activos o en el campo de golf.

Viaje financiero a un edificio de departamentos

Encuentre un edificio de departamentos cerca del lugar donde vive, de preferencia uno que su hijo reconocerá o verá a menudo durante sus viajes. Estacione su automóvil frente al edificio y haga las siguientes observaciones:

- Este es un edificio de departamentos. Las personas que viven aquí son llamadas "inquilinos", y pagan algo llamado "renta". La renta les permite vivir en uno de los departamentos, pero ellos no son los dueños del departamento. Es como si ellos estuvieran pagando para tomar prestado el departamento. Generalmente su renta también les permite utilizar las áreas comunes como la alberca, el cuarto de lavandería o el jardín.
- **A continuación pregunte:** ¿Cuántas unidades crees que existen en el complejo?
- **Luego resuma:** De manera que estos inquilinos están pagando renta al dueño del edificio para utilizar esos departamentos .
- Así que el dueño del edificio de departamentos posee todas las unidades. Generalmente el dueño ha pedido dinero prestado, llamado "hipoteca", para comprar el edificio y tiene que pagar al banco cada mes una cantidad por intereses y una cantidad por el dinero que pidió prestado.

- **A continuación pregunte:** Si existen __ unidades y cada inquilino está pagando 1.000 dólares de renta al mes, entonces el dueño del edificio de departamentos está ganando mucho dinero de esas unidades.

- **Luego resuma:** Así que si el dueño cobra más renta cada mes que la cantidad que tiene que pagar al banco, tendrá un flujo de efectivo positivo.

- Sin embargo, existen otros gastos, como la jardinería, el mantenimiento de la piscina, o la pintura del edificio, que el dueño tiene que pagar para conservar los departamentos en buen estado para los inquilinos.

- **A continuación pregunte:** ¿Puedes pensar en otros gastos que el dueño tiene?

- **Luego resuma:** Así que el dueño necesita cobrar suficiente renta cada mes para asegurarse que el ingreso (renta) de los departamentos es mayor que los gastos de poseer el edificio y mantenerlo en buen estado.

- En la mayoría de los casos el dueño del edificio de departamentos no vive en uno de los departamentos del edificio. Así que el dueño necesita un sistema para fijar y cobrar la renta, y también un sistema para notificar a los inquilinos de cualquier cambio a la propiedad.

- **A continuación pregunte:** ¿Qué otros sistemas crees que necesite el dueño para hacer que el edificio sea exitoso? (Por ejemplo, una forma en que los inquilinos notifiquen al dueño de problemas con los departamentos y una manera de depositar dinero y pagar las cuentas relacionadas con el departamento.)

- **Luego resuma:** Así que esto es similar a McDonald's, en cuanto necesita sistemas que lo hagan ser eficiente y exitoso. Este complejo de departamentos es en realidad sólo otro negocio.

- Es posible que no veas al dueño del edificio de departamentos, dado que él no vive aquí. Es posible que haya un gerente que maneja todos los asuntos de la renta, el mantenimiento y los inquilinos. En ocasiones el gerente puede vivir en la propiedad, pero no todo el tiempo.

- **A continuación pregunte**: Así que si el dueño nunca está aquí y el gerente coordina todo, ¿es similar al dueño del McDonald's?

- **Luego resuma**: Una vez más, el dueño del edificio de departamentos es dueño de un activo. Él también es dueño de un sistema, generalmente coordinado por el gerente, quien se asegura que los departamentos sean dirigidos de manera eficiente y correcta. El gerente informa al dueño de manera regular, para que el dueño sepa cuánto dinero está aportando el activo a su bolsillo. El dueño tiene su activo trabajando para él, en vez de que el dueño trabaje por el dinero.

En resumen, su hijo verá el edificio de departamentos bajo una luz totalmente diferente después de su visita. Por otra parte, si usted escogió un edificio de departamentos cercano a su casa, cada vez que su hijo pase frente a él recordará el negocio de ser dueño de un complejo de departamentos.

Usted puede explicarle también que existen muchas personas que son dueñas de casas y edificios de oficinas como inversión, a los que este análisis también puede aplicarse. El ejemplo del complejo de departamentos fue utilizado, debido a su simplicidad y familiaridad, para los niños. El concepto importante que deben aprender es el poder del dinero. Usted quiere que el dinero trabaje para usted, en vez de trabajar por el dinero.

Sobre los autores

Robert T. Kiyosaki

"La principal razón por la que las personas tienen dificultades financieras es porque pasan años en la escuela pero no aprenden nada sobre el dinero. El resultado es que la gente aprende a trabajar por dinero... pero nunca aprenden a hacer que el dinero trabaje por ellos", afirma Robert.

Nacido y criado en Hawai, Robert es un estadounidense japonés de cuarta generación. Proviene de una prominente familia de educadores. Su padre fue director de educación del estado de Hawai. Después de la preparatoria, Robert fue educado en Nueva York y tras su graduación se unió al Cuerpo de Marines de Estados Unidos y viajó a Vietnam como oficial y piloto de un helicóptero de artillería.

Al regreso de la guerra comenzó su carrera de negocios. En 1977 fundó una compañía que introdujo al mercado las primeras carteras "de surfista" hechas de nylon y velcro, que se convirtieron en un producto de ventas multimillonarias en el mundo entero. Él y sus productos fueron presentados en las revistas *Runner's World*, *Gentleman's Quarterly*, *Success Magazine*, *Newsweek*, incluso en *Playboy*.

Al dejar el mundo de los negocios, fue cofundador en 1985 de una compañía educativa internacional que operaba en siete países, enseñando negocios e inversión a decenas de miles de graduados.

Después de retirarse a la edad de 47 años, Robert hace lo que más disfruta... invierte. Preocupado por la creciente brecha entre los que tienen y los que no tienen, Robert creó un juego de mesa denominado *Cashflow*, que enseña el juego del dinero antes sólo conocido por los ricos.

A pesar de que el negocio de Robert son los bienes raíces y el desarrollo de compañías de pequeña capitalización, su verdadero amor y pasión es la enseñanza. Ha compartido el escenario en conferencias con grandes personalidades como Og Mandino, Zig Ziglar y Anthony Robbins. El mensaje de Robert Kiyosaki es claro: "Asuma la responsabilidad por sus finanzas u obedezca órdenes toda su vida. Usted es el amo del dinero o su esclavo." Robert ofrece clases que duran entre una hora y tres días, para enseñar a la gente sobre los secretos de los ricos. Aunque sus materias van desde la inversión en pos de altos rendimientos y bajo riesgo, enseñar a sus hijos a ser ricos, fundar compañías y venderlas, tiene un sólido mensaje trepidante. Y ese mensaje es: "Despierte el genio financiero que lleva dentro. Su genio está esperando salir."

Esto es lo que el mundialmente famoso conferencista y autor Anthony Robbins dice acerca del trabajo de Robert: "El trabajo de Robert Kiyosaki en la educación es poderoso, profundo y capaz de cambiar vidas. Reconozco sus esfuerzos y lo recomiendo enormemente."

Durante esta época de grandes cambios económicos, el mensaje de Robert no tiene precio.

Sharon L. Lechter

Esposa y madre de tres hijos, contadora pública certificada, consultora de las industrias de publicaciones y juguetes, y propietaria de su negocio, Sharon Lechter ha dedicado sus esfuerzos profesionales al campo de la educación.

Se graduó con honores en la Universidad Estatal de Florida con un grado académico en contabilidad. Se unió a las filas de lo que entonces era uno de los ocho grandes despachos de contadores y siguió adelante hasta convertirse en directora financiera de una compañía innovadora de la industria de la computación, directora de asuntos fiscales de una compañía nacional de seguros y editora asociada de la primera revista regional femenina en Wisconsin, al mismo tiempo que mantenía sus credenciales profesionales como contadora pública.

Su enfoque cambió rápidamente hacia el ámbito de la educación al observar a sus tres hijos crecer. Era difícil lograr que leyeran. Ellos preferían ver la televisión.

De manera que estuvo encantada de unir sus fuerzas con el inventor del primer "libro parlante" electrónico y ayudar a expandir la industria del libro electrónico hasta convertirla en un mercado internacional de muchos millones de dólares. Actualmente sigue siendo pionera en el desarrollo de nuevas tecnologías encaminadas a llevar nuevamente el libro a la vida de los niños.

Conforme sus propios hijos crecieron, se involucró activamente en su educación. Se convirtió en una activista de la audioenseñanza en las áreas educativas de matemáticas, computadoras, lectura y escritura.

"Nuestro sistema educativo no ha sido capaz de seguir el paso a los cambios globales y tecnológicos del mundo actual. Debemos enseñarle a nuestros jóvenes las habilidades, tanto académicas como financieras, que necesitarán no sólo para sobrevivir, sino para florecer en el mundo que enfrentan", ha dicho.

Como coautora de *Padre rico, padre pobre* y de *CASHFLOW Quadrant (El cuadrante de CASHFLOW)*, ahora enfoca sus esfuerzos en ayudar a crear herramientas educativas para cualquiera que esté interesado en mejorar su propia educación financiera.

Niño rico, niño listo se terminó de imprimir en
octubre de 2004, en Litográfica Ingramex, S.A.
de C.V. Centeno No. 162, Col. Granjas Esme-
ralda, C.P. 09810, México, D.F.

Certificado No. 02-2082